厦门大学
哲学社会科学繁荣计划
2011—2021

■ 本书受厦门大学哲学社会科学繁荣计划的资助

厦门大学公共事务学院文库

政府购买公共服务的机制设计研究

黄新华 等著

中国社会科学出版社

图书在版编目(CIP)数据

政府购买公共服务的机制设计研究/黄新华等著.—北京：中国社会科学出版社，2019.11

ISBN 978-7-5203-5515-5

Ⅰ.①政⋯　Ⅱ.①黄⋯　Ⅲ.①公共服务—政府采购制度—研究—中国　Ⅳ.①D630.1②F812.2

中国版本图书馆 CIP 数据核字（2019）第 233478 号

出 版 人	赵剑英
责任编辑	孔继萍
责任校对	杨　林
责任印制	郝美娜

出　　版	中国社会科学出版社
社　　址	北京鼓楼西大街甲 158 号
邮　　编	100720
网　　址	http://www.csspw.cn
发 行 部	010-84083685
门 市 部	010-84029450
经　　销	新华书店及其他书店
印刷装订	北京市十月印刷有限公司
版　　次	2019 年 11 月第 1 版
印　　次	2019 年 11 月第 1 次印刷
开　　本	710×1000　1/16
印　　张	22.25
插　　页	2
字　　数	300 千字
定　　价	118.00 元

凡购买中国社会科学出版社图书，如有质量问题请与本社营销中心联系调换
电话：010-84083683
版权所有　侵权必究

厦门大学公共事务学院文库

编委会

（由学院学术委员会成员组成）

主　编　陈振明

编　委　朱仁显　李明欢　陈炳辉　卓　越
　　　　胡　荣　黄新华

总　序

　　公共事务是一个涉及众多学科的重大理论与实践领域，既是政治学与行政学（或公共管理学）的研究对象，也是法学、社会学和经济学等学科研究的题中之义。公共事务研究是国家的一个重大战略要求领域。随着全球化、市场化、信息化以及数据化、网络化和智能化时代的来临，当代国内外公共事务的理论和实践都发生了深刻变化；我国改革开放和现代化建设亟须公共事务及其管理的创新研究。党的十八届三中、四中全会分别做出了《中共中央关于全面深化改革若干重大问题的决定》和《中共中央关于全面推进依法治国若干重大问题的决定》，提出了"推进国家治理体系和治理能力现代化"以及依法治国的改革总目标。

　　全面深化改革，国家治理现代化，依法治国，决策的科学化民主化，都迫切需要公共事务和管理理论的指导及其知识的更广泛应用。这为中国公共事务研究提供了前所未有的发展机遇。改革与发展中的大量公共管理与公共政策问题需要系统研究，国家治理的实践及其经验需要及时总结。新形势要求我们迅速改变公共事务及其管理研究滞后于实践发展的局面，推动中国公共事务及其管理的理论创新，以适应迅速变化着的实践发展需要。这是我们继续出版《厦门大学公共事务学院文库》这套丛书的初衷。

厦门大学政治学、行政学和社会学学科具有悠久的历史。早在20世纪20年代中期，我校就设立了相关的系科，中间几经调整分合及停办。20世纪80年代中期，作为国内首批恢复政治学与行政学学科的重点综合性大学之一，我校复办政治系，不久更名为"政治学与行政学系"，随后社会学系也复办了。2003年，由我校的政治学与行政学系、社会学系和人口研究所三个单位组建了公共事务学院，2012年学校又批准成立了公共政策研究院。

经过三十年的发展，我校的公共管理与公共政策、政治学和社会学等学科已经取得了长足的发展，迈进了国内相关学科的前列。学院及研究院拥有公共管理、政治学两个一级学科博士点和博士后科研流动站，人口、资源与环境经济学二级学科博士点（国家级重点学科），社会学二级博士点和博士后科研流动站，公共管理硕士（MPA）和社会工作两个专业学位，"行政管理"国家级特色专业，公共管理、政治学和社会学3个福建省重点学科，厦门大学"985工程"及一流学科建设项目——公共管理重点学科建设平台，福建省2011协同创新中心——"公共政策与地方治理协同创新中心"，福建省文科重点研究基地——"厦门大学公共政策与政府创新研究中心"和福建省人文社科研究基地——"厦门大学公共服务质量研究中心"以及多个人才创新或教学团队。此外，学院还建立了设备先进的公共政策实验室。

本学院及研究院已形成一支包括多名教育部"长江学者"特聘教授或讲座教授及中组部"万人计划"人才在内的以中青年教师为主、专业结构比较合理、创新能力较强的人才团队，并形成了包括公共管理理论、公共政策分析、政府改革与治理、公共服务及其管理、公共部门绩效管理、人才发展战略、社会管理及社会保障、国家学说、新政治经济学、政治社会学、社会性别与公共事务在内的多个有特色和优势的研究领域或方向。

作为厦门大学公共事务学院和公共政策研究院以及"厦门大学

哲学社会科学繁荣计划"和 2011 省级协创中心等项目或平台的研究成果，《厦门大学公共事务学院文库》围绕公共事务及其管理这一核心，遴选我院教师的各种项目研究成果以及优秀博士论文汇集出版，旨在显示近年来我院公共事务及相关学科的研究进展，加强与国内外学界的交流，推进我国公共事务及相关学科的理论创新与知识应用。

陈振明

于 2016 年 8 月 28 日

目 录

引言　从公共物品到公共服务 …………………………………（1）

第一章　政府购买公共服务机制设计的基础理论 …………（34）
　第一节　公共服务理论 …………………………………………（35）
　第二节　机制设计理论 …………………………………………（51）
　第三节　合约制治理理论 ………………………………………（71）
　第四节　多中心治理理论 ………………………………………（89）

第二章　政府购买公共服务机制设计的分析框架 ………（106）
　第一节　逻辑起点——委托代理 ………………………………（106）
　第二节　知识基础——机制设计 ………………………………（112）
　第三节　理论阐释——合约理论 ………………………………（126）
　第四节　核心内容——激励相容 ………………………………（136）

第三章　政府购买公共服务机制设计的合约分析 ………（149）
　第一节　政府购买公共服务机制设计的合约类别 ……………（149）
　第二节　政府购买公共服务机制设计的合约目标 ……………（171）
　第三节　政府购买公共服务机制设计的合约监管 ……………（179）
　第四节　政府购买公共服务机制设计的合约案例 ……………（202）

第四章　政府购买公共服务机制设计的委托代理…………（215）
　　第一节　从经济领域到政治过程的委托代理理论…………（215）
　　第二节　政府购买公共服务机制设计委托代理的表现……（221）
　　第三节　政府购买公共服务机制设计委托代理的问题……（227）
　　第四节　政府购买公共服务机制设计委托代理的规制……（239）

第五章　政府购买公共服务机制设计的交易成本…………（247）
　　第一节　政府购买公共服务机制设计交易成本的构成……（248）
　　第二节　政府购买公共服务机制设计交易成本的成因……（258）
　　第三节　政府购买公共服务机制设计交易成本的影响……（272）
　　第四节　政府购买公共服务机制设计交易成本的治理……（277）

第六章　政府购买公共服务机制设计的实践应用…………（286）
　　第一节　政府购买公共服务机制设计实践应用的
　　　　　　现实需求……………………………………………（286）
　　第二节　政府购买公共服务机制设计实践应用的
　　　　　　西方探索……………………………………………（292）
　　第三节　政府购买公共服务机制设计实践应用的
　　　　　　中国问题……………………………………………（297）
　　第四节　政府购买公共服务机制设计实践应用的
　　　　　　优化路径……………………………………………（306）

结语　基于合约治理的政府购买公共服务研究………………（313）

参考文献…………………………………………………………（324）

后　　记…………………………………………………………（344）

引言 从公共物品到公共服务[*]

公共服务是20世纪80年代以来西方政府改革与治理的核心理念。随着新公共管理运动的兴起，"公共服务"这一概念便在理论与实践中流行开来，但是，如同社会科学中的一些基本概念一样，公共服务并没有一个清晰统一的定义，且往往与"公共物品"概念相混淆，甚至在同一意义上被交替使用。因此，理解公共服务的内涵，需要把公共物品与公共服务区分开来。虽然这两个概念在外延上有所交叉，但却分属于不同的学科。"公共物品"是一个经济学术语，"公共服务"是一个政治学术语，在从公共物品到公共服务概念嬗变的过程中，学科研究视角的转变使公共物品与公共服务的边界日益清晰。

一 概念嬗变：从公共物品到公共服务

公共物品，又称为公共产品、公共用品、公共商品、公共品、公共财（台湾地区）等，来源于英文词汇"Public Goods"，指的是政府（公共部门）提供的满足公共需要的产品和服务。但是，公共物品的概念并不是一开始就被明确提出来的，而是伴随着资本主义制度的建立和发展经历了一个逐步形成的过程，最早主要是从政治

---

[*] 参见《从公共物品到公共服务——概念嬗变中学科研究视角的转变》，《学习论坛》2014年第12期。

学或哲学（伦理学）的角度论及的。1657年，霍布斯（Thomas Hobbes）在《利维坦》中指出，国家的本质，"用一个定义来说，这就是一大群人相互订立信约、每个人都对它的行为授权，以便使它能按其认为有利于大家的和平与共同防卫的方式运用全体力量和手段的一个人格。"① 霍布斯的这一观点，成为公共物品概念的重要思想源头。1732—1737年，休谟（David Hume）在《人性论》中指出，在自利的个人间存在某些共同消费的产品，这类产品的提供有坐享其成的心理及其可能性，这种心理只能由政府参与才能有效克服。休谟的这些观点实际上论及了公共物品消费的"不可分性"和"搭便车"倾向，政府应承担公共物品的供给。但是，早期政治学或哲学关于公共物品的论述主要是在探讨国家（或政府）的起源与本质时的附带描述，并未提出公共物品的概念，但是，这些研究为公共物品概念的提出奠定了基础。

经济学中公共物品的思想最早可以追溯到亚当·斯密（Adam Smith）、约翰·穆勒（John Muller）等古典政治经济学家。古典政治经济学在探讨市场经济中的政府职能时，或多或少地隐含着公共物品理念。但是，直到19世纪80年代，经济学中的边际革命后，公共物品理论才在经济学中得到系统论述。从1883年开始，奥地利人萨克斯（Sax）和维克塞尔（Kunt Wicksell），意大利人潘塔莱奥尼（Pantaleon）、马佐拉（Mazzol）和马尔科（Marc）等将边际效用价值论及其分析方法运用到财政理论上来，形成了边际主义的财政学派。边际主义财政学从价值论上说明了政府活动如同私人资本一样，也是创造"产品"、创造价值的生产性活动，它将政府生产的产品价值与社会成员个人以消费者身份所作的主观效用评价相联系，在政府的公共产出与个人纳税之间建立起边际正负效用的对等关系，说明了等价交换准则也适用于公共活动领域，它使得西方

---

① ［英］托马斯·霍布斯：《利维坦》，黎思复译，商务印书馆1985年版。

财政学对财政活动目的的分析，从公共需要、政府需要转到个人需要上来。

在公共物品理论的发展史上，"公共物品"这一概念首先是由瑞典经济学家林达尔（A. R. Lindahl）于1919年在其博士学位论文《公平税收》一文中提出的。在其论文中，林达尔建立了用以分析两个政治上平等的消费者共同决定公共物品供给并相应分担其税后份额的模型。他指出，当消费者A付得越多，消费者B的税收份额将越小，当收入既定时，A对公共物品的需求曲线从B的角度看，可视为供给曲线。反之亦然。当A与B两条需求曲线被标示于同一平面矩形图上时，其交点被称为林达尔均衡点。该交点是唯一的和稳定的，它决定着公共物品供给的均衡数量和A与B各自的均衡税收份额。此时每个人的税收份额即林达尔价格，它等于每个人所获得的公共物品的边际效用，并且两个人税额合计等于公共物品的总成本。

公共物品理论的又一次重大发展，是由萨缪尔森（Paul Samuelson）作出的。1954年，萨缪尔森在《公共支出的纯理论》一文中，给公共物品下了一个精确的和深入的定义。① 他认为，某种私人物品的总消费量等于全部消费者对私人物品消费的总和，用公式表示即：

$$X_j = \sum_{i=1} x_j^i (j = 0, \cdots, J)$$

公式中，X为最终消费品，上标i为消费者人数，下标j为私人物品投入量，可见X_j是最终消费品的j项私人物品投入量，显然它应该等于全体消费者的总投入量。而公共物品的消费总量则等于任何一位消费者的消费量，用公式表示即：

---

① Paul A. Samuelson. The Pure Theory of Public Expenditure. *Review of Economics and Statistics*, 1954, 36: 387-389.

$$X_k = \sum_{i=1} x_k^i (k = j+1, \cdots, j+k)$$

换句话说，公共物品是指由社会成员均等消费的物品，每个个人消费这种物品不会导致别人对该物品的消费的减少。在这里，萨缪尔森实际上指出了公共物品消费的非竞争性，即消费者在消费物品时不存在利益冲突，当增加一个消费者时，物品的边际成本为零。萨缪尔森在批判"林达尔模型"基础上，将序数效用、无差异曲线、一般均衡分析和帕累托效率运用到公共物品最佳供给分析中，对局部均衡的"林达尔模型"进一步拓展，建立了一个关于资源在公共物品与私人物品之间最佳配置的一般均衡模型，即"萨缪尔森条件"（Samuelson Conditions）。这对于公共物品理论的发展，具有划时代的意义。

在萨缪尔森的基础上，马斯格雷夫（Richard A. Musgrave）将受益的非排他性引入公共物品定义中，与消费的非竞争性并列，作为界定公共物品的两大标准之一。受益的非排他性意味着公共物品在消费过程中所产生的利益不能为某些人专有，更无法将一些人排斥在消费过程之外，因此，公共物品就是具有消费的非竞争性和受益的非排他性的产品和服务。

由于现实中完全符合萨缪尔森和马斯格雷夫定义的公共物品寥寥无几，布坎南（James M. Buchanan）认为必须拓展公共物品的内涵，提出了俱乐部物品的概念。[1] 俱乐部物品具有消费的排他性和非竞争性，如收费的道路，它能把俱乐部以外的成员排除在消费受益之外，而内部成员可以平等地消费，但是当俱乐部物品存在着拥挤性问题时，其边际成本将不为零。因此，按照排他性与竞争性的二维坐标可以把社会产品和服务分为纯公共物品、准公共物品和私

---

[1] J. M. Buchanan, An Economic Theory of Clubs. *Economica*, 1965 (32): 1 – 14.

人物品三大类。至此，公共物品概念（理论）成为极具有解释性的分析工具，成为公共经济学的基础和政府职能界定的依据，也成为学者们讨论政府职能时引用率最高的经典理论之一。[①] 这是因为公共物品是市场机制失灵的一个重要领域，政府的资源配置职能主要就是体现在公共物品的提供上，在市场经济条件下，政府干预经济所涉及的许多问题，都与公共物品有关。

但是，现实中公共物品满足效用的不可分性和消费的非排他性是不同的。并不是所有的向社会共同提供的产品和服务，都同时具有非竞争性和非排他性的特性，因此，有关公共物品概念和内涵的争议依然存在。第一，现实生活中有很多公共物品，如义务教育、公共医疗、失业保险、公共就业等，它们大多在消费上不具有非竞争性，也不具有非排他性，为什么仍被归入公共物品的范围？水、电、煤、气等公共事业，它们在消费上既具有竞争性又具有排他性，但同样被认为是公共物品。可见，按照排他性与竞争性对产品的分类会将许多物品排除在公共物品之外。第二，公共物品界定标准的科学性存在争议。从非竞争性上说，几乎任何一种消费品都是竞争性与非竞争性的结合体，即产品本身的性能是多元的，产品的一种效用或属性是竞争性的，但另一种效用与属性却是非竞争性的。而且竞争性也因条件而变化，是动态的。许多产品和服务，在一定范围内是非竞争性的，一旦使用数量超过一定范围，就会出现竞争性，即竞争性与稀缺性有关。[②] 非排他性也同样值得探讨。因为随着经济技术与环境制度等因素的变化，公共物品与私人物品的边界可能变得模糊、不确定，在一个社会里具有排他性的私人物品，在另一种技术或制度安排下可能是不具有排他性的公共物品，因为排他性与非排他性往往受到技术和制度的影响。第三，用非竞

---

① 马庆钰：《关于"公共服务"的解读》，《中国行政管理》2005年第2期。
② 孙学玉：《公共行政学》，社会科学文献出版社2004年版，第227页。

争性和非排他性概括公共物品的属性，这种界定仅仅建立在物品自身性质的基础上，割裂了物品与产权制度的联系。实际上，公共物品不仅具有经济属性，还有社会属性和政治属性，"不应以边际成本的分析来看待公共物品，而是应逐渐认识到，公共物品是基于社会契约的物品，它至少还应考虑平等、公益、人类的幸福和未来。"[①] 出于技术量化考虑，经济学对公共物品的研究，着重于公共物品的供给效率，抛弃了公共物品的社会属性与政治属性，公共物品概念脱离了公共物品的政治性基础，过度追求效率、技术和理性价值，不可避免地会给政府行政公平、民主、公共利益、公共责任性等带来挑战和冲击。

经济社会的变迁和经济学研究中公共物品内在的局限，引发了对公共物品理论的进一步思考。在这一过程中，公共服务概念兴起并不断彰显。虽然从经济思想史的角度看，在公共物品概念的形成与发展中，公共服务的概念就若隐若现，但是，直到19世纪中后期，瓦格纳（Adolf Wagner）才提出了"公共服务"这一术语。瓦格纳认为，政府除了应该维护市场经济正常运作外，还具有增强社会文化和福利的作用。他指出："如果我们考虑财政经济中国家以及其他消费所需的支出，那就必须筹划国家需要中所支付的工资乃至薪俸，或直接使用于公共服务的，或为获得其他财货而必须预先筹措的财货或货币的部分，在整个国家需要中，这一部分特别叫作财政需要。"[②]

20世纪初期，莱昂·狄骥（Leon Duguit）对公共服务的概念与内涵第一次作出了较为系统的论述。狄骥阐明了作为现代公法基础的公共服务概念及其意义，他明确指出，作为公法基础的公共权力观念应该被公共服务观念所替代。"现代公法制度背后所隐含的

---

① 段一：《公共物品的边界》，《当代财经》2003年第11期。
② 毛程连：《西方财政思想史》，经济科学出版社2003年版，第123页。

原则，可以用这样一个命题来加以概括：那些事实上掌握着权力的人并不享有行使公共权力的某种主观权利；而恰恰相反，他们负有使用其手中的权力来组织公共服务，并保障和支配公共服务提供的义务。"[1] 基于这样的认识，狄骥认为国家不是一种发号命令的独立权力，而是掌握强制力并用来创设和管理公共服务的集团。他给出了公共服务明确的定义，"公共服务就是指那些政府有义务实施的行为。任何因其与社会团结的实现和促进不可分割、而必须由政府来加以规范和控制的活动就是一项公共服务，只要它具有除非通过政府干预，否则便不能得到保障的特征。"[2]

20世纪前中期，随着经济学家们对公共物品理论研究的深入，公共物品的内涵由纯公共物品扩展到准公共物品，公共服务概念在社会科学中逐渐沉寂，经济学研究的长足进展使公共物品概念成为理论研究中的主导性选择。但是，20世纪五六十年代兴起的政策科学运动，使公共服务概念得以回归和复兴，并逐渐成为政治学、行政学界研究的主题，学者们试图从公共政策的角度研究公共服务，揭开公共服务供给的黑箱之谜。因为公共政策本身既可被视为一种特殊的公共服务，也可被视为提供公共服务的工具、手段、形式或策略。20世纪70年代末80年代初，西方国家掀起了声势浩大的新公共管理运动，使公共服务概念日益凸显。新公共管理的基本取向是将工商管理的理论、方法及技术，引入公共部门之中，强调顾客导向以提高公共服务质量。这场改革运动使得传统的公共行政模式向新公共管理模式转变，形成了政府治理的新模式。在这种模式下，政府的基本职责不再被看成是行使"行政权力"而被视为提供"公共服务"。由此，公共服务概念在政治学、行政学等学科中

---

[1] ［法］莱昂·狄骥：《公法的变迁》，郑戈译，辽海出版社、春风文艺出版社1999年版，第40页。

[2] 同上书，第53页。

频繁使用，并成为政府职能的核心。

在新公共管理视野下，政府公共服务强调经济、效率与效益至上，过分的经济导向忽视了公共行政对公平正义的追求，因而引起了学者们的反思。罗伯特·登哈特（Robert B. Denhardt）夫妇在批判新公共管理的基础上提出了新公共服务理论。新公共服务理论是指关于公共行政在将公共服务、民主治理和公民参与置于中心地位的治理系统中所扮演角色的一系列思想。[①] 新公共服务并不排斥公共服务追求经济、效率与效益等管理主义价值，但认为这些管理主义的价值应该被置于由民主、社区和公共利益构成的更大环境中。[②] 换言之，公共服务不仅要体现管理主义和宪政主义的价值观，而且要把宪政主义置于优先地位，在此背景下追求公共服务的"3E"（经济、效率、效益）才有意义。

目前，不论是学术研究还是实践领域，对于公共物品与公共服务概念使用混乱，且有泛化公共服务的倾向，主要存在以下几个方面的问题：一是认为公共物品与公共服务无本质区别，可以作为同义词重复使用，因为公共物品和公共服务都是指整个社会共同消费的产品和服务，政府是其主要供给者。[③] 二是公共物品与公共服务不同，公共物品是政府有形的产出，公共服务是政府无形的产出；有形的产出生产和消费可以在时间与空间上分离，而无形的产出生产与消费则是时空一体的。三是从公共物品的角度来界定公共服务，认为公共服务主要是指由政府和非政府组织以及有关工商企业在纯粹公共物品、混合公共物品以及特殊私人物品的生产和供给中

---

① ［美］珍妮特·登哈特、［美］罗伯特·登哈特：《新公共服务》，丁煌译，中国人民大学出版社2004年版，第22页。

② 同上书，第168页。

③ 唐铁汉、李军鹏：《公共服务的理论演变与发展过程》，《新视野》2005年第6期。

所承担的职责。① 这种"几乎照搬西方公共物品的传统理论来解释公共服务"的做法，使得"一些公共行政学者有时甚至忘记所探讨的主题领域，陷入经济学的迷阵而不能自拔"②。因而有必要提出一种有别于传统"公共物品"的"公共服务"概念框架，"超越西方经济学通过界定物品的特性理解公共服务特性的思维逻辑，以政治学、法学、经济学等学科的基本原理为基础，运用公共管理的逻辑和视角思考问题，从多角度科学界定公共服务。"③ 公共服务是指以政府为主导的多元主体为满足公共需求和实现公共利益向社会提供各种物质产品和精神服务的总和。公共服务不仅具有经济属性，还具有政治属性，是一个在公共物品的基础上有所发展和超越的概念及其理论范畴。公共服务关注的是以政府为主体的公共部门应该提供什么、提供多少、由谁提供、如何提供、为谁提供等问题。可以从以下四个角度来理解公共服务的内涵：

首先，从公共服务提供的主体上看，公共服务的供给主体是以政府为主导的多元提供主体。传统上，公共服务供给是政府的"专利"，政府是公共服务的唯一或主要的提供者，而私人部门只是公共服务的补充者或配合者。随着政府垄断公共服务导致的效率低下以及对于公共服务认识的深化，公共服务的市场化逐渐兴起，传统的单中心供给模式正在向多中心、多层次、协同合作的供给模式转变。但是，尽管如此，在公共服务的供给中，政府的主体角色仍然是不可替代的。政府直接供给在效率和适应性方面较差，但在有效性、公平性和广泛性方面则占有优势。此外，除了政府与市场，还存在着社会的自主型供给，包括第三部门供给、社区供给、自愿供给等等。可见，公共服务的提供主体是多元的，在不同的背景下，

---

① 马庆钰：《关于"公共服务"的解读》，《中国行政管理》2005 年第 2 期。
② 柏良泽：《公共服务研究的逻辑和视角》，《中国人才》2007 年第 5 期。
③ 柏良泽：《"公共服务"界说》，《中国行政管理》2008 年第 2 期。

政府、企业、第三部门、个人等都可以成为公共服务的供给者。公共服务由一元供给走向多元供给是政府治理变革的基本趋势。因此，从政府的角度来界定公共服务只是其依据之一，并非公共服务的本质属性。

其次，从公共服务提供的目的上看，公共服务是为了满足公共需求，实现公共利益。人类为了生存和发展产生了各种各样的需求，这些需求可以分为两类，一类是私人需求，另一类是公共需求。与私人需求不同，公共需求是社会上大多数人的共同需要，它是复杂的、多样的、不断发展变化的。面对社会大多数人的共同需求，私人部门由于激励不足难以满足，需要由政府提供公共服务来承担这个重任。因此，公共服务是随着社会的共同需要而出现的，是公共需求不断增长的产物。而满足社会的共同需要，最终目的是要实现社会大多数人的利益，这种利益是社会中的全体公民或绝大部分群体都可以享受的。因此，从某种程度上说，公共利益才是公共服务的本质属性，是判定公共服务的内在依据，追求公共利益是公共服务供给的现实动因。

再次，从公共服务提供的对象上看，公共服务的供给对象是社会公众，以增进全社会或者某一特定群体的共同利益为出发点，这与私人服务不同，私人服务主要是为了满足个人的特殊需求，不具有共同消费性。作为向社会公众提供的满足生产和生活中必需的公共需要，公共服务是社会发展的基础，公共服务的公共性决定了公共服务提供不以营利为主要目的，而是突出其公益性。

最后，从公共服务提供的特性上看，公共服务不仅包括物品属性的服务，也包括价值理念层次的服务。传统的公共物品关注的是物品的物质属性，公共服务不仅具有物品属性（经济属性），还具有社会属性和政治属性。因此，公共服务既包括物质层面的物品和劳务，也包括精神层面的服务，这种服务包括自由、民主、公平、正义、秩序、和谐等核心价值理念。"公务员（通常）不是提供顾客服务，而是提供民主。"① 因此，在当代政府治理中，公共服务不仅表现于物质条件上，还反映在政府的整体风格和政府工作人员的文化素质、精神面貌、服务方式和服务态度上。公共服务的概念向社会传送着诸如民主、公平、责任、效能、廉洁等理念性的东西，它隐含着价值观的判断，即什么东西应该由政府提供，如医疗服务消费具有竞争性的特点，但是从社会发展与进步的意义上来说，政府应当提供或部分提供医疗公共服务。

必须指出的是，从政府的角度来理解公共服务，在不同的语境下，公共服务的范围是不同的。从广义上说，国防、外交、司法、政府管制、行政处罚等涉及主权的事务都可以纳入公共服务的范畴。但是，从狭义上看，外交、国防、政治与行政体制的发展与完善、法律制度的健全等都不属于公共服务；政府的管制性行为，维护市场秩序和社会秩序的监督行为，以及影响宏观经济和社会整体的操作性行为，也都不属于公共服务。只有对公共服务进行具体和明确的界定才能在理论和实际操作上具有实质性意义，即把公共服务是政府的主要职能之一，有其具体的内容和形式，并且可与政府的其他职能相区分。② 当前，我国的实践探索中就采取了这种做法，即把公共服务看作同经济调控、市场监管、社会管理、生态环境保护相并列的政府的一项基本职能，公共服务的基本范围大致包含基础教育、公共卫生、社会保障、科学技术、基础设施、公共安全、环境保护、一般公共服务等八类。③

作为人类社会特别是当代政府治理变革的思想结晶，公共服务

---

① ［美］珍妮特·登哈特、［美］罗伯特·登哈特：《新公共服务》，丁煌译，中国人民大学出版社2004年版，"前言"第1页。
② 赵黎青：《什么是公共服务》，《学习时报》2008年7月14日第6版。
③ 国务院发展研究中心：《中国公共服务发展报告2006》，中国社会科学出版社2007年版。

是对政府职能转变的经验总结。公共服务不仅关注服务效率、效益问题，而且关注服务在社会公平、收入分配等方面的意义，即公共服务均等化问题，体现出社会本位、公民本位、权利本位。经济学视域中的公共物品概念重视物品供给的经济、效率和效益问题，脱离了政治学基础。公共服务继承了公共物品的内涵，并汲取了政治学营养，可以说，公共服务概念是公共物品概念在政治学上的回归，在新的历史背景下，如何推进公共服务提供机制与方式的革新，构造公平、高效的公共服务模式，将成为政府治理的一项新课题。

二 研究视角转变：从政治学到经济学、政策科学和公共管理学

如前所述，政府（公共部门）提供什么产品和服务以及这些产品和服务的范围与程度问题，最早是从政治学的角度提出的，源于人们对国家起源及其公共性问题的讨论。早在古希腊时期，人们就开始关注社会活动的公共性，并将城邦视为社会成员组成的共同体，建立城邦的目的，就是满足所有公民的共同需要。柏拉图（Plato）在《理想国》中指出，之所以要建立城邦，是因为许多东西依靠个人是不能达到自足的，于是，"我们邀请许多人住在一起，作为伙伴和助手，这个公共住宅区，我们叫它作城邦"①。可见，城邦以分工为基础，以达成共同利益为目的。亚里士多德（Aristotle）认为，国家作为一种社会的共同体，是从家庭、村落逐步发展而形成的，这一过程的内在动力就在于"人生来就有合群的性情"，"人类在本性上，也正是一个政治动物。这就注定了人类必然要构

---

① ［古希腊］柏拉图：《理想国》，顾寿观译，商务印书馆1986年版，第58页。

建各种各样的以善业为目的的社会团体，国家与市民社会是复合的，其复合的基础和纽带是城邦正义和善业，一切社会共同体的建立都是为了实现某种善业。"① 1657年，霍布斯在《利维坦》中阐明的国家起源的社会契约理论，实际上隐含着人们通过自愿方式签订契约建立国家，并通过国家提供公共物品的思想。卢梭（Jean-Jacques Rousseau）则从天赋人权角度，提出人生而平等，国家是自由的人民自由协议的产物，主权在人民，因此"要寻找出一种结合的形式，使它能以全部共同的力量来维护和保障每个结合者的人身和财富，并且由于这一结合而使每一个与全体相联合的个人又只不过是在服从自己本人，并且仍然像以往一样地自由。这就是社会契约所要解决的根本问题。"② "唯有公意才能够按照国家创制的目的，即公共幸福，来指导国家的各种力量。治理社会就应当完全根据这种共同的利益。"③ 因此，在卢梭看来，国家起源于人们相互间根据自由意志所缔结的社会契约。在国家产生之前，人们生活在独立、平等的自然状态。但这种状态存在着不安全、不方便等诸多缺陷，人们便让渡自己的部分权利，交给某个人或某个群体，形成公共意志。国家和政府便由此产生，政府的职责就是保障公民的生命、财产、自由等权利。

17世纪后半叶以来，政治学关于公共物品的讨论开始让位于古典政治经济学。"政治经济学之父"威廉·配第（William Petty）在《赋税论》（1662年）中深刻分析了税收与国民财富、税收与国家经济实力之间的关系，认为国民财富的增减是赋税经济效果的主要标志，赋税会使公共财富增加。威廉·配第之后，亚当·斯密最

---

① ［古希腊］亚里士多德：《政治学》，吴寿彭译，商务印书馆1983年版，第3—9页。
② ［法］卢梭：《社会契约论》，李平沤译，商务印书馆2003年版，第19页。
③ 同上书，第31页。

早将公共支出与市场失灵联系起来。从自由放任的经济观出发，斯密认为，只要取消政府限制，自由资本主义制度将确立起自身的一致与和谐，因而政府不应该插足直接管理和指挥私人企业的活动。但本性自由的资本主义制度又需要政府执行三个不言而喻的职责：保护本国社会的安全；保护人民在社会中的安全；建立并维护某些公共机关和公共工程。这样斯密指出了政府存在的必要性，即公共事业的收益难以抵补其成本而不能由私人提供。

对公共物品研究作出重大贡献的另一位经济学大师是约翰·穆勒。他详细探讨了政府活动的适应范围问题，指出了社会可以偏离自由放任准则即允许政府干预的重要事例，它包括政府必须提供保障人们生命、人身和财产安全的法律体系和制度。这是保证自由放任制度正常运行的基本前提。此外，"政府对许多事情履行职责是获得普遍赞同的，其原因很简单，就在于提供了普遍的便利。"[①] 例如铸币、制定度量衡标准以及道路、路灯、港口、灯塔和堤坝等建设。但是由于公共物品难以收取费用和无法排斥他人受益，市场机制供给不足。

19世纪中后期，迪策尔（K. Dietzel）提出的政府具有生产性的观念，沙夫勒（A. Schaffle）提出的公共需要和私人需要应该等比例地予以满足的思想，进一步丰富了经济学关于公共物品的讨论。但是，作为一种较为系统的理论，公共物品理论最初出现于19世纪80年代，它建立在边际效用价值论上，是边际革命在西方经济学领域产生的最重要结果之一。萨克斯、帕塔罗尼和马佐拉等人将边际效用的分析运用到公共财政和公共需要的研究，为公共物品论的建立奠定了经济学基础。

在经济学语境中，公共物品是以资源配置的对象出现的，经济

---

① John S. Mill, *Principles of Political Economy*. London: Longman Group Ltd., 1921, p. 800.

学家们认为公共物品问题是导致市场失灵的根源之一,公共物品理论应着重考察提供什么、提供多少和由谁提供的问题。1954年,萨缪尔森给出了公共物品的经典定义并被后人广泛接受。为了进一步说明什么是公共物品,经济学家们阐明了公共物品的三个特性:一是效用的不可分性。公共物品是向整个社会共同提供的,具有共同受益或联合消费的特点。其效用为整个社会的成员所享有,而不能将其分割为若干部分,分别归属于某些个人或厂商使用,或者,不能按照谁付款、谁受益的原则,限定为之付款的个人或厂商享用。二是消费的非竞争性。增加一个消费者不会减少任何消费者对公共物品的消费量,或者说,增加一个消费者,其边际成本等于零。三是受益的非排他性。在技术上没有办法将拒绝为之付款的个人或厂商排除在公共物品的受益范围外。依据这三个特性,经济学区分了三种类别的公共物品:非竞争性和非排他性的纯公共物品;非竞争性和排他性的俱乐部物品;非排他性和竞争性公共资源。

为了寻找公共物品的最佳供给方式,经济学家们探讨了公共物品的资源配置问题。哈丁(Garrett Hardin)提出了"公地悲剧"模型[1],奥尔森(Mancur Olson)阐明了"囚徒困境"问题[2],蒂布特(Charles Tiebout)提出了"以足投票"理论等[3],用来解释公共物品资源配置的低效率以及市场失灵的存在,政府是最显然的公共物品提供者的合理性。但是,经济学家们指出,通过政府供给公共物品,并不必然意味着由公共部门来生产公共物品。

在经济学关于公共物品提供机制与方式探讨逐步深入并取得长

---

[1] Garrett Hardin. The Tragedy of the Commons, *Science*, 1968 (162): 1243 – 1248.

[2] [美] 曼瑟尔·奥尔森:《集体行动的逻辑》,陈郁等译,上海人民出版社1994年版,第10—15页。

[3] [美] 查尔斯·蒂布特:《一个关于地方支出的纯理论》,《经济社会体制比较》2003年第6期。

足进展的同时，20世纪50年代初，政策科学开始作为政治学、公共行政学研究途径的替代物而出现，其标志性事件是拉纳（Daniel Lerner）和拉斯韦尔（Harold Lesswell）主编的《政策科学》一书的出版。在《政策科学》中，拉纳和拉斯韦尔阐明了政策科学的研究对象、性质和发展方向。① 在其随后的著作《政策科学展望》②、《决策过程》③ 等论著中，拉斯韦尔将政策科学定义为对政策制定过程的知识和政策制定过程中的知识的研究，提出了包含情报、建议、规定、行使、运用、评价和终止在内的政策过程理论。1968—1971年，德洛尔（Yehezkel Dror）在《公共政策制定检讨》《政策科学构想》《政策科学进展》等著作中对政策科学的对象、性质、理论和方法等问题作了进一步具体的论证，使政策科学的"范式"趋于完善。④ 政策科学被看作一门以公共问题为中心，综合应用多学科知识与方法来研究政策系统及政策过程，探讨政策现象和寻求问题的解决方案的综合性学科。

在政策科学的形成和发展过程中，公共服务成为政策分析的核心概念之一。由于公共问题引发公共需求，而对公共问题的管理是以政府为核心的公共部门通过提供公共服务来满足公共需求的过程。因此，提供公共服务满足公共需求，进而解决公共问题是政府的职能所在。公共政策作为政府发挥职能的手段，是实现公共服务的基本形式。甚至可以说，公共政策就是一种特殊的公共服务，公共政策分析实际上就是研究公共服务的提供形式。因为政策过程本

---

① Daniel Lerner and Harold D. Lasswell, *The Policy Sciences Development in Scope and Method*. Stanford, CA: Stanford University Press, 1951: 3 – 15.

② Harold D. Lasswell, *A Preview of Policy Sciences*. New York: Elsevier Inc., 1971: 13.

③ [美] 詹姆斯·安德森：《公共决策》，唐亮译，华夏出版社1990年版，第27页。

④ 陈振明：《公共政策分析》，中国人民大学出版社2003年版，第7页。

质上是一种政治过程，是以政府为核心的公共部门通过政治程序决定公共资源在不同公共服务之间的配置或决定全社会价值、利益在不同阶层、团体或个人中的分配过程。如此，在经济学研究公共物品时若隐若现的公共服务概念，在政策分析中成为理解公共政策的关键和"钥匙"。随着政策科学的拓展与深化，公共服务日渐成为政治学、公共行政学研究的焦点。在经济科学之外，公共物品的概念逐渐被公共服务所取代。

20世纪70年代末，在世界各国政府治理变革的趋势中，公共服务成为政府职能的重心。但是，公共需求的不断增长与政府提供公共服务的数量、质量及提供方式之间的矛盾日渐显现。传统公共行政模式，即依靠科层官僚制组织提供公共服务的模式效率低下，弊端重重。社会变革和民众需求迫使政府转变治理观念，创新治理工具，探索公共服务供给的新模式。在此背景下，发达国家掀起了一场声势浩大的公共行政改革运动，即"新公共管理"运动。奥斯本（David Osborne）和盖布勒（Ted Gaebler）将新公共管理的核心归纳为"企业化政府理论"，提出要从根本上提高政府公共服务绩效，就必须变革现行的政府体制，实施政府再造，并提出政府再造的十项原则：(1) 起催化作用的政府：掌舵而不是划桨；(2) 社区拥有的政府：授权而不是服务；(3) 竞争性政府：把竞争机制注入到提供服务中去；(4) 有使命感的政府：改变照章办事的组织；(5) 讲究效果的政府：按效果而不是按投入拨款；(6) 受顾客驱使的政府：满足顾客的需要，而不是官僚政治的需要；(7) 有事业心的政府：有收益而不浪费；(8) 有预见的政府：预防而不是治疗；(9) 分权的政府：从等级制到参与和协作；(10) 以市场为导向的政府：通过市场力量进行变革。[①]

[①] [美] 戴维·奥斯本、[美] 特德·盖布勒：《改革政府：企业精神如何改革着公营部门》，周敦仁等译，上海译文出版社1996年版，第24—25页。

与以往在公共行政框架内进行的变革不同，新公共管理不是对传统公共行政体制进行某种程度的局部调整，而是对官僚制公共行政模式的一种全面清算。它承认市场失灵需要政府活动的补充和改善，但更强调政府失败需要引入市场机制，避免单纯依靠政府进行公共事务管理的片面性。以重塑政府与市场的关系为主线，新公共管理强调调整政府与社会的关系，利用市场和社会力量，推行公共服务社会化，以顾客取向和服务对象为中心，把需要服务的公众视为公共机构的顾客，在公共服务机构之间引进市场竞争机制，通过"顾客主权"形成的压力，迫使公共机构提高服务质量，为吸引更多的顾客展开激烈的竞争。

由于新公共管理在重视公共服务供给效率的同时，存在对公共服务公平的忽视。基于对新公共管理运动的总结与反思，罗伯特·登哈特和珍妮特·登哈特提出了公共管理的新范式——新公共服务理论。新公共服务理论不是对新公共管理的简单否定，而是一种理性的反思和建设性的批判。新公共服务理论的主题包括以下几个方面[①]：（1）服务而非掌舵。政府及其公务人员越来越重要的角色趋向于协助公民表达并实现共享的公共利益，而不止于控制或引导新方向。（2）追求公共利益。公共利益是主要目标，而非副产品。公共行政人员必须致力于树立一个集体的、共享的公共利益观念，其目标不是要在个人选择的驱使下找到快速解决问题的方案，而是分享利益和分担责任的创造。（3）战略的思考，民主的行动。即符合公共需要的政策和计划，通过集体努力和协作的过程，能够最有效地、最负责任地得到贯彻和执行。（4）服务于公民而不是顾客。公共利益源于对共同价值准则的对话协商，而不是个体自我利益的简单相加。因此，公务员不仅仅要回应"顾客"的需求，而且更要关

---

① ［美］珍妮特·登哈特、［美］罗伯特·登哈特：《新公共服务》，丁煌译，中国人民大学出版社2004年版，第22页。

注建设政府与公民之间、公民与公民之间的信任与合作关系。（5）责任并不是单一的。即公务员不应当仅仅关注市场，亦应关注宪法和法令，关注社会价值观、政治行为准则、职业标准和公民利益。（6）重视人而不只是生产力。公共组织及其所参与的网络，如果能够在尊重所有人的基础上通过合作过程与领导分享，则其更有可能获得成功。（7）超越企业家身份，重视公民权和公共服务。与企业家式的管理者视公共资金为己所有的行事方式相比，如果公务员和公民都致力于为社会作出有意义的贡献，那么公共利益就会得到更好的实现。

随着新公共服务理论的盛行，"类似于公共服务、绩效衡量、私有化以及市场模型这些观念正日益成为公共行政语言的一部分"[1]。新公共服务高扬价值理性，重申公共利益、公民权等作为公共行政之本的宪政民主价值原则，从而"避免行政学的公共性基础在现代社会工具理性的高歌猛进中被简约或边缘化"[2]，为公共行政的发展和改革实践指明了正确的方向。

至此，从传统政治学、公共行政学的替代物——政策科学兴起中凸显的公共服务概念，经新公共管理和新公共服务理论的淬炼，已成为当代公共管理（学）研究的主体内容。在公共管理的语境中，公共服务提供除了效率的追求，还必须重视服务公平的价值，关注的是公共服务的均等化。因此，纵观从公共物品到公共服务概念嬗变中学科研究视角的转变，不难看出，内在于公共物品中的公共服务研究最初出现于政治学、伦理学中，是作为政治学的附属物出现的。边际革命以来，经济学对公共物品的研究取得了显著的成

---

[1] ［美］罗伯特·登哈特：《公共组织理论》，扶松茂、丁力译，中国人民大学出版社2003年版，第165页。

[2] 陈振明、王海龙：《创新公共管理理论推动政府治理变革》，《公共行政》2005年第5期。

果。但是，20世纪50年代，政策科学的勃兴使公共服务重新回归政治学、公共行政研究的视野，并在公共管理（学）研究中大放异彩。因此，从公共物品到公共服务，概念的嬗变彰显了学科研究的历史演化。

三 共识与差异：概念嬗变中学科研究视角转变的意涵

从公共物品到公共服务，概念嬗变不仅意味着名称的变化，更重要的是意味着研究的范围、领域、方法、指导思想、所要说明的问题等都有了实质性的改变。

（一）公共物品和公共服务所依据的学科理论不完全相同

公共物品所依据的学科理论是经济学。经济学是关于稀缺资源配置的学科。一般而言，经济学包括微观和宏观经济学两个部分。微观经济学以单个经济单位为研究对象，通过研究单个经济单位的经济行为来说明市场经济是如何通过价格机制解决社会资源配置问题。而宏观经济学以整个国民经济为研究对象，通过研究国民经济中各有关问题的决定及其变化来说明如何充分利用资源。公共物品理论以社会资源的稀缺性为前提、秉承"经济人"假设、借鉴生产者与消费者的交换模型，应用需求与供给分析、成本与收益分析、一般均衡和局部理论、生产可能性曲线等经济学分析工具来研究提供什么、提供多少和由谁提供等问题。此外，公共物品研究还受到福利经济学的影响，福利经济学关注个人如何从全社会的财富增长中获得更多的满足[①]，为考察公共物品提供了一个系统的理论结构，公共物品理论的许多分析都是建立在福利经济学基础上的。例如，福利经济学中的效用及效用函数概念便是分析政府税收对社会福利

---

① 黄有光：《福利经济学》，中国友谊出版公司1991年版，第5页。

影响的基本工具。此外，公平与效率并称为社会经济福利的两大准则。① 但人们对于效率与公平的判断则因人而异，这导致公平与效率的替代关系成为公共物品供给有关公共政策讨论的中心因素。

公共服务所依据的学科理论除了经济学以外，还包括管理学和政治学、行政学，并且在经济学方面与公共物品有所区别。公共服务除了应用经济学基本原理、福利经济学分析工具探讨公共服务的特性、市场失灵以及公共服务如何提供、为谁提供的问题外，还借助公共选择理论，将政府的经济行为同人们的政治投票联系起来，由选民用选票决定提供什么、提供多少以及如何通过引入市场机制提供公共服务；借助新制度经济学的委托代理理论、交易成本理论、产权理论、制度变迁理论研究公共服务的提供机制与方式，以期更有效地提供公共服务。同时，作为对公共物品的扬弃，公共服务还吸收了管理学和政治学、行政学的学科知识，把如何提供公共服务的研究视为系统的管理行为，这种行为不仅涉及组织内部机构、过程和程序，而且与组织外部的环境、多中心治理、结果与绩效、公共责任相关。更重要的是，公共服务重视引入标杆管理、全面质量管理、流程再造等工商管理技术和方法，以促进公共服务的有效供给。在关于公共服务为谁提供的研究中，公共服务吸收了政治学知识，尤其是民主理论、社区理论和公民理论等，构建了政府与公众平等对话、沟通协商与互动合作的供给模式，描述了一个重视民主、公民权和为公共利益服务的理论框架，超越了公共物品的研究范围。

（二）公共物品和公共服务的研究范围和研究内容不完全相同

为谁提供、提供什么、提供多少、由谁提供、如何提供，这五个方面的问题是公共物品与公共服务理论所要回答的基本问题。但

---

① 黄少军、何华权：《政府经济学》，中国经济出版社1998年版，第41页。

公共物品理论与公共服务理论所研究的侧重点不同。公共物品理论以经济学的研究途径回答提供什么、提供多少、由谁提供等问题，侧重于如何有效配置公共资源。具体而言，通过界定公共物品的概念，经济学对公共物品的特征及由此引发的问题作了深入的研究，指出公共物品由于受益的非排他性、消费的非竞争性以及效用的不可分性生产的自然垄断性，可能引发公地悲剧、搭便车倾向以及定价困难等问题，政府是最显然的公共物品提供者。但是，如果提供公共物品的负担（税收）要在个人之间公平分摊，那么某种形式的强制是必要的。问题是，个人没有激励正确地显示其偏好。如果个人必须缴纳的税金数量同他们显示的需求正相关，则个人就有激励隐瞒他们对公共物品的偏好。因此，政府提供公共物品的政治决策机制必须能够引出真实信息的显示。与此同时，通过政府供给公共物品，并不必然意味着由公共部门来生产公共物品。公共部门可以把生产某种产品或服务的合同承包给私人生产厂家。但是，公共部门决定直接生产某种产品或服务，或是把生产承包给私人部门，需要考量诸多方面的因素，其实施的条件包括：存在有效的政治领导；机构内部存在积极的倡导者；具有节约成本的可能性或其他重要价值；行动具有政治可行性。因此，并不是所有的公共物品的生产都可以合同外包的，有些产品或服务的生产承包给私人部门是不合理的。例如消防和法治的执行就属于这种情况。因此公共部门和私人部门之间的分界线应当划在哪里，这是一个重大的政治议题，也是各国政府在实施私有化和分权政策时的要旨所在。[1]

公共服务研究不仅涵盖公共物品研究的主题，而且拓展了新的研究领域。公共服务的研究范围与研究内容不仅涉及提供什么、提供多少和由谁提供的问题，而且还涉及为谁提供、如何提供的问题，侧重于公共资源均等化与有效配置。具体而言，公共服务基于

---

[1] 黄新华：《公共部门经济学》，厦门大学出版社2010年版，第76—77页。

公共行政、公共管理（学）的视角而非经济学视角，在继承公共物品理论成果的同时，赋予公共服务政治属性，把公共性看作公共服务的首要特性，强调基本公共服务供给的均等化。与此同时，公共服务引入政治决策理论，分析公共服务供给决策的政治过程，更加注重从制度建设上显示公众的需求偏好，依据"提供""生产""安排"三个环节，强调政府与私人组织、第三部门或公民个人共同参与公共服务供给，并认为这种"多中心"的供给体制有助于解决公共资源短缺和浪费问题，提高公共服务绩效，因此，在公共服务供给中可以引入市场竞争机制、社会自愿供给机制，形成政府、市场和社会三种不同的供给主体，采用市场化工具、工商管理技术和社会化工具改进公共组织内部结构和工作流程，协商公共部门之间的治理关系。至关重要的是，在为谁提供上，公共服务强调服务的公益性、公平性，重视打破公共服务供给的官僚行政理论的治理逻辑，认为公共服务的类型多种多样，它们所需要的组织规模大小不一，建立一个单一的适应所有服务的组织模式不但不切实际，而且有违规模经济的原则。

（三）公共物品和公共服务的研究方法不完全相同

在经济学中，公共物品是和私人物品相对而言的，在研究方法上，公共物品研究全面采用现代经济分析方法，既注重实证分析，又注重规范分析。实证分析方法是通过量化分析来检验命题和假设，是分析"已经发生了什么"；规范分析方法则是从道德标准和价值观出发研究"应该怎么办"。规范分析虽然不如实证分析严谨、科学和可验证，但是规范分析体现了经济学的人文精神和伦理观念，是经济学中不可缺少的分析工具。在公共物品研究中，实证分析主要用于考察公共物品供给的规模（范围）及其后果，规范分析则用于评价各种将要付诸实施的公共物品供给政策和供给形式的选择。由此可见，公共物品的研究方法与经济学如出一辙，它既要对某一公共物品的供给进行观察，抽象出相关经济变量，如成本、产量、价格等，然后假设各经济变量之间可能的关系，并构建出各种经济行为模型，应用数学或统计学知识对变量之间的关系进行相关性分析，也要在不断追踪已发现的事实的基础上，进行观察、记录和描述，并把记录下来的大量统计资料加以分类整理，建立简单的假设把各种事实联系起来，通过推理、归纳、演绎，导出研究结果。因此，公共物品研究重视演绎归纳方法的应用，强调通过对公共经济活动的统计分析、定性与定量分析、静态与动态分析的统一，探讨公共物品供给的效果，分析公共经济活动的变化、发展规律。

公共服务研究在承续公共物品经济学研究途径的同时，进一步借鉴和吸收了当代社会科学中行之有效的其他方法。因此，在研究方法上，公共服务与公共物品既有相同的地方也有不同的地方，公共服务研究同样重视实证分析和规范分析，既强调从某种价值观念（公平、正义）出发，以道德规范作为评估标准，运用概念、范畴、推理等逻辑方法来研究公共服务问题，揭示公共服务的实质及其规律性特征，也主张对具体公共服务供给过程进行描述、分析、揭示和检验，强调知识必须建立在观察和试验的经验事实上，通过经验观察的数据和实验研究的手段来揭示一般结论，因此，公共服务研究通过引入成本收益、供给需求、委托代理、交易成本等经济分析途径，加强对公共服务有效供给的解释。此外，公共服务研究也有不同于公共物品的研究方法，在综合运用政治学、公共行政（学）、公共管理（学）分析工具的基础上，公共服务重视历史分析、比较分析、利益分析、制度分析、系统分析等方法，并通过这些方法的应用研究公共服务体制和运行机制、组织内部各要素和组织与行政环境之间的复杂关系，以此揭示公共服务提供机制与方法，着力从政治过程及其变化分析公共服务的本质及其决定因素。

四 结论：公共服务的兴起与公共管理的转型

公共服务的兴起是政府改革与治理的一次深刻变革，它改变了以往以集权为特征的自上而下的权力运作方式，是政府对社会公平、正义、民主价值诉求的回应，政府不应在政府权限中寻求证实自身存在的理由，而应在为公民服务的需求中寻求其合法性，公共服务由此对当代政府治理变革提出了更高的要求，公共管理应以公共服务为中心进行转型。对于致力于公共服务型政府建设的中国政府而言，公共服务的兴起与公共管理的转型，既需要形成本土化的公共服务理论，又必须对涉及公共服务的核心问题作出回答。

（一）建构有中国特色的公共服务理论

20世纪80年代以来，在新公共管理的浪潮下，西方发达国家展开了卓有成效的公共服务创新进程，其提供机制与方式发生了深刻变化，西方学者对各国公共服务的实践经验进行理论上的分析与提炼，形成了多种新理论，如治理理论、新公共管理理论、新公共服务理论等。当前，我国社会对公共服务的需求已经进入高速增长时期，但是，公共服务改革仍明显滞后于社会经济发展进程，公共服务理论研究的本土化创新不足，"相当多的中国公共行政学家都将研究重点放在美国和其他西方国家的公共行政学理论和实践上，而不是中国公共行政本身。将研究重点放在美国和其他西方国家的公共行政学理论上就是非常致命的。这不仅阻碍了对于本土问题的学术关怀，妨碍本土理论的构建，也不可能对中国公共行政实践提供切实可行的指导。"[①] 因此，如何根植于转型期的中国现实，针对转型期我国政府提供公共服务所面临的问题寻找解决的途径和对

[①] 马骏、刘亚平：《中国公共行政学的"身份危机"》，《中国人民大学学报》2007年第4期。

策，形成具有我国特色的相关理论和创新方案，就成为公共管理与公共政策研究的一个当务之急。① 但是，构建有中国特色的公共服务理论，必须对我国公共服务现状进行深入调研，在对当前公共服务体制、机制、结构、流程、程序、方式等进行深入阐述的基础上，处理好以下一系列目标与价值的关系，才能提高理论的解释力，增强理论的应用性和对实践的指导性。

（1）经济发展与公共服务的关系。经济发展是政府公共服务得以加强的基础，只有经济发展了，才能有充足的财力支持政府提供公共服务，因此，公共服务要与经济发展水平相协调，必须警惕公共服务扩张导致地方财政过度举债。但是，在经济发展到一定水平的情况下，改进公共服务就是政府的首要任务，因为，优质的公共服务是经济长期持续快速发展的根本保证。因此，在经济发展进程中，政府应提高公共服务的水平，促进经济持续增长。

（2）公共服务水平与覆盖范围的关系。维护社会公平正义，实现共同富裕是社会主义的本质属性。当前，我国公共服务的均等化程度存在较为严重的缺陷，城乡"二元的社会结构"造成城乡居民基本公共服务覆盖范围不公平。因此，应以完善广泛覆盖的基本公共服务为目标，以符合公平正义为原则，逐渐实现人人享有基本公共服务。

（3）市场服务与公共服务的关系。完善的市场经济体制是强化政府公共服务职能的前提条件。政府首先必须为市场服务，然后才是为弥补市场失灵提供公共服务。因此，公共服务不能破坏市场竞争的正常秩序，在社会主义市场经济体制中，公共服务应定位于弥补市场失灵，着力于民生和社会领域，形成完善的社会福利体系和社会保障制度。

---

① 陈振明：《加强对公共服务提供机制与方式的研究》，《东南学术》2007年第2期。

(4) 政府"单一供给"与"多中心供给"的关系。强调政府公共服务职能，并不意味着一定要扩大政府规模与增加公共支出，由政府来直接提供公共服务，特别是在我国这样一个人口众多、地域广阔的国家里，政府应扮演好"掌舵者"而非"划桨者"的角色，让企业与非政府组织参与公共服务的提供，将提供公共服务建立在市场机制、社会参与和政府自身变革的基础之上，拓展商会、协会、中介组织和其他民间组织的公共服务功能，从而改善公共服务供给效率，节约公共服务成本，提高公共服务供给水平。

（二）努力实现基本公共服务均等化

基本公共服务均等化一般是指全体公民在基本公共服务领域应该享有同样的权利。基本公共服务均等化不是一个抽象的、固定不变的概念和模式，而是特定社会历史条件下的产物。改革开放以来，我国社会经济发展迅速，利益主体和社会结构发生重大变化，区域发展不平衡日益显现。在全面评估了我国基础教育、公共卫生、社会保障、科学技术、基础设施、公共安全、环境保护、一般公共服务等八类基本公共服务供给水平与绩效的基础上，《中国公共服务发展报告2006》指出，当前我国基本公共服务综合绩效整体水平偏低，发展不平衡，无论从数量还是质量上都不能满足公众的需求。[1] 造成这种状况的主要原因是由于各级政府因各种客观因素没能很好履行其应有的职责，城乡居民所享受的公共服务待遇迥然不同，而要改变这种状况，最有效的途径就是积极推进基本公共服务均等化，积极探索建立健全与社会主义市场经济相适应的公共服务制度，加快建设和完善公共服务体制，在就业、公共医疗、义务教育、社会保障等方面满足人们的基本需求，促进社会公平公

---

[1] 国务院发展研究中心：《中国公共服务发展报告2006》，中国社会科学出版社2007年版。

正、维护社会和谐安定。但是，由于理论和实践上仍存在着对基本公共服务均等化的认知差异，实现我国基本公共服务均等化的目标依然任重道远。

（1）从财政制度上看，由于基本公共服务均等化是一个相对动态的概念，与一个国家或地区特定时期的经济发展水平、财力水平相适应，其内容和标准随着经济的发展、科技的进步和时代的变迁而不断发展变化，使得现有基本公共服务提供不足及相应的财政体制缺陷没有一个可衡量的明确标准。为实现基本公共服务均等化，需要调整和优化财政支出结构，使财政支出主要投向社会公共服务领域，但是财政支出结构转换的衡量标准难以确立，造成我国基本公共服务均等化的财政保障缺乏一个可量化的操作体系。

（2）从经济社会发展上看，改革开放和社会转型过程中，传统计划经济体制下承担公共服务提供职能的国有企业与民众间的保障契约被逐步打破，但是，新型市场经济体制下，公共服务的供给机制却没能及时有效建立，造成社会公共服务提供机制的过渡性真空。这是政府职能缺位在经济社会发展中的一种表现。因此，必须认真考察我国基本公共服务不均等的制度成因，找到问题的症结所在，才能真正解决问题。

（3）从政府间关系上看，基本公共服务均等化需要合理调整中央政府与地方政府以及地方政府之间的事权与财权关系。地方政府的主要职责之一是供给人民群众所需的基本公共服务，但当前许多地方政府特别是乡镇一级政府缺乏相应的财政收入来源，没有足够的能力提供基本公共服务。因此，实现基本公共服务均等化，需要深化政府间关系的改革，只有将政府间财权事权划分、转移支付制度的规范以及城乡统筹的政策支持，纳入到公共服务均等化的体系中，重构政府间关系，提升基层政府的公共财政能力，才可能从根本上使基本公共服务均等化在实质上得以整体推进。

（4）从收入分配上看，基本公共服务的均等化不仅指城乡间、地区间的均等化，还涉及不同社会阶层、不同群体间基本公共服务的均等化。目前，我国城乡之间、行业之间、地区之间收入分配差距过大，基尼系数达到 0.45，超过国际公认的警戒线。收入分配不均等导致社会各阶层享受到的基本公共服务差距扩大，因此，基本公共服务均等化必须深化收入分配制度改革，厘清城乡之间、行业之间、地区之间收入分配差距的现状与成因，逐步建立"橄榄型"的收入分配结构体系。

（三）谨慎对待公共服务市场化改革

引入市场竞争提高公共服务的效能，是当代政府治理变革的趋势，符合市场经济发展的要求。从理论上说，市场是一种有效的资源配置方式，公共服务市场化改革在西方国家行政改革中占有重要地位。通过引入市场竞争机制提高公共服务供给效率，促进社会资源有效配置，创造了相对较好的经济绩效。竞争性招标、凭单制、合同外包、特许经营、项目共同拥有或共同融资等市场化工具的引入，代表了公共服务市场化的转换。但是，公共服务市场化改革是一把双刃剑，它在提高公共服务效率的同时，忽略了公共组织与私人组织之间的根本区别，模糊了公共管理的责任与范围，因此也存在着自身固有的局限性，产生了许多不可回避的问题。

（1）公平问题。公共服务市场化改革可能使公共利益受到忽视，容易引发社会的公平正义问题。因为生产者以利润最大化为目的，难免会按照市场竞争法则选择有利于获利的服务项目，对于那些不能很好获利但又不能不提供的服务，则有可能消极供给，这就可能使一部分人得不到服务，尤其对于社会弱势群体来说，没有选择的权利可言。当一部分人被剥夺了某些选择权时，社会的公共利益实际上受到了损害，社会公正也就无从体现。[①] 例如，教育产业

---

① 徐锦贤：《公共服务市场化之辩》，《宁夏社会科学》2008 年第 5 期。

化改革使我国的公共教育成了一个利益冲突集中的领域，教育原本应有的公益性、公共价值受到极大挑战，给教育事业的发展带来了严重困扰。

（2）风险问题。公共服务市场化改革通常基于契约（合同）的形式提供某项具体的公共服务，但是，合同的不完全性使得政府治理过程中面临着潜在的风险问题，存在高昂的交易成本，如签订合同的谈判成本、讨价还价成本、信息成本、决策成本以及合同的实施成本等，这些交易成本作为一种"摩擦力"会影响和降低公共服务的绩效。同时，由于委托代理关系的产生，作为委托人的政府无法全面准确地掌握代理人（生产服务提供者）的信息，如果代理人隐藏真实信息，将会出现逆向选择和道德风险，从而损害政府（委托人）或其他人的利益。

（3）腐败问题。监督和制约机制的不健全容易产生公共服务市场化的腐败和私人垄断问题。西方行政改革在打破原有的政府官僚体制结构之后，对市场竞争主体的监督制约机制缺乏必要的关注，更无严密科学的政策设计，导致各竞争主体行为失范，虽然市场化并不必然带来腐败，但增加了腐败的机会，由于市场化没有形成真正的竞争局面，企业具有了取得垄断利润的现实条件，从而产生私人垄断。[①]因此，公共服务市场化改革不能替代公共服务中政府的作用，相反，它扩大了政府作用的范围，对政府治理提出了更高的要求，"政府必须承担更多的责任：强化保护集体福利的规则；确保公开竞争；充分运用市场力量，减少不切实际的控制和对企业不必要的管制。"[②] 伴随着公共服务的市场化改革，政府部门需要进行结构重组与流程再造，建立起一种公

[①] 徐锦贤：《公共服务市场化之辩》，《宁夏社会科学》2008年第5期。

[②] [美] E.S. 萨瓦斯：《民营化与公私部门的伙伴关系》，周志忍等译，中国人民大学出版社2003年版，第329页。

共责任导向的治理机制，为有效发挥市场的作用构建一种新型的公共管理制度。

（四）设计公平高效的公共服务模式

20世纪中后期，世界各国政府的社会服务职能日益重要，公共服务需求不断增加，依靠科层官僚制组织提供公共服务，由于缺乏合适的供给机制和制度安排，公共服务投入和产出总量不对称，缺乏均衡的分配和输送途径，弱势群体和边远地区所能享受的公共服务贫乏。因此，变革政府公共服务体制，推进公共服务供给机制与方式的革新，成为西方国家政府治理变革的重要内容。在我国，经济调节、市场监管、社会管理和公共服务构成转型期政府职能的四个基本方面。全面建设小康社会，构建社会主义和谐社会，必须强化政府在公共服务中的责任意识，转变长期单一将经济增长作为主要任务的做法，逐渐建立以提供公共服务为导向的政府职能体系，实现从经济建设型政府向公共服务型政府的转型。而其中的重中之重是必须推进公共服务提供机制和方式的创新，设计公平高效的公共服务模式。

（1）推进政府公共服务决策民主化。长期以来，公共服务决策采取自上而下的方式，政府根据自身的偏好或政绩导向决定公共服务的供给总量、供给结构和供给方式，供给成本由民众的税收（收费）分摊，导致部分公共服务的供给与民众需求发生错位。当由外生变量决定公共服务供给时，就有可能导致民众对政府公共服务产生反感和消极反对。因此，如果能对公共服务决策作出根本的改变，建立良好的公共服务需求偏好的表露机制，使公共服务供给由民众内生需求决定，公共服务决策的民主化将会使政府决策代表和体现公众的意愿和需求。

（2）强化政府公共服务职能。公共服务是维护社会基本公平的基础，通常发挥着社会矛盾的"缓冲器"作用。强化政府公共服务职能，加快改善我国公共服务状况，有利于缓解我国当前经济社会中所面临的各种突出矛盾，推进和谐社会建设。因此，必须深化政府行政体制改革，提高政府公共服务供给水平和质量，引导各级政府逐步树立以公共服务为中心的政府职能观和绩效观，建立健全公共服务供给的体制机制，加强政府公共服务绩效管理，强化各级政府和政府各部门的责任，促进政府间接竞争机制的形成。

（3）创新公共服务提供机制与方式。当前我国社会对公共服务的需求已经进入高速增长时期，而公共服务的制度改革仍明显滞后于社会经济发展进程。因此必须合理选择和创新公共服务的提供机制和方式，推进对多样化公共服务的分类管理，构建高效、公平和权责对称的公共服务提供模式。① 政府作为公共服务的提供者不一定要充当生产者的角色，也可以运用政府采购等手段完成其职责。在制度安排、机制设计层面，应正确区分公共服务的提供者、生产者和消费者，对不同的公共服务合理选择不同的提供机制与方式，充分运用市场环境与机制的潜力，提高公共资金使用效益和引致民间资金介入，缓解公共服务有效供给的不足。②

（4）建立政府公共服务监管体制。公共服务供给机制与方式的转变，尤其是公共服务市场化、社会化改革并不意味着政府责任的消失，只是政府负责任方式的相应改变，必须强化政府的监督和管理责任，充分运用间接管理、动态管理和事后监督等管理手段，以及行政规划、行政指导、行政合同等管理方式，加强公众和社会监督的力度，建立相关主体利益诉求机制，严格依据有

---

① 陈振明：《加强对公共服务提供机制与方式的研究》，《东南学术》2007年第2期。

② 贾康、孙浩：《农村公共产品与服务提供机制的研究》，《管理世界》2006年第12期。

关的法律法规，制定监管程序、监管标准和监管措施，明确监管机构和人员的职责范围和监督方式，在市场准入、价格形成、服务质量等方面，逐步建立统一、开放、公平、公正的政府公共服务监管体制。

第一章 政府购买公共服务机制设计的基础理论

政府购买公共服务是指把原来由政府直接向社会公众提供的一部分公共服务，通过合同外包、公私合作、补助或凭单等方式转交给社会力量提供，并由政府根据服务数量和质量向其支付费用的公共服务提供方式。20世纪70年代，E.S.萨瓦斯首次提出通过竞争方式雇用私人企业承包市区环卫工作以提高工作绩效。[①] 20世纪80年代以来，出于减少财政开支、遏制政府扩张规模、提高行政效率等目的，美、日、英、法等发达国家政府购买公共服务日益成为公共服务供给的制度化途径之一。20世纪90年代末，政府购买公共服务开始引入中国，许多地方政府进行了积极的尝试。2013年7月31日，李克强总理召开国务院常务会议研究推进政府向社会力量购买公共服务，提出要以创新方式提供更好的公共服务，明确将适合市场化方式提供的公共服务事项交由社会组织、机构和企业承担。[②] 随着服务型政府建设和公共财政体系的健全，政府购买公共服务日益成为各级政府转变职能、推进社会建设的现实着力点。《国务院办公厅关于政府向社会力量购买服务的指导意见》提出，凡

[①] E. S. Savas. An Empirical Study of Competition in Municipal Service Delivery. *Public Administration Review*, 1977, 37 (06): 717-724.

[②] 国务院办公厅：《李克强主持召开国务院常务会议研究推进政府向社会力量购买公共服务部署加强城市基础设施建设》，中央政府门户网站，2013年7月31日。

属事务性管理服务,原则上都要引入竞争机制,通过合同、委托等方式向社会购买。这是我国第一次将政府购买公共服务提到国家层面,将其作为深化行政体制改革、加快政府职能转变的重要内容。

第一节 公共服务理论

政府购买服务兴起于20世纪70年代末,是市场经济发达国家为了应对高福利支出而导致的财政危机、管理危机、信任危机而掀起的政府治理变革运动(即新公共管理改革)。新公共管理的重要内容之一是创新公共服务的供给方式,其中以"契约式购买服务"最负盛名,在这里"服务"是与"私有化"和"市场化"密切相关的一个概念。[①]

一 公共服务的特性与分类

虽然学术界对于公共服务的概念没有形成统一的认识,但是对于公共服务的特性却有大致的共识:第一,公共性。公共服务是满足公共需求的,非竞争性、非排他性、不可分割性是其基本特征。非竞争性主要指公共服务的边际成本为零,且每个消费者的消费都不影响其他消费者的消费数量和质量。非排他性指任何人都不能阻止他人使用公共服务,在一定受益范围内,公共服务是共享的。不可分割性指即使一项公共服务有很多人在享用,但它仍然是完整的、不可分割的。公共服务的公共性,尤其是非竞争性与非排他性

---

① 竺乾威等:《综合配套改革中的公共服务创新》,中国社会科学出版社2016年版,第16—18页。

决定公共服务由政府提供、市场提供还是社会提供，也决定了它能否由市场生产。第二，公众性。公共服务是政府向社会公众提供的，它的受益者是社会公众。第三，以公共需求为导向。公共服务是为了满足社会公众的需求，以公众需求为导向进行变化与调整。在不同的社会发展阶段，公众需求不一致，提供的公共服务也有所差异。经济社会发展程度越高，对公共服务的质量要求越高，不同地区，对公共服务的需求也呈现出地域差别。第四，过程性。公共服务是一个过程，它是由一系列活动的环节组成的，它的供给过程体现其价值，反映其质量高低。① 公共服务主要包含以上几个特点，其特性又与供给主体存在密切的关联，政府、市场、社会都可以成为供给主体，公共服务的特点使其具有复杂性。

关于公共服务的分类，学术界也众说纷纭。有研究者认为，"公共服务主要分为金钱、实物给付型公共服务与设施、组织提供型公共服务、维持型公共服务与发展型公共服务、收费公共服务与免费公共服务"②。也有学者认为公共服务可以具体分为三类：第一类，具有非竞争性与非排他性的服务，如国防服务、公共安全服务等；第二类，非竞争性与非排他性弱的服务，包括邮政、电信、民航、铁路服务等；第三类，非竞争性与非排他性强的服务，包括公共环境服务（如垃圾处理、道路管理等）、公共科教（基础教育、基础研究等）、文体事业（图书馆、博物馆服务等）、公共医疗、公共交通等。③ 还有学者依据公共服务的功能不同，将其分为维护性公共服务，即保证国家安全和国家机器正常运作的公共服务；经

---

① 贺巧知：《政府购买公共服务研究》，博士学位论文，财政部财政科学研究所，2014 年。

② 蔡乐渭：《公共服务的发展与行政法的新任务》，《中国行政管理》2008 年第 6 期。

③ 王锋、陶学荣：《政府公共服务职能的界定、问题分析及对策》，《甘肃社会科学》2005 年第 4 期。

济性公共服务，指政府为促进经济发展提供的公共服务，包括邮电、通信、交通等；社会性公共服务，指政府为社会公正与和谐提供的公共服务，例如教育、医疗、环境保护等。[①] 不同学者的不同观点有着不同的分类依据，若作一个总结，那么目前学界对于公共服务的分类依据，大致可以概括为以下七种，即公共支出的领域、公共服务的特性、政府职能体系、资本和劳动力投入的比例、专业知识领域、公共需要的内容以及消费空间的范围，由此形成七种典型的公共服务分类框架。[②]

二 公共服务的供给方式

（一）行政化的供给方式

行政化的供给方式以政府为供给主体，政府在提供公共服务的过程中占据核心地位。行政供给主要指作为国家机构的政府作为主体以权力运作的方式向社会提供或者生产社会需要的公共服务，可分为政府直接提供公共服务和政府间接安排公共服务两种。

（1）政府直接供给

政府直接供给主要是通过政府机构及其延伸来提供公共服务，由于部分公共服务，尤其是纯公共产品，例如国防、社会治安等，具有非排他性与非竞争性，政府具有生产或提供的优势与责任，因此应当扮演服务生产者与服务安排者的角色。政府直接供给公共服务主要有政府出售、政府间协议、政府服务等几种情况。政府出售的情况下，政府是服务的生产者，而作为消费者的个人与组织是安

[①] 赵怡虹：《我国基本公共服务地区均等化研究》，经济科学出版社2016年版，第10页。

[②] 王海龙：《公共服务的分类框架：反思与重构》，《东南学术》2008年第6期。

排者，消费者向政府购买公共服务。政府间协议指政府间可以签订合同，合理配置资源与责任，一个政府雇用或者付费给其他政府来提供公共服务。政府服务中，政府既是服务的安排者，也是服务的生产者。政府直接供给公共服务中，还有一种情况，就是由公共企业及其雇员生产公共服务，向公众大规模出售物品与服务，公共企业既有企业性又有公共性，可以在某些领域发挥作用。

（2）政府间接供给

主要由政府主导确定生产内容、生产数量、质量标准等，由政府部门进行预算、政策指导、合同管理等措施，借助市场与社会力量进行公共服务的供给。相对于直接供给，政府间接提供这一途径能够在许多领域获得高质量、低成本、高效率的物品，这也是西方国家越来越多采取这种方法的原因。政府间接供给方式主要有政府补助、凭单制、政府采购几种。政府补助是出于公共利益的考虑，对特定服务的生产者进行补助，调动生产者积极性，促进某项公共事业。2017年5月财政部发布了修订后的政府补助准则，政府补助概念更加清晰，增加了政府补助的两项特征：一是政府补助是来源于政府的经济资源；二是政府补助的无偿性。[1] 凭单制则是围绕特定的物品对特定的消费者群体实施的补贴。它是针对消费者的，但由于在凭单制的运行过程中，消费者最终还是会将凭单（政府资助）付给某项公共服务的生产者，因而凭单制也可看作对生产者的间接补助，它与政府资助一样，其目的是支持生产者（受资助方）开展某种服务或活动，以便完成政府提供某种公共服务的目标。[2] 政府采购是指各级国家机关、事业单位和团体组织，使用财政性资金采购依法制定的集中采购目录以内的或者采购限额标准以上的货

---

[1] 宋家兴：《对政府补助准则的理解和应用》，《财务与会计》2017年第7期。

[2] 句华：《政府购买公共服务的方式与主体相关问题辨析》，《经济社会体制比较》2017年第4期。

物、工程和服务的行为。① 当政府采购制度在全国普遍建立,很多政府公共服务项目要实行公开招标,通过招标引入竞争机制,减少政府采购成本,提高政府采购效率,节约财政资金。② 政府间接供给中,政府虽然不是直接生产公共服务的主体,但生产什么、生产标准等都是由政府决定。

(二) 市场供给方式

市场供给方式中,私人企业是公共服务的生产者,营利组织根据市场需求,以营利为目的,供给教育、基础设施等准公共产品,并以收费方式补偿支出的机制。公共服务的市场供给源于"政府失灵",政府供给中存在的低效率、高成本、寻租等现象给了市场参与供给的机会。在超额需求的诱导下,在"经济人"动机的驱使下,营利组织通过市场机制供给公共服务,既能满足市场中某些超额的公共需求,弥补"政府失灵"所造成的公共物品供给不足,也能够通过满足市场需求来实现企业利润。③ 这种公共服务供给方式能够充分发挥市场力量,有利于打破垄断、提高供给效率、提高服务供给的灵活性,促进资源的合理配置。公众在这样的情况下可以"用脚投票",拥有较大的选择权,根据自己的偏好选择服务,这也是表现对服务的满意程度的一种方式。市场化供给方式中,政府的介入程度不深,主要是作出制度安排或者制定一些标准等。

市场化的供给方式主要有合同外包、用者付费、特许经营等模式。合同外包是指公共服务通过合约的形式委托给私营部门或者非营利组织来提供,把民事行为中的合同引入公共管理中来,它的做

---

① 《中华人民共和国政府采购法》(2014 年修订) 第二条。

② 卓越:《公共服务标准化的创新机制》,社会科学文献出版社 2016 年版,第 50 页。

③ 赵怡虹:《我国基本公共服务地区均等化研究》,经济科学出版社 2016 年版,第 200—201 页。

法是以合同双方当事人协商一致为前提，变过去单方面的强制行为为一种双方合意的行为。[①] 用者付费是公共服务市场供给方式的一种主要形式，它是指家庭、企业和其他私营部门在实际消费政府提供的服务和设施时，向政府部门缴纳费用，关键的要素是付费取决于实际消费的服务量，不消费不付费，多消费多付费。[②] 特许经营是由公共部门授予私人企业经营和管理某项公用事业的权利，通过特许协议明确双方的权利与义务，承担相应的风险，从而达到公共管理目的的一种工具。[③] 现在的特许已经被赋予特定的时代意义，市场的自我更新不但可以促使政府特许本身发生改变，而且可以出现更多的公私合作形式，并且产生像 PPP（公私伙伴关系）这样更有包容性的集合性概念。总体上应当把政府特许作为实行公私合作的一种形式。[④] 在公共服务供给中运用市场力量，资金渠道得以扩展，减轻了政府的负担，分担风险能力加强，提高了公共服务供给的效益，切实增加了公众利益。但是市场化的供给方式存在重效率轻公平等弊端，因此在政府与市场之外必然就会产生社会化供给方式作为补充的需要。

（三）社会供给方式

随着社会的快速发展，为更好地满足公众日益提升的多样化的公共服务需求，提高公共服务供给效率，第三部门正在参与到公共服务供给中来，逐渐进入市场失灵与政府失败的领域，促进公共服务供给的良性发展。公共服务社会化供给就是指在政府和市场无力提供、无法提供、提供成本过高等情况下，第三部门通过雇用或者

---

① 陈振明：《竞争型政府》，中国人民大学出版社2006年版，第151—152页。
② ［美］尼古拉斯·亨利：《公共行政学与公共事务》，张昕译，中国人民大学出版社2002年版，第599页。
③ 陈振明：《公共管理学》，中国人民大学出版社2005年版，第512页。
④ 于安：《论政府特许经营协议》，《行政法学研究》2017年第6期。

付费给私人企业，为社会公众提供公共服务，满足公共需求，实现公共利益。第三部门灵活机动，能够运用社会力量、基层活力来保证公众生活所需的多样化服务的有效供给，更加注重服务的质量以及服务的亲民公正。这一类供给方式主要有无偿捐赠、志愿服务、公益性收费服务等。无偿捐赠，是在慈善影响下，用资金、实物捐助等方式对需要帮助的困难群体进行支援与帮助，主体可以是个人与任何组织。志愿服务的核心是自助与互助，开展专项性、专业性的志愿服务工作，满足特定群体的需求。我国的志愿服务也正在逐渐发展，在环境保护、社区建设、灾后支援等方面都发挥着重要作用。除此之外，还有一些服务领域，比如教育、卫生等，也不以营利为目的向消费者收取一定费用以维持更好地运营。社会供给有其适用的领域，例如由贫困人群、环境保护等社会问题、社会事件引起的相关服务需求的满足等，虽然志愿服务存在资金来源稳定性不足、社会公信力不足等缺陷，但是由于其灵活创新等优点，也依然活跃在各个领域，作为一种重要的公共服务供给方式受到足够的重视。

（四）混合供给方式

混合供给不排斥政府提供，也不排斥市场化，并且有效整合非营利组织、社区、个人的力量，三种供给制度互相融合。每个公共服务供给制度的主体都有自己最适合的任务，三者结合，发挥各自的长处，政府作为社会管理者，通过制定法律法规和政策规范为市场主体和社会主体提供从事经济活动与社会活动的政策法律平台和制度监督；市场参与公共服务的供给，为社会成员选择公共服务提供更多的机会，并且市场供给在克服政府失灵、遏制搭便车行为、提高供给效率等方面具有独特作用；而志愿服务组织弹性大，灵活度高，了解社会的真实需求，回应性强，服务具有人性化和亲切感，提供了公民参与的机会。① 整合不同供给主体的优势，实现跨越政府、市场和社会领域边界的合作，形成资源聚集的规模效应，已成为公共服务供给的必然选择。② 政府需着手整合社会资源以促进合作治理方式的创新。理想状态下，在公共服务供给多元主体参与的模式中，政府作为"掌舵者"，充分发挥宏观调控优势，其他社会主体注重发挥专业性、高效率的优势。在优势互补的前提下，重构公共服务供给结构，逐渐形成合作治理的格局。③

混合供给方式有其现实性，尤其是在公共服务的需求逐渐多样化与差异化、公共服务内容逐渐分化的现实条件下，行政化供给有低效的风险，市场化供给有公平价值缺失的风险，社会化供给会有无序混乱的风险，于是，综合政府、市场、社会与公民个人的多方参与的公共服务供给体系就应运而生。也许政府、合同外包、凭单制、志愿服务等方式的混合使用，能使得涉及的各种主体充分发挥各自的资源、知识、技术等优势，进行深层次的合作，形成整体效益。那么不管是多样化安排、局部安排还是其他混合形式，混合化供给在各地取得的实际成效都能够证明该种方式确实能助推公共服务朝着更加以结果为导向、更负责的方向迈进，有利于提升公共服务的供给效率与质量。

（五）政府购买公共服务

政府购买公共服务的核心是以契约方式提供公共服务，通过政

---

① 黄新华：《各类公共服务供给制度的比较与分析》，《领导之友》2012年第2期。

② 唐任伍、赵国钦：《公共服务跨界合作：碎片化服务的整合》，《中国行政管理》2012年第8期。

③ 何兰萍、周西蓓、李雪：《公共服务供给模式比较研究——基于典型城市案例分析》，《天津大学学报》（社会科学版）2017年第5期。

府财政向各类社会组织直接购买。① 在政府购买公共服务的过程中,政府要做一个精明的买主和管理者。② 应在政府购买公共服务中,政府和社会组织作为委托方和受托方,通过合同建立平等的契约关系,社会组织依据政府的委托组织生产,政府以财政转移的形式向社会组织购买公众所需的公共服务。政府购买已经成为各国公共服务供给的重要方式。作为一种新的社会治理创新机制,政府购买公共服务的目标是实现社会的整体性治理。合同形式存在的契约关系是政府购买公共服务的核心,在契约关系中政府要以市场交易的原则与社会组织平等协商,这种关系对等的沟通实现了政府与社会的有效衔接,促进了社会治理中的公私合作,带来了社会权力的回归。作为一种新的公共服务供给模式,政府购买公共服务被认为是解决公共服务体系供给不足、政事不分、服务水平和效率低下的一剂良药,也促进了政府由官僚型向服务型的转变。③

在一些西方国家政府购买公共服务的范围十分广泛,覆盖了行政、法律、交通、医疗、教育、卫生等各个方面,在节省政府成本,满足社会公众在不同方面的异质性公共服务需求的同时,能够督促中标机构提升专业化水平与供给效率,关注需要照顾的群体。我国政府在购买公共服务方面也进行了积极而有益的尝试和探索。1996年,上海市浦东新区社会发展局开始向民办非企业"罗山会馆"购买服务,开创了我国政府购买社会组织服务的先例,此后,地方政府陆续进行了公共服务购买的实践探索,政府购买服务的范围也逐渐扩大到居民养老、残疾人康复、城镇医疗、社区服务、社

---

① 董杨、刘银喜:《政府购买公共服务研究综述》,《内蒙古大学学报》(哲学社会科学版)2015年第6期。

② 句华:《公共服务合同外包的适用范围:理论与实践的反差》,《中国行政管理》2010年第4期。

③ 竺乾威等:《综合配套改革中的公共服务创新》,中国社会科学出版社2016年版,第16—18页。

会就业等诸多领域。《国务院办公厅关于政府向社会力量购买服务的指导意见》，对政府购买社会服务提出了明确的目标任务，即到2020年，在全国基本建立比较完善的政府向社会力量购买服务制度，形成与经济社会发展相适应、高效合理的公共服务资源配置体系和供给体系，公共服务水平和质量显著提高。① 这表明政府购买公共服务逐渐成为提高公共服务水平的重要途径。

三 新公共服务理论

（一）新公共服务理论的内涵

新公共服务理论是在反思批判传统的公共行政，尤其是反思与批判新公共管理的基础上建立起来的。新公共管理倡导公共行政部门的企业化管理技术改造，以实现效率的提升，但随着改革进程的不断推进，其公平与民主价值逐渐被忽视。针对"新公共管理"或"管理主义"模式的弊端，尤其是其中公共协商精神丧失、公共利益力量式微、民主价值阙如等问题，公共行政理论家和实践者们试图超越"新公共管理"模式，寻求新的替代模式。② 其中，登哈特夫妇（Robert B. Denhardt and Janet V. Denhardt）提出的"新公共服务"模式，产生了较大的影响。所谓新公共服务理论，指的是关于公共行政在以公民为中心的治理系统中所扮演的角色的一套理论。在新公共服务理论看来，公共行政官员在其管理公共组织和执行公共政策时应该集中于承担为公民服务和向公民放权的职责，他们的工作重点既不应该是为政府航船"掌舵"，也不应该是为其"划

---

① 中国政协新闻网：《国务院出台政策——鼓励政府向社会力量购买服务》，http://cppcc.people.com.cn/n/2013/1029/c34948-23355288.html.2013-10-29。

② 陈振明：《公共管理学》，中国人民大学出版社2005年版，第119—120页。

桨",而应该是建立一些明显具有完整整合力和回应力的公共机构。① 新公共服务理论推崇公共服务精神,重视公民社会与公民身份,它具有四个基础理论:民主社会的公民权理论、社区和市民社会模型、组织人本主义和组织对话理论及后现代公共行政理论,建构在这四个基本理论基础之上的"新公共服务"理论的基本内容有②:

第一,服务,而不是掌舵。在新公共服务中领导观发生了变化,领导是以价值为基础的,是在整个组织中并且与社区共享的,他们既不试图控制,也不假定自利地选择充当着对话和共同价值的代理人,他们必须以一种尊重公民权和给公民授权的方式共享权力并带着激情、全神贯注且正直地实施领导。公共行政官员不是其机构和项目的企业主人,更确切地说,公共行政官员已经接受了一种充当公共资源的管家、公共组织的保护者、公民权和民主对话的促进者以及社区参与的催化剂来为公民服务。

第二,追求公共利益。新公共服务的核心原则之一就是重新肯定公共利益在政府服务中的中心地位。公共行政官员不是公共利益的单独主宰者,他们必须促进建立一种集体的、共同的公共利益观念。这个目标不是要找到由个人选择驱动的快速解决问题的方案,确切地说,它是要创立共同的利益和共同的责任。政府增进公民权和服务与公共利益的责任是区分企业与政府的最重要差异,也是新公共服务的一块基石。

第三,思考要具有战略性,行动要具有民主性。满足公共需要的政策和项目可以通过集体努力和合作过程得到最有效并且最负责的实施。按照新公共服务的观点,执行的主要焦点是公民参与和社

---

① 丁煌:《西方行政学说史》,武汉大学出版社2004年版,第409页。
② [美]罗伯特·B.登哈特、[美]珍妮特·V.登哈特:《新公共服务:服务,而不是掌舵》,丁煌译,中国人民大学出版社2010年版,第32—121页。

区建设。新公共服务认为把设计和执行将会朝着预期方向进展的项目的过程中的各方联合起来，通过参与公民教育的项目并且通过帮助培养广泛的公民领袖，政府能够激发一种复兴的公民自豪感和公民责任感。政府就是要满足公民需要，因此要确保政府是开放的、可以接近的、具有回应性的，确保政府工作的目的在于为公民服务以及在政策过程的各个阶段为公民权的行使创造机会。

第四，服务于公民，而不是服务于顾客。政府不应该首先或者只是关注"顾客"自私的短期利益，以及扮演着公民角色的人民必须关注更大的社区，必须致力于一些超出短期利益之外的问题，并且必须愿意为他们的邻里和社区所发生的事情承担个人的责任。毕竟这些都属于有效且负责的公民权的规定要素。另外，政府必须关注公民的需要和利益。总之，新公共服务试图鼓励越来越多的人去履行他们作为公民的责任，进而特别关注他们的声音。公务员不仅要回应"顾客"的需求，而且要关注建设政府与公民之间、公民与公民之间的信任与合作关系。

第五，承认责任并不简单。公共服务的责任问题极为复杂，公共行政官员对一批制度和标准都负有责任，这些制度和标准包括法令和宪法、社区价值观、政治规范、职业标准以及公民利益等。新公共服务既承认责任在民主治理中的中心地位，又承认行政责任的现实。公共部门中的责任应该基于这样一种理念，即公共行政官员即便是在涉及复杂价值判断和重叠规范的情况下也能够并且应该为了公共利益而为公民服务。

第六，重视人，而不只是重视生产率。新公共服务在探讨管理和组织时强调的是通过人进行管理的重要性。由生产力改进、过程管理和绩效测量构成的系统被视为设计管理系统的重要工具。但是，新公共服务表明，如果我们不同时给予一个组织中个体成员的价值和利益足够的关注，那么从长远来看，这种试图控制人类行为的理性做法很可能会失败。此外，尽管这些方法可以取得成果，但是它们却不能造就负责任的、投入的并且有公民意识的雇员或公民。

第七，重视公民权胜过重视企业家精神。致力于为社会作出有益贡献的公务员和公民要比具有企业家精神的管理者能够更好地促进公共利益，因为后一种管理者的行为似乎表明公共资金就是他们自己的财产。在一个具有积极公民权的世界里，公务员的角色发生了变化。公共行政官员日益扮演的将不仅仅是一种提供服务的角色——他们将会扮演的是一种调解、中介甚或裁判者的角色。而且他们依靠的将不再是管理控制的方法，而是促进、当经纪人、协商以及解决冲突的技巧。

（二）新公共服务理论的意义

新公共服务理论是在新公共管理理论取得一定成效与遇到社会新挑战过程中，伴随着20世纪90年代西方国家政府改革的实践而逐步酝酿发展起来的，是对当今公共行政理论与实践特别是治理研究与实务的一种有意义的补充，不管在理论上还是实践上，都产生了显著的影响。

新公共服务是在对新公共管理理论进行反思和批判的基础上提出的，本质上是对新公共管理的扬弃，它试图在承认新公共管理理论对于改进当代公共管理实践所具有的重要价值、并摒弃新公共管理理论特别是企业家政府理论的固有缺陷的基础上，提出和建立一种更加关注民主价值和公共利益、更加适合现代公民社会发展和公共管理实践需要的新的理论。正如罗伯特·B.登哈特所言："即使在一种思想占据支配地位的时期里，其他思想也从来不会被完全忽略。在民主社会里，效率和生产力等价值观不应丧失，应当被置于民主、社区和公共利益这一更广泛的框架体系之中。在这个框架中，其他有价值的技术和价值观（比如传统公共行政理论或新公共管理理论的核心思想）都可能粉墨登场。随着时间的流逝，这个争论肯定还会持续若干年，但新公共服务理论提供了一个令人振奋的观点，围绕这个观点，我们可以展望公共服务的前景。未来的公共服务将以公民协商和公共利益为基础，并与后两者充分结合。"①从新公共管理到新公共服务，无论是在治理主体、治理理念还是治理价值上，都有着根本的不同。②

第一，在治理主体上，在新公共服务看来，政府不再是唯一的社会治理主体，而是社会治理活动的重要参与者。公共行政官员不仅必须共享权力、通过民众展开工作、作为中间人促成解决问题的方案，而且必须把他们在治理过程中的作用重新概括为负责任的参与者而非企业家。同时，政府的主要职能不再是社会管理，而是提供社会服务；强制性的管控也不再是化解社会矛盾的主要方式，以中间人或者调停人的角色，组织协调社会治理各主体充分发挥各自的职能，使社会治理主体之间形成良性的协调机制从而使社会治理功能得到最大限度的发挥，这是新公共服务理论对政府作为特殊社会治理主体的定位。

第二，在治理理念上，新公共管理认为政府应该"掌舵"而不是"划桨"，而新公共服务理论则认为政府的职能是"服务"而非"掌舵"，政府的权力是有限的，且要围绕着"为人民服务"这个核心目标行使。新公共管理坚持"顾客导向"原则，以"顾客满意"为宗旨，公民被隐喻为顾客，但是，顾客本身的性质决定了公民只能处于被动接受服务的地位，而没有主动参与社会政策制定和社会治理的机会，也没有从根本上扭转公民的地位。新公共服务坚持"公民导向"，以"公民满意"为宗旨。它认为公民不是顾客，

---

① [美]罗伯特·B.登哈特、[美]珍妮特·V.登哈特：《新公共服务：服务，而不是掌舵》，丁煌译，中国人民大学出版社2010年版，第7—8页。

② 张利、苏雪芹：《继承与超越：从新公共管理到新公共服务》，《决策与信息》2016年第12期。

真正的公民是具有公民意识和公民权的，不仅具有法律所确认的合法身份，而且享有一定的权利和必须履行的义务。他们不仅关注自己的利益，而且更多地关注社会公共利益。

第三，在治理价值取向上，新公共服务呼吁公共利益，新公共管理主张再造政府，政府像市场一样为"顾客"的选择提供舞台，公民作为"顾客"为自己的利益作出选择，指导的力量是各自的利益，而不是共同的利益。与新公共管理不同，公共服务理论强调公共利益，认为公共行政人员必须为公民服务并确实全心全意为他们服务。由此新公共服务倡导政府树立集体的、共享的公共利益观念，其目的是要形成共同的利益和共同的责任，促进社会利益共同体的形成。与此同时，新公共服务强调尊重公民权利，认为"公民"的概念不仅包括了权利还包括责任，作为公民行动的个人必须在社会的改良中发挥积极的作用。公民需要在行动中追求共同的善，并且和政治系统的核心价值（例如政治参与，政治公平、正义）保持行动上的一致。

"超越"新公共管理的新公共服务理论，对于建设人民满意的服务型政府，具有一定的借鉴价值与启示。新公共服务的核心原则之一就是重新确定公共利益在政府公共服务中的中心地位，政府公共部门及其工作人员要按照公共利益行事，它的行为必须符合公众的意愿和利益要求，因此必须进一步转变政府职能，根据市场和公众的需要实现政府职能的分解与重组，健全政府公共服务监督机制。公共服务的提供需要一系列的条件作支撑，除了推进法律法规的制定外，政府的有效监管也是公共服务供给法制化的关键。政府要把握好监管的尺度，对其中的关键环节和重要因素实施监控，建立有效的责任追究制度，政府绩效评估要以"公众满意度"为导向，通过以公众为中心的多元化绩效评估实现对政府的有效监督，促进服务型政府的建设与发展。①

与此同时,新公共服务理论认为,责任问题并不简单,无论是责任的表现形式和判断负责的行政行为的标准,还是实现责任的途径都比较复杂,需要认清行政责任问题的复杂性,树立行政责任理念,推动责任行政。一是要构建善治政府,实现人治到法治的转变,以法治推动善治。政府治理的权威和秩序要得到公众的广泛认可和法律授权,也要利用责任约束公权力,并能制裁行政主体的违法行为。政府治理的理性和公权力的合理使用唯有法治方能实现,而法治又推动善治。二是要构建人本政府,体现以人为本,维护公共利益。政府要切实履行对公民的责任,将自己定位为公民的服务者。三是要构建透明政府,加强民主建设,完善监督机制。基于公民与政府的委托——代理关系,行政问责制作为现代公共行政的一种基本制度设计成为一种必然。现代行政问责制的核心在于对公共行政人员的外部控制,问责事由从重大事故责任转向全面责任,对于没有绩效的也要承担责任。公众可以通过合法途径对政府及其行政行为进行监督与质询。② 我国在实践中也应当强化政府的政治责任,建立和完善行政首长在政府工作中重大违法、失职、滥用职权等惩处的政治责任制度,界定、完善人大对政府政治责任的追究制度,以法律的方式监督政治责任的实施。③

更为重要的是,必须重视公共行政(公共服务)中的公民参与,为公民参与提供物质基础与保障。对于一个国家来说,公民参与水平与该国的经济、文化等发展成正比,国家只有不断发展,创

---

① 高玉贵:《新公共服务视角下的服务型政府建设研究》,《行政与法》2014年第3期。

② 赵鹰、钟婉:《新公共服务理论的责任观及其启示》,《文史博览》2011年第3期。

③ 杨博、时溢明:《新公共服务理论反思及启示》,《成都行政学院学报》2010年第3期。

造更多的物质财富，才能让公民有更多精力参与政治生活。但是，公民参与的目标、程序、内容、权限等都应当有明确规范，并将其纳入国家的立法体系之中，通过对公民参与程序的严格规范，避免行政人员在某些方面投机取巧。针对公民素质是制约公民参与的重要因素，必须加强教育培训，促进公民参与素质的提升。

第二节 机制设计理论

机制设计理论是研究在自由选择、自愿交换、信息不完全及决策分散化的条件下，能否设计一套机制（规则或制度）来达到既定目标的理论。该理论应用范围广泛，已经成为多个领域的研究重点，在政府购买公共服务中引入机制设计理论，能够实现政府与公共服务供给者的有效对接，通过针对具体公共服务要求，设计具有激励相容特性的合同，使得企业、社会组织（代理人）能够在追求个人利益的同时，达到实现社会目标的目的，即让代理人在主观上追求个人利益最大化的同时，使委托人既定的目标也得以实现。同时政府（委托人）也成为"精明的买者"，在信息劣势的情况下，以较低的信息运行成本，获知企业、社会组织的运行效率，观测和监督其隐藏行为或不作为的情况，掌控企业、社会组织的行为，商定合理且具有积极激励效应的价格，制定激励相容的合同，保证公共服务的有效提供。

一 机制设计理论的渊源

（一）什么是机制设计理论

20世纪60年代，利奥尼德·赫维茨（Leonid Hurwicz）最早提出机制设计理论。[①] 马斯金（Eric S. Maskin）和迈尔森（Roger B. Myerson）对机制设计理论进行了进一步的发展。

机制设计理论的核心就是在信息不对称和信息分散的情况下通过激励相容的机制来实现资源的有效配置。赫维茨把机制设计理论定义为："对于任意给定的一个目标，在自由选择、自愿交换的分散化决策条件下，能否并且怎样设计一个合理机制（即制定什么样的方式、法则、政策条令、资源配置等规则），使得经济活动参与者的个人利益和设计者既定的目标一致，即每个人主观上追求个人利益时，客观上也同时达到机制设计者既定的目标，如果可能的话，是否具有较小的信息运行成本。"[②] 赫维茨强调机制具有机械性、标准性和程序性，他的意图是使社会各学科都像化学、物理学一样精确化，如一项经济政策的实施可以像发射火箭一样被精确地预期和准确地击中目标。[③] 钱颖一也有类似的定义，即给定一个组织的目标（比如企业的利润、政府的税收、经济的效率、社会的公平），如何设计一套游戏（或博弈）规则，使得每一个参加经济活动的人（基本假定：人是理性的或者说自私的，即指他在具体策略选择时的目的是使自己的利益最大化），在掌握各自私人信息的情况下出于自身利益行事，其最终博弈结果能够达到该组织设定的目标。[④]

[①] Hurwicz, L. 1972. On Informationally Decentralized Systems. In Radner and McGuire (Eds.), *Decision and Organization*. Amsterdam: North – Holland Press: 297 – 336. Hurwicz, L. 1973. The Design of Mechanisms for Resource Allocation. *The American Economic Review*, 63 (2): 1 – 30.

[②] Hurwicz, L. 1960. *Optimality and Informational Efficiency in Resource Allocation Processes*. Stanford University Press: 35.

[③] 舒尚奇、关文吉：《机制设计理论与设计过程综述》，《渭南师范学院学报》2011年第12期。

[④] 肖瑞、李利明、杨洋：《机制设计理论与中国经济改革》，《经济观察报》2007年11月10日。

机制设计理论极大地增进了人们对激励相容和私人信息条件下最优配置机制运行特征的理解，有助于经济学家认识交易机制、管制模式和投票程序，在许多经济科学和某些政治科学研究领域内扮演着中心角色。机制设计理论构建了一个理论框架，即把经济机制理论的模型划为四个部分：经济环境、自利行为描述、想要得到的社会目标、配置机制（包括信息空间和配置规则）。这一理论深化了人们在不同情况下对资源最优配置性质的理解，它允许研究者在缺乏严格假定的情况下，系统地分析和比较各种体制。综合各种文献，可以给机制设计理论下这样的定义：机制设计理论是一套帮助组织者设计规则，以使参与者个人的最优与整体的最优相融合的理论，是如何设定最佳的规则以达到组织既定目标的理论。[1]

(二) 机制设计理论的渊源

20世纪三四十年代新奥地利学派的哈耶克（F. Hayek）和米塞斯（L. Mises）与兰格（O. Lange）和勒纳（A. Lerner）之间关于社会主义计划经济机制可行性问题的大论战是机制设计理论的起点。在苏联日益强大的背景下，中央计划经济体制成为众多经济学家的争论焦点，即中央计划经济体制能否获得成功，或者说社会主义计划经济能否实现资源的最优配置[2]。大论战源于米塞斯于1920年发表的《社会主义制度下的经济核算》一文，该文对计划经济模式提出质疑，认为只有在生产资料私有制社会的市场上形成的货币价格工具，才能用来进行经济核算。原因是中央计划经济体制不可能获得维持经济运行所需的信息，要让计划经济有效运行，中央计划当

---

[1] 邱询旻、冉祥勇：《机制设计理论辨析》，《吉林工商学院学报》2009年第4期。

[2] 郭其友、李宝良：《机制设计理论：资源最优配置机制性质的解释与应用——2007年度诺贝尔经济学奖得主的主要经济学理论贡献述评》，《外国经济与管理》2007年第11期。

局就必须掌握有关消费者偏好与厂商技术和成本等方面的信息。更进一步说，就算中央计划当局能够获得这些与经济决策相关的信息，也不可能建立涉及千千万万未知数与以数十万乃至百万计的物品和劳务的方程式，也不可能拥有求解数量如此庞大、内容如此复杂的需求和供给联立方程组的能力。即使能够搜索到相关信息并且也有求解方程的能力，但等到计划当局解出联立方程组时，消费者的偏好和厂商的技术条件也可能早已发生了变化。哈耶克继而强调有效配置资源所需的价格及成本信息只有通过市场过程才能够获得，由市场决定价格的分散决策能更好地利用信息。换言之，米塞斯和哈耶克等人认为，社会主义计划机制无法实现资源的合理配置。

而兰格和勒纳利用分散化的社会主义经济模型（又称"兰格模型"），认为通过边际成本定价的方式可以解决信息量要求过大的问题，并进而保证资源的有效配置，即在社会主义计划经济下，生产资料收归国有，资源流动由供求关系决定，企业根据边际成本等于中央计划机构制定的价格来确定产量，这样就可以达到帕累托最优。[①] 兰格在《社会主义经济理论》一文中指出，中央计划当局比任何私人企业家都掌握更多的有关经济体系的知识，而且比竞争市场更快地获得正确的均衡价格，兰格提出了一种机制模式：中央计划当局采用试错法来模拟市场机制，以决定生产资料的价格，从而使供求达成平衡，最终实现资源的合理配置。[②] 兰格强调社会主义经济和资本主义经济的资源配置是由形式上类似的共同原则指导的，并指出社会主义经济贯彻决策的一致性和执行决策的效率法则，能够实现与企业家们在纯粹竞争市场上的实际行为完全相同，

[①] Oskar Lange. Optimal Decision Making. *The Econometric Society*. October 1966: 733 – 738.

[②] Lange O. 1937. On the Economic Theory of Socialism: Part Two. *The Review of Economic Studies*, 4（2）: 123 – 142.

也就是强调政府干预会达到社会的最优。①

在争论的发展过程中，社会主义经济已经不再是唯一的论题，而是由更为一般化的问题所替代，即国家应该如何取舍不同的经济制度，何种经济机制才是最合适的。1973年，赫维茨在《资源分配的机制设计理论》一文中提出了分析和比较各种经济机制的统一框架，奠定了机制设计理论的基础。赫维茨指出机制设计理论最关键的问题是如何将私人信息和激励问题有机地整合在一起，从而为机制设计理论日后的发展指明了方向。② 随后，马斯金在1977年提交给巴黎经济学会、后于1979年发表的《纳什均衡与福利最优化》③ 以及迈尔森于1981年发表的论文《最优拍卖设计》④，最终推进了机制设计理论不断完善和发展。

二 机制设计理论的主要内容

机制设计理论可以由一个汇集了设计、分析和评价机制的框架体系表示（图1—1）⑤：要建立现实的机制模型，第一步是目标的确定化和清晰化，一般目标会由委托人提出，并且根据现实情况，保证目标的明确性。第二步是最优机制的设计，也是机制设计理论

---

① 田国强：《经济机制理论：信息效率与激励理论》，《经济学》（季刊）2003年第2期。

② Hurwicz, L. 1973. The Design of Mechanisms for Resource Allocation. *The American Economic Review*, 63 (2): 1 - 30.

③ Maskin E. 1977. Nash Equilibrium and Welfare Optimality. Paper Presented at the Summer Workshop of the Econometric Society in Paris, June 1977. Published 1999 in *the Review of Economic Studies* 66: 23 - 38.

④ Myerson, R. Optimal Auction Design. *Mathematics of Operations Research*, 1981, 6: 58 - 73.

⑤ 邱询旻、冉祥勇：《机制设计理论辨析》，《吉林工商学院学报》2009年第4期。

主要的部分，在这一过程中要求在机制设计时考虑到激励相容、显示和实施的可行性，以保证机制的优质。第三步是对机制运行的分析，考查机制能否顺利运行。①一个机制最值得关注的特征有两个：信息和激励，机制的运行总是伴随着信息的传递，信息传递就成为影响机制运行成本的一个重要因素，要使机制有效运行，最好的方式就是信息都是真的，没有扭曲，这既可以减少成本又可以促使机制优质地运行。第四步是对机制性能的评价，②即计算机制的成本和效益。对机制效益的评价是对机制实施后效果的分析，看机制的运行结果能够实现社会既定目标的程度，值得注意的是，每项制度的实施都会带来额外的影响（外部性），既有有利的又有不利的影响，在机制性能评价时要作全面的分析，以便对机制作出准确、客观的评价。最后一步是社会目标的校对，这是在对机制的性能作出综合评价后进行的，如果最初设计的机制成本过高或副作用过大，就应该对原来的目标进行客观适当的调整，达到成本效益最大化。③由机制设计理论的流程图循环往复，不断进行机制的更新，同时根据外界的情况进行调整，以达到最佳的效果。

社会目标的确定 → 机制的设计 → 机制运行的分析 → 对机制性能的评价 → 社会目标的校对

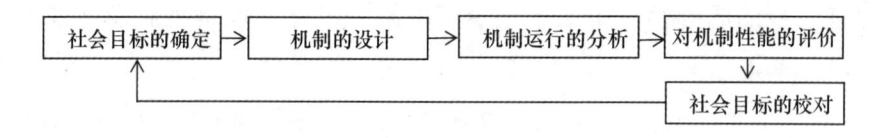

图1—1　机制设计理论流程图④

---

① 邱询旻、冉祥勇：《机制设计理论辨析》，《吉林工商学院学报》2009年第4期。

② 舒尚奇、关文吉：《机制设计理论与设计过程综述》，《渭南师范学院学报》2011年第12期。

③ 谭永基、蔡志杰等：《数学模型》，复旦大学出版社2006年版，第78页。

④ 同上。

机制设计理论的主要内容由四个部分组成，即信息效率和激励相容、显示原理与实施理论、机制设计中的委托代理模型、逆向选择和道德风险。

（一）信息效率和激励相容

机制设计理论通常会涉及信息效率（informational efficiency）和激励相容（incentive compatibility）两个方面的问题，因此机制设计理论包括信息理论和激励理论。

信息效率是关于经济机制实现既定社会目标所要求的信息量多少的问题，即机制运行的信息成本问题，它要求所设计的机制只需要较少的关于消费者、生产者以及其他经济活动参与者的信息和较低的信息成本。[1] 任何一个经济机制的设计和执行都需要信息传递，而信息传递是需要花费成本的，因此对于制度设计者来说，自然是信息空间的维数越小越好。

激励相容问题，就是设计的机制必须使得每个参与者在自利原则下追求个人利益的同时，也能使机制设计者达到自己的目标。[2] 激励相容是赫维茨在1972年提出的核心概念，他最早把激励相容作为一个约束条件引入了机制设计问题。[3] 赫维茨将激励相容定义为：如果在给定机制下，如实报告自己的私人信息是参与者的占优策略均衡，那么这个机制就是激励相容。也就是说，在机制设计的过程中，人们会利用自己的私人信息选择自己的利益取向，如果机制希望能够激励人们显示自己的真实信息，那么在设计机制的激励

---

[1] 朱慧：《机制设计理论——2007年诺贝尔经济学奖得主理论评介》，《浙江社会科学》2007年第6期。

[2] 舒尚奇、关文吉：《机制设计理论与设计过程综述》，《渭南师范学院学报》2011年第12期。

[3] Hurwicz, L. 1973. The Design of Mechanisms for Resource Allocation. *The American Economic Review*, 63（2）：1–30.

内容时，必须考虑到机制与人们的利益取向相一致。赫维茨举例说，假如委托人想把一项工程托付给代理人，他不仅需要知道代理人的真实能力，而且还必须知道代理人的责任心。[①] 委托人的目标函数依赖于代理人的私人信息，如果这个信息不准确，委托人的判断和决策就会出现失误。[②] 因此，委托人必须实施某种形式的激励措施促使代理人讲真话，这就是所谓的激励相容。[③] 在赫维茨之前，学者们大都仅仅在公共物品领域考虑了真实显示与导致个人理性和帕累托最优配置的社会目标是激励不相容的，而对私人商品领域并没有考虑过激励不相容的问题。但是赫维茨给出了著名的"真实显示偏好不可能性定理"，即"激励相容不可能性定理"，证明了即使对于纯私人商品的经济社会，只要这个经济社会中的成员个数是有限的，在参与性约束条件下（即导致的配置应是个人理性的），就不可能存在任何分散化经济机制（包括竞争市场机制）能够在新古典经济环境下导致帕累托最优配置并且使每个人有激励去真实报告自己的经济特征。[④] 当经济信息不完全并且不可能或不适合直接控制时，人们需要采用分散化决策的方式来进行资源配置或作出其他经济决策。[⑤] 于是，在制度或规则的设计者不了解所有个人信息的情况下，设计者所要掌握的一个基本原则，就是所制定的机制能

---

① ［美］利奥尼德·赫维茨、斯坦利·瑞特：《经济机制设计》，田国强等译，格致出版社 2009 年版，第 42 页。

② 邱询旻、冉祥勇：《机制设计理论辨析》，《吉林工商学院学报》2009 年第 4 期。

③ Hurwicz, L. 1972. On Informationally Decentralized Systems. In Radner, and McGuire (Eds.), *Decision and Organization*. Amsterdam: North – Holland Press: 297 – 336.

④ Mechanism Design Theory, Scientific Background on the Sveriges Riksbank Prize in Economic Sciences in Memory of Alfred Nobel 2007.

⑤ Hurwicz, L. 1973. The Design of Mechanisms for Resource Allocation. *The American Economic Review*, 63 (2): 1 – 30.

够给每个参与者一个激励，使参与者在个人利益最大化的同时也达到了所制定的目标（这就是激励理论所涉及的两个方面：一个是最优机制，即机制的目标是最大化个人的预期收益；另一个是效率机制，即设计者的目标不是个人收益最大化，而是社会整体的福利最大化）。因而在机制设计中，要想得到能够产生帕累托最优配置的机制，在很多时候必须放弃占优均衡假设，这也决定了任何机制设计都不得不考虑激励问题。[1]

（二）显示原理与实施理论

20世纪70年代显示原理（revelation principle）的形成和实施理论（implementation theory）的发展实现了机制设计理论的进一步深化。赫维茨构建的机制设计理论框架考虑的是成本和信息的问题，直到显示原理的出现，寻找最优机制问题才得到解决，其大大简化了机制设计理论问题的分析并使机制设计理论的研究变得更加可行。[2] 在吉巴德[3]提出直接显示机制之后，迈尔森等将其拓展到更一般的贝叶斯纳什均衡（Bayesian Nash equilibrium）上，即非合作博弈论下不完全信息静态博弈（参与人共同行动，没有机会观察他人的选择。[4] 每个参与人的最优战略只能是在给定自己的类型和他人类型依从战略的情况下，最大化自己的期望效用）所对应的均衡，并开创了其在规制理论和拍卖理论等方面的研究。

按照迈尔森的说法，假设有一个仲裁人可以与经济参与人分别

---

[1] J. J. Tirole, J. Laffont, The Politics of Government Decision – making: A Theory of Regulatory Capture. *Quarterly Journal of Economics*, 106 (4): 1089 – 1127.

[2] 秦艺芳:《机制设计理论及其应用研究》，武汉大学出版社2015年版，第42页。

[3] Gibbard A. 1973. Manipulation of Voting Schemes: A General Result. *Econometrica*, 41 (4): 587 – 601.

[4] Myerson R. B. 1979. Incentive Compatibility and theBargaining Problem. *Econometrica*, 47 (1): 61 – 73.

进行秘密的信息交流，那么直接显示机制就可以定义为仲裁人根据自己搜索到的信息来决定向经济参与人提出建议的规则。[①] 如果每个经济参与人都预期其他参与人会按照仲裁人的建议行事，因此没人能够通过虚报信息或违背仲裁人的建议来获益的话，那么这个直接显示机制就可以说是激励相容的。[②] 显示原理证明了任何一种机制（arbitrary mechanism）的均衡都可以用激励相容的直接机制（direct mechanism，即直接显示你的私人信息的机制）来替代，这不仅包括信息不对称，而且在有道德风险和机制存在于多个阶段的时候也适用。[③] 其原理可简单理解如下：比如参与者的真实类型为 p，在特定机制 A 下，其给出虚假信号 m（p）能最大化其个人收益 A（m（p））；那么，机制设计者可设计出机制 B，使得参与者给出的任意信号 q 首先映射为 m（q），然后给出参与者的收益为 A（m（q）），这样，参与者的最优策略便是给出真实类型 p，因为，如果参与者依然给出虚假信号 m（p），则其收益为 A（m（m（p））），这肯定是小于其最大收益 A（m（p））的。[④] 这样设计出来的机制 B 满足激励相容的定义，并且效果与 A 等价，因此便能够把原来较大的机制选择范围缩小到一个由直接机制所构成的子集里。虽然现实中可能不存在这样的直接机制，但它们可以用来很好地定义成容易分析的数学问题，一旦找到最优直接机制，就可以把它转化为现实机制。采用这种迂回方法，可以解决机制设计方面很多难以处理的问题，即只在激励相容的约束条件下来设计最优机制

---

① Myerson, R. Mechanism Design. in J. Eatwell, M. Milgate and P. New Man (Eds.), *The New Palgrave: Allocation, Information and Markets.* New York: Norton, 1989.

② Ibid..

③ Mechanism Design Theory, Scientific Background on the Sveriges Riksbank Prize in Economic Sciences in Memory of Alfred Nobel 2007.

④ 李云飞：《机制设计理论及其他》，《新会计》2009 年第 6 期。

通常是一个很复杂的数学问题，而迈尔森把这个复杂的问题简化成一个较为简单的数学问题。①

机制设计理论的激励问题涉及最优机制，即机制的目标是最大化个人的收益，以及效率机制，设计者的目的不在于个人利益最大化，而是在于社会利益最大化。无论哪一个方面，机制设计都是一种典型的三阶段不完全信息（贝叶斯）博弈。在第一阶段中，委托人提供一种机制，包括规则、契约以及分配方案等内容。在第二阶段中代理人决定是否接受这种机制；如果接受这种机制则进入第三阶段，在此阶段中代理人在机制约束下选择自己的行动。与子博弈纳什均衡相比，这里的贝叶斯均衡机制似乎显得很弱，所以就产生了激励理论中最基本的显示原理。具体而言，为了获取最高收益，委托人可以只考虑被"显示"的机制，即委托人在第二阶段接受机制，第三阶段在机制下选择。显示原理的发现，在极大程度上简化了问题的复杂程度，代理人的类型空间就直接等同于信号空间，把复杂的社会选择问题转换成博弈论可处理的不完全信息博弈，为机制设计理论的进一步探索铺平了道路。②

由于显示原理没有涉及多个均衡的问题，即没有解决"即使人们找到的一个机制可以帮助实现既定的社会目标，但在这个机制下可能产生多个结果，人们的社会目标只是多种可能结果中的一个"这个难题，因此马斯金提出了实施理论加以完善。激励相容约束可以保证直接机制的均衡，但不是唯一均衡。机制多重均衡性将导致

---

① 郭其友、李宝良：《机制设计理论：资源最优配置机制性质的解释与应用——2007年度诺贝尔经济学奖得主的主要经济学理论贡献述评》，《外国经济与管理》2007年第11期。

② 朱慧：《机制设计理论——2007年诺贝尔经济学奖得主理论评介》，《浙江社会科学》2007年第6期。

同种机制产生不同的结果。为了克服机制的多重均衡问题，马斯金[1]于1977年在《纳什均衡与福利最优化》中提出了"实施理论"，运用博弈论分析了社会选择规则实施的一般问题，讨论了单调性和无否决权的性质，说明同时存在单调性（如果某一方案在一种环境中是可取的社会选择，而在另一环境中，在全体经济参与人的偏好排序中，这个方案与其他方案相比，其相对地位没有下降，那么该方案在后一环境中也应该成为社会选择）、无否决权（如果有一个方案是人们最喜欢的，且最多只有一个人例外，那这个方案就应该成为社会选择）和至少有三个经济参与者时，最优的纳什均衡就有可能实现。马斯金的研究不仅有助于理解什么样的社会目标是纳什可实施的，而且进一步缩小了选择范围，使得机制产生的所有结果都有助于预定目标的实现，为寻找可行的机制设立了标准。[2]目前该理论已经在社会选择以及不完全契约等多个研究领域产生了重要影响。

（三）机制设计中的委托代理模型

委托代理理论是在深入研究企业内部信息不对称与激励问题的基础上发展起来的。其研究者主要包括 Ross[3]、Mirrless[4]、Holm-

---

[1] Maskin E. 1977. Nash Equilibrium and Welfare Optimality. Paper Presented at the Summer Workshop of the Econometric Society in Paris, June 1977. Published 1999 in *the Review of Economic Studies*, 66: 23 – 38.

[2] 邱询旻、冉祥勇：《机制设计理论辨析》，《吉林工商学院学报》2009年第4期。

[3] S. Ross. The Economics Theory of Agent: The Principals' Problem. *American Economic Review*, 1973, 63: 134 – 139.

[4] J. Mirrlees. Note on Welfare Economics, Information and Uncertainty. In M. Balch, D. McFadden and S. Wu, eds, *Essays in Economics Behavior Under Uncertainty*, Amsterdam: North – Holland, 1974: 45 – 59.

strom[1]、Grossman 和 Hart[2]、Bernhein 和 Whinston[3]、Sappington[4]、Holmstrom 和 Milgrom[5]、Dixit[6]、Bergermann 和 Valimaki[7]、Peters[8]、Helpman 和 Laffont[9]、Green 和 Laffont[10] 等。其中心任务是研究委托人如何在利益相互冲突与信息不对称的条件下设计最优机制来激励代理人实现委托人效用最大化的问题，故信息不对称和利益冲突是构成委托代理理论的两个前提条件。如果委托人、代理人之间信息是对称的，即使有利益冲突，委托人也可以通过谈判确定代理人的具体任务来解决问题；如果委托人与代理人不存在利益冲突，即使信息不对称，也不存在委托代理问题。只有当委托人与代理人的利益相互冲突，且两方之间存在信息不对称时，代理人才能够利用自

---

[1] B. Holmstrom. Moral Hazard and Observability. *Bell Journal of Economics 1979*, 10 (1): 74-91.

[2] S. Grossman, O. D. Hart. An Analysis of the Principal—Agent Problem. *Econometrica*. 1983, 51 (1): 7-46.

[3] B. D. Bernheim, M. D. Whinston. Common Aency. *Econometrica*, 1986, 54 (4): 923-942.

[4] D. Sappington. Incentives in Principal—Agent Relationships. *Journal of Economic Perspectives*, 1991 (5): 45-66.

[5] B. Holmstrom, P. Milgrom. Multi—Task Principal—Agent Analyses: Incentives Contracts, Asset Ownership and Job Design. *Journal of Law, Economics and Organization*, 1991, 7: 24-52.

[6] A. Dixit. Power of Incentives in Private versus Public Organization. *European Economic Review*, 1997, 87: 378-382.

[7] D. Bergermann. J. Valimaki. Dynamic Common Agency. *Journal of Economic Theory*, 2003, 111: 23-48.

[8] M. Peters. Negotiation and Take it or Leave it in Common Agency. *Journal of Economic Theory*, 2003, 111: 88-109.

[9] E. Helpman, J. J. Laffont. On Moral Hazard in General Equilibrium Theory. *Journal of Economic Theory*, 1975, 10: 8-23.

[10] J. Green, J. J. Laffont. Partially Verifiable Information and Mechanism Design. *Review of Economic Studies*, 1986, 53: 447-456.

身的信息优势谋取私利,从而产生"道德风险"问题。[①] 委托人与代理人都是经济人,都以自身效用最大化为目标,其中委托人需要代理人实现自己的目标,代理人则通过为委托人做事获取收益。当代理人付出努力却没有达到委托人的目标时,委托人与代理人的利益就会产生冲突。一旦有了利益冲突,代理人就会以自身利益最大化来衡量做事,而非以委托人利益最大化为目标。当信息不对称发生时,由于委托人无法准确观测也不能规定代理人的努力程度,代理人就可以利用自己的信息优势牟取私利。

委托代理理论是建立在非对称信息博弈基础上的,按非对称信息的时间来划分,研究事前非对称即签约前发生的信息不对称的模型叫逆向选择模型,研究事后非对称的模型叫道德风险模型。[②] 代理人根据委托人的委托获得一定的决策权从事某些活动实现委托人的利益,就产生了委托代理问题。在委托代理关系中,能主动设计契约形式的当事人称为委托人,他是信息劣势方,而被动接受契约形式的当事人称为代理人,他具有信息优势。[③] 委托代理关系实质上是一种经济利益关系,具有个人理性的双方都追求自身利益的最大化,但两者的利益在不对称信息下有冲突。委托代理理论主要研究在利益冲突和非信息对称下设计最优契约,此时的最优契约比对称条件下的契约次优,次优契约会满足代理人的参与约束与激励相容约束。[④] 故而委托代理理论的主要任务之一是分析并解决信息不对称市场条件下的逆向选择问题。

委托代理模型有三种,第一种是最初的状态空间化模型,模型

---

① 王大平、孔昭昆、王苏生:《中国医改的政策选择——基于激励机制设计理论的视角》,清华大学出版社 2015 年版,第 67 页。

② D. Bergermann, J. Valimaki. Dynamic Common Agency. *Journal of Economic Theory*, 2003, 111: 23 – 48.

③ 秦艺芳:《机制设计理论及其应用研究》,武汉大学出版社 2015 年版,第 42 页。

④ 张维迎:《博弈论与信息经济学》,上海人民出版社 2004 年版,第 87 页。

能很好地表现出技术间的关系;第二种是比较标准化的分布函数的参数化方法;第三种是一般化分布方法,这是个比较抽象的方法,我们能从中得到简化模型。委托代理模型[1]用以表述存在信息不对称条件下的委托代理问题:委托人想使代理人按照前者的利益选择行动,但委托人不能直接观测到代理人选择了什么行动,能观测到的只是一些变量,这些变量由代理人的行动和外生的随机因素共同决定,因而充其量只是代理人行动的不完全信息。委托人的问题是如何根据这些观测到的信息来奖惩代理人,以激励其选择对委托人有利的行动。其中一种简化形式的模型是[2]:

$$\max_{a,s(x)} \int v(\pi - s(x)) f(x,\pi,a) dx$$

$$s.t. \quad \int u(s(x)) f(x,\pi,a) dx - c(a) \geq \bar{u}$$

$$\int u(s(x)) f(x,\pi,a) dx - c(a) \geq$$

$$\int u(s(x)) f(x,\pi,a') dx - c(a') \quad \forall a' \in A$$

其中 u、v 分别是代理人和委托人的效用函数,a 是代理人选择的行动,x、π 分别表示可观测的结果和"产出",$f(x,\pi,a)$ 是相应的概

---

[1] Wilson, R. The Structure of Incentive for Decentralization under Uncertainty. La Decision. 1969, 171. Spence, M. and R. Zechhauser. Insurance, Information and Individual Action. Amerrican Economics Review. 1971, 61: 380 – 387. Ross. S. The Economic Theory of Agency: The Principals' Problem. Amerrican Economics Review. 1973, 63: 134 – 139. Mirrlees, J. Notes on Welfare Economics, Information and Uncertainty. In Essays on Economics Behavior under Uncertainty, edited by Michael Balch, Daniel McFadden and Shif‐yenWu. Amsterdam: North‐Holland. 1974, 63: 34 – 39. Mirrlees, J. The Optimal Structure of Authority and Incentives within an Organization. Bell Journal of Economics. 1976, 7: 105 – 31. Holmstrom, B. Moral Hazard and Observability. Bell Journal of Economics. 1979, 10: 74 – 79.

[2] 秦艺芳:《机制设计理论及其应用研究》,武汉大学出版社2015年版,第47页。

率密度函数,c 是代理人的行动成本,$\bar{u}$ 是代理人的保留效用。模型中第一个约束称为参与约束(participation constraint),即代理人从接受合同中得到的期望效用不能小于不接受合同时能得到的最大期望效用(保留效用);模型中的第二个约束称为代理人的激励相容约束(incentive compatibility constraint),即如果 a 是委托人希望的行动,$a' \in A$ 是代理人可选择的任何行动,那么,只有当代理人从选择 a 中得到的期望效用不小于从选择 a' 中得到的期望效用时,代理人才会选择 a。如果假定产出是可观测变量,并且只有产出是可观测的,即 $x = \pi$,则上述模型可以简化为①:

$$\max_{a,s(x)} \int v(\pi - s(\pi))f(\pi,a)d\pi$$

$$s.t. \quad \int u(s(\pi))f(\pi,a)d\pi - c(a) \geq \bar{u}$$

$$\int u(s(\pi))f(\pi,a)d\pi - c(a) \geq$$
$$u(s(\pi))f(\pi,a')d\pi - c(a') \quad \forall a' \in A$$

从委托代理理论的模型可以看出,该理论是在假设双方皆为理性人的前提下,考虑到不确定性、信息不对称和机会主义行为可能会导致代理人牺牲委托人的利益来牟取私利,寻找一个关于委托人次优的交易契约。②

委托代理的基础模型是单阶段的静态模型,但委托代理关系是阶段动态模型时,其中有代理人声誉模型、棘轮模型、重复博弈模型。伦德纳③、罗宾斯泰英使用重复博弈模型证明,如果委托人和代理人之间保持长期的关系,双方都有足够的耐心(贴现因子足够

---

① 秦艺芳:《机制设计理论及其应用研究》,武汉大学出版社 2015 年版,第 49 页。
② 张维迎:《博弈论与信息经济学》,上海人民出版社 2004 年版,第 88 页。
③ Radner, R. Montoring Cooperative Agreement in a Reperated Principal—Agent Relationship. *Ecomometrica*. 1981, 49: 1127 – 1148.

大),那么帕累托一阶最优风险分担和激励可以实现。[1] 罗杰森、Lambert 以及 Roberts 和 Townsend 都说明最优长期契约与一系列的短期契约不同,时间能够更有效处理激励的问题。弗得伯格[2]等研究证明,在代理人和委托人以相同利率条件进入市场的情况下,长期契约等于各个短期契约。莱塞尔[3]证明,在长期的雇佣关系中,"工龄工资"制度可以遏制员工偷懒行为。

(四)逆向选择和道德风险

道德风险[4](moral hazard)来自信息经济学中对保险市场的研究,道德风险是指保险公司在与被保险人签订契约之后,投保人的事后防范行为不能被观测,而投保人的机会主义造成了道德风险问题。根据委托代理理论,道德风险是指代理人采取委托人无法观测和监督的隐藏行为或不作为,使得委托人利益损失或代理人获利的行为。

逆向选择来自阿克洛夫[5]对旧车市场的研究。在旧车交易市场中,除了对车比较了解的人外,大部分人对旧车的好坏不能分辨,卖者可能以次充好,这样好质量的车因不肯卖而退出市场,导致市场内卖的都是质量差的旧车。质量不好的产品驱逐质量好的产品就

---

① Rubinstein, A. Equilibrium in Supergames with the Overtaking Criterion, *Journal of Economic Theory*. 1979a, 21: 1 – 9. Rubinstein, A. An Optimal Conviction Policy for Iffences that may have been in Committed by Accident, *In Applied Game Theory*, ed S. Brams, A. Schotter and G. Schwodiauer. Physica Verlag. 1979b.

② Fudenberg, V., B. Holmstrom and P. Milgrom. Short—Team Contracts and Long—Team Agency Relationship, *Journal of Economic Theory*. 1990, 51: 1 – 31.

③ Lazear, E. Why is There Mandatory Retirement, *Journal of Political Economic*. 1979, 87: 1261 – 1284.

④ Arrow, K. J. 1963, "Uncertainty and the Welfare Economics of Medical Care", *American Economy Review*, 53: 941 – 967.

⑤ Akerlof G. The Market for Lemons: Quality Uncertainty and the Market Mechlanism. *Quarterly Journal of Economics*, 1970, 84: 485 – 500.

叫作逆向选择。在机制设计的委托代理关系中，其中一方如果能够利用多于另一方的信息使自己受益而对方受损时，信息劣势的一方便难以顺利地作出买卖决策，于是价格便随之扭曲，失去了平衡，进而导致效率的降低。

三　机制设计理论的应用

资源配置及其有效利用问题自古以来就一直是经济学、政治学等社会科学关心的话题。亚当·斯密在《国民财富的性质和原因的研究》中提出了"看不见的手"原理之后，经济学家一直在证明，在某些理想的条件下，市场机制如何实现资源的有效配置。如瓦尔拉斯所构造的一般均衡模型，就是试图用数学语言来精确阐述亚当·斯密"看不见的手"，即自由竞争市场机制的作用，论证经济体系能实现均衡的理想状态。[①] 可以说，从瓦尔拉斯到马歇尔以及他们的后继者们都以完全竞争、信息公开作为理论前提，但是，在现实经济生活中，完全竞争无法实现，消费者不能得到完全的信息，外部性导致私人生产和消费可能会对社会成本和福利产生影响。真实世界不存在市场经济机制有效运行的理想条件，而且资源配置机制也呈现多样化。

机制设计理论就是以更贴近现实的方式，在信息不对称和信息分散的情况下，帮助人们以定量分析的手段，设计或识别一种机制来保证用最低的信息成本达到既定社会目标。如今，机制设计理论已经成为垄断定价、最优税收、契约理论以及拍卖理论等诸多领域的研究重点，并且被广泛地应用于规章或法规制定、最优税制设计、行政管理、民主选举、社会制度设计等现实问题的机制设计过

---

① 邱询旻、冉祥勇：《机制设计理论辨析》，《吉林工商学院学报》2009年第4期。

程之中。如今最广泛的应用当属于最优拍卖机制、规制和审计、社会选择理论。

（一）最优拍卖机制

拍卖和类拍卖机制是现代经济生活的重要组成部分。机制设计理论最典型的应用是在分散化经营中的各种拍卖行为，例如，在一个典型场景中，经济行为人有一个物品要出售，但是他不知道潜在的买主（出价者）愿意出什么价钱，要想最大化卖方的期望收入，哪一个机制将是最优的？[1] Myerson[2] 运用机制设计理论中的显示原理分析了实现卖者期望收益最大的最优拍卖机制，以及竞价者意愿报价的激励相容的直接机制，证明了这个激励相容的机制能够确保说实话是贝叶斯纳什均衡，并得出了一组如何利用拍卖来获得收益和商品价值信息的基本结果，这些结果为许多私有化和拍卖行提供了重要参考，他还通过分析各种拍卖实现相同的期望收益的条件，发现如果竞价者是"对称的"，而卖者设定一个合适保留价格，那么所有的四种著名的拍卖形式将实现相同收益，且都是最优的，这就是拍卖理论的一般收益等值定理，但是，如果拍卖的目标改变，一般收益等值定理将不一定成立。[3]

（二）规制和审计

对垄断和寡头的规制是经济学中的重要课题。正如拉丰（Laffont）[4] 所讨论，早期研究对规制过程给出相当随意的假设：监管者

---

[1] 何光辉、陈俊君、杨咸月：《机制设计理论及其突破性应用——2007年诺贝尔经济学奖得主的重大贡献》，《经济评论》2008年第1期。

[2] Myerson, R. Optimal Auction Design. *Mathematics of Operations Research*, 1981, 6: 58 – 73.

[3] 秦艺芳：《机制设计理论及其应用研究》，武汉大学出版社2015年版，第50页。

[4] Laffont, J. J. and Tirole, J., 1993. *A Theory of Incentives in Procurement and Regulation*. Cambridge: MIT Press.

被假定面临某些约束,如垄断者的回报一定要高于市场水平,该水平不是由基本的最优化过程导出,而是简单地特别设定。在这种框架中,对规制过程很难作出合理标准的判断。而 Baron 和 Myerson[1]、Sappington[2] 和 Weitzman、Loeb 和 Magat 的研究改变了这种状况,实现在论文讨论中,规制过程根据不完全信息博弈来建模,监管者没有直接获得垄断者真实生产成本的信息。使用显示原理,Baron 和 Myerson、Sappington 在没有特别假定的情况下导出了最优规制方案,即在最优机制中,监管者(通常是政府机构)在从垄断者那里攫取租金(政府收入)与鼓励有效产出水平这两个目标之间进行权衡,而此处必须注意要给予垄断者充分的参与激励(即留在市场中)。

(三) 社会选择理论

吉巴德(Gibbard)证明,如果对个人的偏好不加任何限制,则对于任何一种非独裁的社会选择规则,都不可能找到一种代表每个真实偏好的机制,验证了阿罗(Arrow)规范意义上的社会选择不可能定理(指如果众多的社会成员具有不同的偏好,而社会又有多种备选方案,那么在民主的制度下不可能得到令所有人都满意的结果)。[3] 然而,在纳什均衡行为假设下,马斯金(Maskin)[4] 证明了如果社会选择规则满足"单调性"条件,则该社会选择机制将是

---

[1] Baron D. P., Myerson R. B. 1982. Regulating a Monopolist with Unknown Costs. *Econometrica*, 50 (4): 911 – 930.

[2] Sappington D. 1982. Optimal Regulation of Research and Development Under Imperfect Information. *Bell Journal of Economics*, 13: 354 – 36.

[3] Gibbard A. 1973. Manipulation of Voting Schemes: A General Result. *Econometrica*, 41 (4): 587 – 601.

[4] Maskin E. 1977. Nash Equilibrium and Welfare Optimality. Paper Presented at the Summer Workshop of the Econometric Society in Paris, June 1977. Published 1999 in *the Review of Economic Studies*, 66: 23 – 38.

可执行的，该条件在现代社会选择理论中起着重要作用。

第三节 合约制治理理论

吉斯·霍金斯（Keith Hawkins）指出："近年来，各种类型的合同已被政府用于提供公共服务，政府对合同的依赖可以说已经达到使合同成为公共治理的一种主要工具的程度。"[①] 合同治理也被称为合约制治理，是理性选择的结果，它连接公共部门与非公共部门，超越传统的权威、强制，转向合意、谈判，有着偏重参与过程的合意和对结果满意的特性，逐渐成为以合同为基础的综合性的治理工具。

一 合约理论的主要内容

随着市场经济的成长，合约关系成为经济交换中最基本最普遍的关系。合约，也称合同、契约，可溯源于罗马法的合同概念。罗马法的合约精神主要特征包括一点，即任何合约关系都是自由平等的，不论是个人与个人之间，还是个人与政府之间，合约双方都处于对等地位，这除了以其特定身份和程式要求为基础外，与现代合约理论中的合约概念有着某种程度上的一致性。[②] 现代合约理论以新制度经济学的企业问题研究为开端。科斯通过引入交易成本对企

[①] [英] A.C.L. 戴维斯：《社会责任：合同治理的公法探析》，杨明译，中国人民大学出版社2015年版，第5页。

[②] 易宪容：《古典合约理论的演进以及对古典经济学的影响》，《江苏社会科学》1998年第2期。

业合约性质进行了分析，他认为企业出现的根本原因在于利用价格机制是有成本的，企业内部组织交易可能比市场形式的交易成本更低，因为一系列的合约被一个合约所代替了，从而节约了与签约有关的成本。[①] 科斯将企业视为"合约的联结"，他开创了现代合约理论微观分析的先河。不同国家、不同时期、不同领域对合约的定义都不同，合约是一种合意行为，一般意义上的合约是指市场交易过程中，交易双方自愿、平等地达成某种协定。[②] 合约具体表述缔约者的行为，任何交易都需要合约进行规范。20 世纪六七十年代以来，合约理论一直是经济学界非常活跃的前沿研究领域，总的来说，合约理论可以分为完全合约理论与不完全合约理论。

（一）完全合约理论

完全合约，是指合约各方可以完全地预期到合约有效期内可能发生的各种事件与情况，并能够将每种情况下各方的权利与义务写入合约之中，各方能够遵守合约条款，当缔约方对合约条款产生争议时，第三方（比如法院）可以根据合约强制执行。[③] 完全合约在事前规定了在各种可能状态下缔约方的权利与责任，那么要强调的重点就是事后的监督，监督合约各方能够真正实施各项责任与权利。

完全合约理论以机制设计为其主要特色，研究信息、激励问题。这里所谓的机制设计就是指为控制参与者之间的博弈而设置的一套规则。机制设计可以看作博弈理论的一个逆过程，因为一般的博弈论是给定博弈的规则来预测博弈的结果，而机制设计正好相

---

① ［美］罗纳德·科斯：《生产的制度结构》，陈郁译，上海三联书店 1994 年版，第 5—6 页。
② 傅静坤：《契约冲突论》，法律出版社 1999 年版，第 29 页。
③ 冯振：《合约视角下的政府预算：理论分析与制度改进》，《现代管理科学》2014 年第 12 期。

反，即先给定一个目标，希望得到某个结果，然后找一个博弈规则来实施这个结果。因此，这一类合同理论的分析范式就是在满足其他缔约方参与约束、激励相容约束，以及在动态合同中寻求再谈判条件下的最优合同。①

完全合约理论深化了人们对一些现象的认识，帮助委托人设计出控制代理人的机制，但是在完全合约中合同不仅是完备的，而且合同的签订和执行的费用被忽视，因此除了委托人有制定合同和监督合同执行的权力之外，该理论并没有为"权威""控制权"等留下存在的空间，财产权以及财产权配置也就不是特别重要，然而在实际中，这些被忽视的正是我们理解很多经济现象的关键。② 因此合同不完全的研究具有现实的进步意义。现实中大部分的合约是不完全的，实际上未来面临着不确定性，在本质上是不可预期的。并且若要考虑到所有事项，作出一个完全合同，签约成本巨大也是一个问题。

（二）不完全合约理论

不完全合约理论主要指由哈特、格里斯曼、莫尔开创的分析框架。根据哈特的观点，现实中的合约都是不完全的，这是标准的委托代理理论中遗漏的三种因素的结果。这三种因素是：第一，在复杂的、十分不可预测的世界中，人们很难想得太远，并为可能发生的各种情况都作出计划。第二，即使能够作出单个计划，缔约各方也很难就这些计划达成协议，因为他们很难找到一种共同的语言来描述各种情况和行为；对于这些，过去的经验也提供不了多大帮助。第三，即使各方可以对将来进行计划和协商，他们也很难用下面的方式将计划写下来：在出现纠纷的时候，外部权威比如说法

---

① ［法］贝尔纳·萨拉尼耶：《合同经济学》，费方域等译，上海财经大学出版社2008年版，第2页。

② 杨其静：《完全合同理论到不完全合同理论》，《教学与研究》2003年第7期。

院，能够明确这些计划是什么意思并强制加以执行。① 不完全合同总体而言是指合同无法在事前毫无遗漏地规定当事人在未来所有可能承担的权利和义务，或者不存在一个公正的第三方可以无成本地保证契约得以执行。由于不能规定各种或然状态下当事人的权利和责任，所以不完全合约理论强调合约的重心在于对事前的权利（包括再谈判权利）进行机制设计或制度安排。②

不完全合同无法将未来所涉及的所有交易变量都写入合同，专用性投资就是典型的无法写入合同的变量之一，即专用性投资往往是不可约定合同的，只有投资方知道自己投资了多少，不仅对方不清楚，连第三方也无法证实。在这种情况下，一旦投资沉淀，各方在事后将会被套牢。而对这种套牢的预期会使得双方在事前的专用性投资不足，这种不足又降低合同的效率。为了解决这种矛盾并鼓励专用性投资，哈特指出剩余控制权的重要性。③ 或者合约双方不可能详尽，或者合约中没有考虑到的情况发生时，谁有权解决权利与责任的漏洞？产权非常重要，只有资产的所有者可以按照不违背已有合约条款的情况决定资产用法，决定合约中的不完全事宜。④ 通过这种剩余控制权的安排，专用性投资一方对合约中未作规定事项发生时对方来敲竹杠变得不再担心，因为这些事项由产权所有者裁决。哈特的不完全合同理论可以给我们一些启示，控制权是很重要的，控制权的实施离不开法律对投资者权利的保护，在司法实践中，对事前产权的安排结果是通过法律对投资者相应权利的保护来

---

① 郑育家：《不完全合同理论和应用》，上海交通大学出版社2016年版，第3页。
② 罗必良：《合约理论的多重境界与现实演绎》，《区域经济》2012年第5期。
③ 郑育家：《不完全合同理论和应用》，上海交通大学出版社2016年版，第4页。
④ 马力、李胜楠：《不完全合约理论述评》，《哈尔滨工业大学学报》2004年第6期。

实现的。①

(三) 信息不对称问题

令人关注的一个合同问题是双方信息不对称情况下的缔约问题，按照信息种类的不同，阿罗为两大类信息不对称作了命名：一类是隐藏信息的问题，指代理人拥有关于他本身特点的信息，如他的能力和承担工作的意愿的私人信息，而另一方不知道；另一类是隐藏行动的问题，指委托人看不到代理人做了什么，例如，雇主不知道雇员工作是否努力、细心等。隐藏信息问题常常被称为逆向选择，隐藏行动问题常常被称为道德风险。对这种分类的另一种解释是：在逆向选择问题中，代理人在缔约阶段就已经拥有私人信息；而在道德风险中，在缔约阶段双方的信息是对称的。但是在实践中，大多数激励问题既有逆向选择问题又有道德风险问题。其中，在逆向选择问题中。根据提出合同要约的一方有无信息，逆向选择问题的模型又可进一步分为信息甄别模型和信号发送模型。信息甄别问题是不具有信息的一方提出合同以甄别具有信息一方的不同信息。信号发送问题则相反，它是具有信息的一方提出合同要约，并试图通过他所提出的合同类型或其他行为向对方发出信号。而道德风险模型这一名称来自保险业中被称为道德风险的基本激励问题：当被保险人从保险人那里得到对不利事件的财务上或其他方面的保险后，就不再努力避免其保险范围内的不利事件发生了。尽管道德风险模型研究的问题远远超出保险问题，但它还是揭示了背后的逻辑：在对代理人的保险和对其行动的激励方面存在着重大的权衡。信息甄别、信号发送和道德风险模型是合同理论中最简单的三类基本模型，它们的信息维度是一维的、缔约方只有两方、持续期限为一期，但现实中的合同问题复杂得多，合同理论对更为

---

① 郑志刚:《哈特的不完全合约理论与"现代股份公司之谜"》，http://m.opinion.caixin.com/m/2016-10-31/101002314.html, 2016-10-31。

复杂的信息、激励问题的拓展主要体现在信息的维度，即多维激励、时间维度（动态合同）、合同缔约方数量（多边合同）这三个维度上。①

合约从形成到完成主要包括了签订、合约设计、再谈判、达成等阶段，由于签订合约的各方在信息不对称的情况下存在道德风险与逆向选择等问题，那么设计出一个合理的激励机制，减少机会主义行为就成为关键。② 合约理论的研究开始关注合约治理，而如今，合同治理占据重要地位，政府提供公共服务越来越多地通过合同的形式而不是仅通过权力来实现。

二 合约制治理的主题

新公共管理变革以来，通过权力的治理正在走向合同的治理，治理正在越来越多地通过协议（常常是非正式的），而不是通过直接的法律和政治行动进行。尽管纵向的、以权力为基础的模式仍在运作，但它与一个横向的、市场取向的、以谈判为动力的合同模式一起发挥作用。公共合同管理者在这两个治理模式的交叉点上运作。通过政府机构来行使政府权力的行动转向合同来治理，这是在提供和配置社会公共服务时所发生的唯一的也是最重要的转变。③

（一）合约制治理的含义

合约制治理不仅表现为政府提供公共服务的机制变革，即政府

---

① ［法］贝尔纳·萨拉尼耶：《合同经济学》，费方域等译，上海财经大学出版社 2008 年版，第 3 页。

② 周耀东：《合约理论的分析方法和基本思路》，《制度经济学研究》2004 年第 2 期。

③ ［美］菲利普·库珀：《合同制治理——公共管理者面临的挑战和机遇》，竺乾威等译，复旦大学出版社 2007 年版，第 49—50 页。

不再是公共服务的直接生产者与提供者,而是以委托的方式交由政府以外的机构来提供,或者通过向社会、市场购买和合作提供公共产品与公共服务,而且还包括公共部门内部的多种事务的合同式管理方式。① 换言之,政府的合约治理是签约外包与内部合约的集合。合约治理下政府实践的重点就是如何实现合约,即如何谈判、签订和执行合约。在现实中,政治家等在知识上的限度、可用信息限度以及签订与谈判合约存在大量交易成本,所以政治家需要选择专业代理人代表自己谈判、签订和执行合约事务,在合约制的运行过程中,各级的委托人和代理人通过各式的合约来约束对方的职责和行为。②

合约制治理作为一种治理工具,需要相应的环节与程序来达到预期的治理效果,总体而言,合约制治理需要以下五个环节③:第一,应当明确需求。合约制治理的首要条件就是需要清晰定位所预定的产品与服务,这个"清晰定位"的本质内涵即在于充分满足或符合公众的公共需求。④ 而合约制治理能够尽可能提供公共服务供给的理想形态,就在于市场机制参与公共服务供给,同时使得原本不甚清晰的公共需求通过合同的形式明确地表达出来。第二,竞争供给。合约制治理的机制之一就是利用公共服务供给的多方参与,特别是供给方服务于产品竞争,为政府公共服务供给提供更多可供选择的空间和方案,以满足公众需求。第三,透明招标。要保证政府公共服务购买的有效性,公开"招标"成为程序控制上的一个不

---

① 王丛虎:《合同式治理:一个治理工具的概念性探索》,《公共管理与政策评论》2016 年第 5 期。

② 陈振明、贺珍:《合约制政府的理论与实践》,《东南学术》2007 年第 3 期。

③ 李珠:《政府公共服务购买的合同制治理机制探讨》,《中国行政管理》2016 年第 2 期。

④ 徐家良、赵挺:《政府购买公共服务的现实困境与路径创新:上海的实践》,《中国行政管理》2013 年第 8 期。

可或缺的环节。招投标是市场经济发展中产生的有组织且规范化的交易运作行为，招标过程的透明，是政府获得质优价廉的物品与服务的制度安排。第四，过程监督。通过定标确定服务采购供应商后，合同签订是公私双方市场关系建立的根本。但是，合同签订不意味着良好的效果，这仅是一个开端，政府要对合同订立与实施过程进行监督管理，合同全程都需要政府承担职责。第五，结果评估。公共服务供给完成后，对是否达成预期效果等要进行全过程投入与产出的总体评价和总结，这是政府购买公共服务的最终评定，也为后续公共服务购买积累经验。

（二）政府对合同的使用

合约制治理代表着政府与另一个组织或个人协商签订协议的各种情形，其中一些治理形式有很长的历史，另一些是近期发展出来的，一些具有法律效力，另一些是不具有强制执行力的"类合同"。政府参与的缔约活动虽然有所变化，但至少可以确定有六种[1]：

第一，采购。采购合同可能是最明确和为人所熟悉的政府合同。我国政府采购是指各级国家机关、事业单位和团体组织，使用财政性资金采购依法制定的集中采购目录以内的或者采购限额标准以上的货物、工程和服务的行为。[2] 采购合同必须符合相关的采购规则的规定，且规则应是鼓励政府使用透明的招标程序，并限制政府将某些企业排除出招标程序或拒绝其投标。从本质上来说，政府应当依据事先告知投标者的标准，接受报价最低的投标或者是"最具经济优势"的投标。第二，与私营部门订立提供公共服务的合同（"外包"）。20世纪80年代，政府日益强调"外包"，邀请私有企业对原本由政府提供的服务进行投标，这个政策源于公共选择理论

---

[1] ［英］A. C. L. 戴维斯：《社会责任：合同治理的公法探析》，杨明译，中国人民大学出版社2015年版，第1—8页。

[2] 《中华人民共和国政府采购法》（2014年修订）第二条。

对政府提供公共服务的不信任，私有企业提供服务更可取，源于他们（追求利润的动机）更高效并且更关注消费者。第三，民间融资计划以及其他公私合作。弗里德兰描述了三种不同的民间融资计划合同，第一种是私有公司提供资本资产，并将其出借给公共机构；第二种是私有公司提供资本资产并将其出借给公众，比如公司建造桥梁，然后向机动车驾驶员征收通行费；第三种是前两者结合，私有公司提供资产并从上述两种渠道都获得一部分收入。民间融资计划使得政府不需要预先付款就能开始新的建设项目，至少看上去缩减或维持了公共开支，同时也有利于公共部门利用私人部门的技能，也可以分担重大工程的风险。第四，政府与自治组织之间的"协议"。这是另一种政府与私人合作方订立的"合同"，政府一方面保证这些组织自治，同时要求这些组织承担规制其成员行为的责任。这一协议潜在强制力在于若自治组织未能控制其成员，那么政府会直接规制这一领域。这些协议虽然不太可能作为具有法律执行力的合同而产生效力，但仍得到了一些法律认可。第五，政府内部合同。政府内部合同的概念包括双方均属公共部门的主体之间达成的任何协议。因为协议当事人缺乏独立的法律人格，所以这些内部协议并不都是私法上具有执行力的合同。第六，雇佣合同。例如英国国民健康保险、公营公司和地方政府雇员签订的都是常规的雇佣合同，然而并非所有的公共部门的员工都签订这样的合同。事实上，政府工作人员的地位常常难以准确定位，他们的权利将依赖于法律条文的适用，比如说他们会受益于许多法定保护雇佣的条款以及反歧视法等。

（三）合约制治理中的合同关系

当政府决定不直接提供服务，而是通过其他方式来满足需求时，建立合同工作关系的过程也就开始了。在公共管理领域运用合同来履行政府职责通常指的是一种公私合伙（伙伴）关系，但若简单地根据公司合伙关系并通过合同来描述政府则充满了复杂性和危险性。如果个体之间的合伙关系是一系列复杂的创建和管理的安排的话，那么建立在大量此类合伙关系之上的政府治理的复杂性就可想而知。公私合伙是和缩小政府规模、削减政府开支的努力相关的，因为将资源分享给那些更有效提供产品与服务的组织是切实可行的。从某种程度上说，政府在运作支持和服务提供上会依赖于合同的另一方，如果政府机构失去了自身提供服务的能力，依赖就会变得极端重要，以至于无法把这种关系只看成是一种伙伴关系。一旦形成这种依赖，政府和它的营利或非营利服务提供者之间的关系更像是一种联盟关系，在这一联盟中，政府和合同方相互需要。在某些领域，这种联盟已存在多日。这也是为什么合同往往更像盟约而不是购买协议的道理所在。在这些联盟中，对合同是长期工作关系的开始这一期待从一开始就确立了，通常没有终止合同的想法，因为合伙不是购买协议，而是一项长期的事业，如果合同看上去可能终止，人们通常会认为存在一种威胁或失败，而不是合同会产生一种期望的结果。这一点在伙伴关系的维持涉及一种很强的经济利益的合同中尤其明显。合同把经济、产业和政府部门等的利益和项目的利益混在了一起。合同的授予通过经济依赖来获得政治上的支持。[1] 由此可见，在合同关系中，了解公共管理者与之打交道的合同方至关重要，合同方都带着各自的问题进入合同关系，这些问题有助于确立工作关系的性质并影响到最终结局。在服务合同领域内，公共行政人员可以期待和营利性企业、非营利组织以及其他政府单位建立关系。这些合同关系中的合作方也各有其特点，在合同的履行中各有其作用，政府应该根据实际情况，合理选择合作方，建立良性发展的合同关系。

---

[1] ［美］菲利普·库珀：《合同制治理——公共管理者面临的挑战和机遇》，竺乾威等译，复旦大学出版社2007年版，第62—68页。

（四）合同履行中的质量问题

政府必须解决合同履行中的质量问题，这是其政治责任的组成部分。当不存在对承包人履行的直接的科层控制，合同要实现其质量，必须在合同条款中设定具体的标准和建立适当的激励系统。激励系统向承包人提供额外的回报，或者至少保证政府承包人不会被终止业务，条件是他遵守了合同设定的质量标准。如果没有这些激励系统，必然会产生这样的嫌疑，一旦取得了合同的报酬，承包人总是会想要削减成本和在质量上弄虚作假。因此，政府合同通常含有长达数百页的内容广泛的以业绩指标形式表现的质量规格，但是，一些问题是永远无法通过冗长的条款来彻底解决的，当通过合同的治理试图为希望得到的后果设计准确的措施时，就会产生像直接的公共规制那样的问题。[①]

控制合同履行的质量问题也可以通过控制供应商的管理系统的方法得到解决，强调遵守全面质量管理的标准。然而考虑到增加的成本，一些部门的合同关系会有意识地在当事人之间构建一个长期的商业关系，就是"供应商合伙"，它被设计用于增强信任，保护对管理系统的投资免于损失，以及为遵守承诺提供经济激励。然而，供应商合伙通常是代表了和某个零部件的单一的供应商之间一个长期的承诺，这消除了对价格经常进行市场检验的可能性。尽管政府可以修改竞争性招标程序，要求投标人拥有健全的质量管理系统或与之相当的系统，但是坚持对经常的市场检验的要求可能会妨碍政府获得长期的伙伴关系所提供的质量方面的收益。然而，必须承认有必要将合作与竞争结合从而持续地改善质量。与此同时，对合同履行中质量的可靠保证最终并不取决于合同条款，而是取决于信任和非法律制裁。信任关系和强大的非法律制裁取决于长期商业

---

① ［英］休·柯林斯：《规制合同》，郭小莉译，中国人民大学出版社2014年版，第341—342页。

关系的建立和将竞争限制在一个彼此熟悉和信任的承包人的"采购共同体"中。为了实现合作和良好的质量而对治理结构和具体监督的需要,也会导致在政府和外部承包人之间产生冲突,政府合同中这种结构上的紧张关系导致当事人发生许多价格高昂的争议,除非当事人可以从保持商业关系中发现长期的经济利益。[1]

三 合约制治理的模式

在新公共管理的运动实践中,合约制模式主要涵盖两种合约机制,一种是交易型合约即现货市场合约,典型的是签约外包;另一种是代理型合约即关系合约,例如与政府雇员的雇佣合约。

(一) 交易型合约

交易型合约的典型就是合同外包,在公共服务的供给中引入竞争机制。沃尔什和经济合作与发展组织明确指出,公共服务外包是从外部购买产品和服务,而不是在政府机构内部提供这种产品和服务,外包代表了在公共服务的管理和供应过程中,特别是直接民营化(例如所有权的变更)不可能的时候,模仿市场的努力,其基本原理是在服务供应商之间促进竞争。[2] 合同外包中,政府不再是公共服务直接的生产者与提供者,政府在私人部门购买公共产品与服务,在供给方面打破公共企业垄断地位,采取竞争机制,通过招标将服务包出去,私人企业等组织通过公平透明的竞标程序竞争,胜出者能够获得公共产品与服务的生产与供给权。

交易型合约在运行过程中主要采用的就是招标/竞标机制,而

---

[1] [英] 休·柯林斯:《规制合同》,郭小莉译,中国人民大学出版社 2014 年版,第 344—345 页。

[2] 世界银行:《2007 年世界发展报告》,中国财政经济出版社 2007 年版,第 121 页。

不是传统的预算拨款机制，不管是在软部门和商业部门间的竞赛还是在商业部门的拍卖中。在竞争运作中，政府要求代理人提供有关物品与服务配置的投标方案，如果投标方案不仅详细说明了代理人的成本，而且说明了服务的数量和质量，那么就可以用准绳或者标杆竞争，对各个投标方案进行比较与择优。竞赛中需要制定详细的招标规则，只有遵从规则才会增加其可信度与竞争力。拍卖也是使用招标/投标机制，拍卖预示着政府放松管制，拍卖还要求一个高水平的竞技场，这意味着竞争必须向私人和企业家以及各类公共生产者开放，在大量商业部门，如航空运输、能源供应等部门，放松管制随着多个公共服务提供者之间的竞争而展开。[1]

想要成功运用交易合约，必须存在多个独立的竞争主体，包括私人企业、公共企业、非营利组织以及其他社会组织等，并且政府应该在这些竞争者之间创造竞争。合约有一定的期限，那么代理人在执行合约前后都会在追求自身利益最大化的同时遵守合约，努力达成预期效果，争取政府利益也最大化，以避免在之后的竞争中被原先失败的代理人取而代之，以获得博弈的持续胜出。交易合约机制通常被认为优于传统的合约机制，它的发展一定程度上改变了传统的长期配置合约和管制合约导致的无效率的败德行为和签约后的机会主义行为。[2]

(二) 代理型合约

代理型合约最典型的就是雇佣合约了，尤其是政府和其首席执行官签订的雇佣合约。如今短期合约不仅在交易合约中广泛使用，在雇佣合约中也被广泛使用。但回顾传统的公共治理，政府更多地使用长期合约或终身合约，也更注重内部生产的方式来供给公共产

---

[1] [英] 简·莱恩：《公共管理》，赵成根等译，中国青年出版社2004年版，第161—162页。

[2] 陈振明、贺珍：《合约制政府的理论与实践》，《东南学术》2007年第3期。

品与服务。在新公共管理中"文官终身制"观念就受到强烈的批评,使得短期雇佣和临时雇佣成为公共部门用人的主要方式。短期合约能促使政府中立地看待代理人,并促使代理人之间进行竞争,在竞争中促使他们不断提高效率,以争取在合约到期后的下一次博弈中能够胜出。[1] 最典型的短期代理关系合约就是政府与首席执行官之间的雇佣合约,合约制治理模式利用委托代理理论创造出一个新的政府主体,即首席执行官,由他们来承担原来由政府承担的职责,负责微观的"划桨"工作,这样,政府可以脱离于繁杂的具体管理工作,节省更多的时间精力用于宏观政策的制定与"掌舵"工作。[2]

作为代理人的首席执行官与政府签订合约,实现政府的管理目标,而为了更好地控制有很大自由裁量权的首席执行官的行动,政府作为委托人会支付给代理人高额的工资,以提高他们的责任,减少寻租行为。如果代理人工资很高,那么他们若是违约就要承担很大的代价,因此代理人很少会冒着风险违约或者寻求租金,而会遵守合约努力实现合约目标。若是配置资源失败,代理人也将遭受巨大的损失,所以他们也会致力于达成资源的有效配置。[3] 因此,短期雇佣合约可以在一定程度上使得结果更有效率,为了防止一些机会主义行为,在选择首席执行官时也必然还要引入竞争机制。

(三) 绩效合约

绩效合约是交易型合约和代理型合约的一种补充。传统的政府管理方式是建立在韦伯式科层制上的上级命令和下级执行,由于缺

---

[1] 陈振明、贺珍:《合约制政府的理论与实践》,《东南学术》2007年第3期。
[2] 同上。
[3] [英] 简·莱恩:《新公共管理》,赵成根等译,中国青年出版社2004年版,第177—179页。

乏竞争环境、利润刺激以及市场交易和价格信号，会出现绩效低下的问题。那么通过绩效合同的方式就可以将一部分公共组织推向市场，通过合同承包方式把政府的一些工作分担给市场，通过一些制度设计将绩效评估、业绩奖励引入公共部门，其实质在于政府通过以绩效合同为内在协调机制，在公共领域引入市场与竞争机制，从而建立起新的激励机制。[1] 代理型合约中短期的雇佣合约也会造成代理人过于关注降低成本和提高效率而逃避责任，政府通常就会补充绩效合约来激励代理人负责工作，例如支付高额的工资与绩效奖金等。[2]

绩效合约是有效的管理执行工具，一份完整的绩效合约至少要回答一些问题：要完成什么工作？工作的结果是什么？由谁完成工作？何时完成工作？花费多少？使用哪些资源？工作内容、评价标准、权重、评价人等都是绩效合约不可或缺的部分[3]，合同制治理运用绩效合同使管理人员的业绩与效果相联系，各种资源可以根据绩效进行控制，打破预算软约束以及工作人员缺乏工作积极性的状况，提高服务供给的质量和效率。若要使绩效合同有效实施，恰当的激励因素非常重要，政府绩效合同的激励因素包括两个方面，对政府内部官员来说，主要的激励因素是职务、荣誉、薪金等；对于作为竞争双方的政府部门或企业，主要的激励因素是拨款和利润。与激励相关的另外一点就是合同应当透明与公开，以减少机会主义行为以确保激励能够实现。绩效合约的签订、合同的履行中，由于信息不对称等偶发性因素，要求有一个较有权威性和专业性的绩效

---

[1] 薛恋鼎：《引入绩效合同管理，创新政府管理机制》，《江南论坛》2009年第11期。

[2] 陈振明、贺珍：《合约制政府的理论与实践》，《东南学术》2007年第3期。

[3] 王阿云、王旭华：《绩效合约的核心内容》，《中国电力报》2007年3月6日。

考核机构，科学合理地进行绩效考核，依据内外部事实信息，对合同当事人的绩效表现进行公正、合理的评价，进而对绩效合同的履行进行监督、测评和改进，才能保证绩效合约的顺利推行与目标的实现。①

绩效合同是公共部门改革广泛运用的工具，要解决某些政府的管理问题，需要有效利用绩效合约，与执行机构签订绩效合同并恰当激励使得他们对服务的结果负起责任。在新的时代背景下，我国也应该结合自身的特点提高政府管理水平，建立高绩效的政府。

四 合约制治理的挑战

任何事物都有其价值与挑战。合约制治理相较于传统的治理模式有较大的优势，能够摆脱传统治理模式的一些困境，为公共部门找到一条新途径，能够降低成本、提高效率，发挥积极的作用。合约制治理的广泛铺开有其现实价值，推动了国家治理方式从单向依赖转向双向互动、从行政指令走向契约合作。合约制作为一种更多地依赖于权力共享、伙伴关系、信息沟通、资源分享、责任分担的新型国家治理方式，有助于改变传统的依赖于权威机制来提供公共服务的方式，使国家和政府更好地对社会日益分散与特殊的需求作出反应，为社会和公众提供高质量、低成本的公共物品与服务。②合约制治理有其积极意义，但不可避免也面临一些挑战：

---

① 薛恋鼎：《引入绩效合同管理，创新政府管理机制》，《江南论坛》2009年第11期。

② 陈振明：《合约制治理研究论纲》，《厦门大学学报》（哲学社会科学版）2017年第4期。

(一) 政府合同管理能力建设面临的挑战

合同的数量不仅在增长，而且规模变得越来越大，但事实上政府在一定程度上缺乏有效的合同管理能力。良好的政府需要进行能力建设，若是在合同的整个过程中不能有效管理合同，那么合同中的激励条款就无法发挥应有的作用。但是提高合同管理能力也是一项极具挑战性与复杂性的工作，这项能力的培养至少涉及几个方面[1]：第一，需要为合同管理确立预算。很少有政府机构会充分地为合同管理所需资源作出预算，除了一些规模较大的合同运作。而合同管理运作的开支和预算过程又有其意义，可以使人们知道与直接提供服务相比，它可以节省多少成本，当然还涉及一些效益与经济问题，这些对合同的运作起着重要作用，若不关注，可能在后期会使问题变得严重。第二，公共管理者的教育问题。我们必须意识到合同的管理有培训需要。我们不仅需要对如何管理合同本身进行教育，而且也要对管理合同的公共部门管理者提供教育。对于组织中的管理者来说，尤其是新成员，了解本单位的合同属于哪种类型、其地位如何、他们要承担什么责任、是否及何时期满或需要再考虑等是非常重要的。第三，需要招聘、培训和留住公共部门中一些高质量的公共管理者。雇佣和留住合格的、有经验的合同管理者是要花钱的，培训和发展会耗费大笔资金。他们必然会有一些吸引私人部门雇主的技巧，后者会设法通过提供客观的薪水把他们从政府部门挖走。留住高质量的公共管理者是要付出成本的，也是有效益的。第四，合同监督。合同管理的一项重要职责就是对承包商的运作进行监督，这种监督传统上指的是有效的成本和质量监控，因而通常也被理解为一个审计过程，随着合同外包的增加，合同监督的新的挑战逐渐凸显出来，监督也日趋复杂，效果也并不是让人很

---

[1] [美] 菲利普·库珀：《合同制治理——公共管理者面临的挑战和机遇》，竺乾威等译，复旦大学出版社 2007 年版，第 116—120 页。

满意。例如有些情况下，一些政府机构的人员或因项目合同外包而被替代的人员最终成了监控这些合同的负责人，即使政府机构在很多场合从事此类工作的能力有限。财务、手法和绩效审计的目标和技术以及其他监督技术应该整合到一个全面的合同管理计划中。与此同时，培养合同管理团队的能力对有效监督也很重要，因为监督的责任是属于授予合同的政府机构或城市的。

（二）合同关系网络中面临的挑战

随着社会服务项目的多样化和范围的扩大，合同也变得复杂化。紧随着全球私有化的进展，许多部门与非政府组织之间的服务合同获得空前增长，与此同时，分权的呼声导致政府组织之间的服务合同获得了空前的增长，总之，牵涉到合同关系中的主体越来越丰富，在服务合同涉及的领域内，公共行政人员可以期待和营利性企业、非营利组织以及其他政府单位建立联系。那么在各方建立合同关系时必然会面临挑战[1]：首先，政府与营利性企业建立合同联系上会面临一些挑战。私人部门谈判者与公共行政人员在价值、先后重点和责任等方面的差异意味着两边存在着不同的谈判文化，这种差别有时如此之大又会妨碍沟通、谈判甚至最终问题的解决。那么如何减少障碍，建立一种更好的工作关系呢？这也具有挑战性，但至少可以作出努力，代表政府进行谈判的人在过程中应尽早说明交易的公平规则，防止双方牛头不对马嘴；为合同管理者提供早期培训；一旦关系变得难以相处，考虑几种可行的替代方案等。其次，政府与非营利组织建立合同关系也面临挑战。有时候，这种关系比与营利部门建立合同关系更复杂。非营利组织目标众多，人员机构庞杂，因而具有各种不同的组织文化和能力。非营利组织的积极性、慈善特征等会使它们成为受欢迎的合同方，但是也会存在问

---

[1] ［美］菲利普·库珀：《合同制治理——公共管理者面临的挑战和机遇》，竺乾威等译，复旦大学出版社2007年版，第68—76页。

题，它们通常是单一的利益倡导者，但相比之下，公共管理者关心很多问题，关心大众，非政府组织有时会抵制变化和不尽责任。另外，非政府组织的很多人喜欢非正式性和灵活性，在有些方面缺乏专业性，例如一些组织的事务涉及复杂的法律问题时，很少甚至没有专业的法律援助。由于非营利组织对它们服务的人群投入大量精力，以至于对自身的投资不足，远远没有达到合理的水平。此外，合约制治理的挑战还有合同修订、终止时面临的关系的调整与结束产生的棘手的问题，这些都需要在合同的整个运行过程中考虑到。合同关系是一种平等关系，合同各方都应该互相尊重、平等协商，在双方交往的各个环节都应该充分沟通，因为合同而形成的复杂的关系网络，更需要平等地位的谈判与协商。

第四节 多中心治理理论

"多中心"（Polycentrity）一词是迈克尔·博兰尼（Michael Polanyi）在《自由的逻辑》一书中首次提及和阐释的。埃莉诺·奥斯特罗姆（Elinor Ostrom）与文森特·奥斯特罗姆（Vincent Ostrom）夫妇基于深刻的理论分析和丰富的实证研究，共同创立了多中心治理理论。

一 多中心治理理论的理论渊源

社会科学对集体行动问题的关注由来已久，早在2000多年前亚里士多德就提出："凡是属于最多数人的公共事务常常是最少受人照顾的事务，人们关怀着自己的所有，而忽视公共的事务；对于公共的一切，他至多只留心到其中对他个人多少有些相关的事务。"① 对于公共事务的治理，传统观点大致可分为市场派和政府派。市场派以公共选择理论为基础，基于"理性经济人"假设，认为对于公共事务的治理，人们会通过市场自动达到帕累托最优。而面对"强市场、弱政府"的治理模式所带来的"市场失灵"困境，以凯恩斯主义为代表的政府派则强调，政府理应在公共事务的治理过程中实现从"划桨"到"掌舵"的转变，一只"看得见的手"以"强势政府"的身份进入到公共事务治理的诸多领域。②

（一）市场失灵

市场派学者认为，"理性经济人"的自利性和追求利益的最大化会导致帕累托最优。公共事物治理可以通过市场这只"看不见的手"实现资源的优化配置。然而，在现实的公共物品提供中，市场并没有达到万能，而是遭遇难以克服的困境，这就是市场失灵现象。

1. 公地悲剧

"公地悲剧"是由美国学者加勒特·哈丁（Garrett Hardin）1968年在《科学》杂志上首先提出的。加勒特·哈丁形象地通过公共牧场的例子阐释"公地悲剧"这一现象：在一个对"所有人开放"的牧场，每个牧羊人都是理性的，每个放牧人都从自己的牲畜中得到直接的收益，在过度放牧时只承担损失中的一份，因此，每个放牧人都有增加越来越多的牲畜的动力。哈丁的结论是："这是一个悲剧。每个人都被锁定进一个系统。这个系统迫使他在一个

---

① ［古希腊］亚里士多德：《政治学》，吴寿彭译，商务印书馆1983年版，第33页。

② 李平原、刘海潮：《探析奥斯特罗姆的多中心治理理论——从政府、市场、社会多元共治的视角》，《甘肃理论学刊》2014年第3期。

有限的世界上无节制地增加他自己的牲畜。在一个信奉公地自由使用的社会里，每个人追求他自己的最佳利益，毁灭是所有的人趋之若鹜的目的地。"① 总之，"公地悲剧"指的是，"理性经济人"会在使用公共资源的情况下，追求自身利益的最大化，从而造成公共资源的过度利用或退化。

2. 囚徒困境

1950年，就职于兰德公司的梅里尔·弗勒德（Merrill Flood）和梅尔文·德雷希尔（Melvin Dresher）拟定出了"囚徒困境"大致雏形，后来由顾问艾伯特·塔克（Albert Tucker）以囚徒方式阐述，并命名为"囚徒困境"。在"囚徒困境"中，每个囚徒都是"理性的"，而且他们也都知道对方是"理性的"，每个囚徒都选择了对自己而言是理性的"占优策略"，而结果对每个人而言却都是次劣的，对集体而言则是最劣的，②这与基于"理性经济人"假设下的每个个体追求自身利益最大化会带来集体利益最大化的推论相矛盾。

3. 集体行动的逻辑

一般认为，集体行动的逻辑是由美国学者曼瑟尔·奥尔森（Mancur Lloyd Olson）1965年在《集体行动的逻辑》一书中正式完整地提出的。自亚里士多德以来，政治学家一直假设社会成员为了共同利益能够相互联合实现自治，这是民主社会赖以存在的社会基础。亚里士多德笔下的雅典公民为了实现城邦的"至善"参与政治活动；霍布斯笔下的自然人为了消除人与人之间的混乱无序的"战争状态"而签订契约；托克维尔笔下的美国人为了共同的利益而自

---

① ［美］埃莉诺·奥斯特罗姆：《公共事物的治理之道——集体行动制度的演进》，余逊达、陈旭东译，上海三联书店2000年版，第54页。

② 王玉珍：《理性只是对自利最大化的追求吗》，《经济学家》2004年第6期。

愿结社。① 曼瑟尔·奥尔森对上述观点进行了批判,他认为:"除非在集团成员同意分担实现集团目标所需成本的情况下给予他们不同于共同或集团利益的独立激励,或者除非强迫他们这么做,不然的话,如果一个大集团中的成员有理性地寻求使他们的自我利益最大化,他们不会采取行动以增进他们的共同目标或集团目标。"② 所以,理性自利的个体一般不会自动采取集体行动,需要采取"选择性激励"等措施来避免"搭便车"现象。

(二) 政府失灵

市场在治理公共事物过程中遭遇失灵,使得一些学者将希望寄托于政府,期望政府在公共物品的供给中有所作为,但是政府在公共事物治理过程中同样陷入失灵。正如萨缪尔森所指出的,"应当先认识到存在着市场失灵,也存在着政府失灵……当政府政策或集体运行所采取的手段不能改善经济效率或道德上可接受的收入分配时,政府失灵便产生了。"③ 所谓政府失灵是指,在公共物品的提供过程中,由政府干预而引发的一系列非效率性资源分配,致使公共支出规模过大或者效率降低,预算上出现偏差。政府失灵主要表现在④:

(1) 公共政策制定失误或执行效率低。在公共选择理论家看来,公共决策失误或政策失效的主要原因来自公共决策过程本身的复杂性和困难程度以及现有公共决策体制和方式的缺陷。由于社会实际上并不存在政府公共政策所追求的公共利益,只存在各种利益

---

① 李平原、刘海潮:《探析奥斯特罗姆的多中心治理理论——从政府、市场、社会多元共治的视角》,《甘肃理论学刊》2014年第3期。

② [美] 埃莉诺·奥斯特罗姆:《公共事物的治理之道——集体行动制度的演进》,余逊达、陈旭东译,上海三联书店2000年版,第58页。

③ [美] 萨缪尔森、诺德豪斯:《经济学》,萧琛等译,中国发展出版社1992年版,第1173页。

④ 陈振明:《公共管理学》,中国人民大学出版社2005年版,第97页。

之间博弈缔约的过程,即使现实社会中存在一些比较一致的利益,现有的决策体制或决策方式也难以达到理想的效果;信息沟通的有限性、决策议程的偏差、选民投票的"近视效应"、沉淀成本、先例等因素都会制约合理决策;此外还存在政策执行上的各种障碍。上述公共政策制定失误或执行低效率的情况导致了政府失灵。

(2)公共物品供给的高成本或低效率。公共选择理论学派认为,公共物品的估价和评价存在困难,由于政府垄断了公共物品的供给,缺乏竞争对手,导致政府在提供公共物品的过程中缺乏追求利润的动机,政府官员的目标不是追求利润的最大化,而是规模的最大化,引发政府对公共物品的过度投资,造成机构臃肿、人员超编、财政赤字、效率低下等问题的出现。另外,缺少对政府的监督,使得政府容易在公共物品的提供中滋生腐败现象。

(3)内部性与政府扩张。内部性指政府部门及其官员追求自身组织目标或自身利益而非公共利益或社会福利。这会使机构供给曲线放大,产生非市场缺陷。公共选择学学者缪勒分析,政府作为公共物品的提供者、政府作为社会财富的再分配者、利益集团的存在、官僚机构的存在、财政幻觉等五个因素使得政府积极谋求预算的最大化。政府开支的畸形增长,政府机构的盲目扩张,造成了社会资源浪费、资源配置低效、官僚机构腐败、通货膨胀等政府失灵问题。

(4)政府的寻租行为。根据布坎南的定义:"寻租是投票人(尤其是其中的利益集团)通过各种合法或非法的努力,如游说和行贿等,促使政府帮助自己建立垄断地位,以获取高额垄断利润。"[1]缪勒将寻租分为三种:通过政府管制寻租、通过关税和进出口配额寻租、通过政府合同寻租。常见的寻租行为有政府定价、政

---

[1] 胡代光:《西方经济学说的演变及其影响》,北京大学出版社1998年版,第171页。

府专许、国家关税和国家进口配额、政府大宗采购等，政府的寻租行为具有非生产性，通过权力介入市场交易活动，导致社会资源配置的低效率和分配的不合理，使得政府在公共事物治理过程中陷入失灵。

（三）超越政府与市场

基于"公地悲剧""囚徒困境"以及"集体行动的逻辑"三大理论模型，传统政治学中解决公共事物问题主要通过利维坦方案或私有化两种方案。前者是指由中央政府决定谁能够使用公共资源，他们何时使用以及怎样使用这些资源，而且由中央政府对他们进行监督，对违规者进行惩罚；后者指通过创立一种私人占有制度代替公共资源共同使用的公共财产制度，由私人或私企对公共资源实行占有、管理及使用。① 可这两者均存在局限。利维坦方案的前提是"建立在信息准确、监督力强、制裁可靠有效以及行政费用为零这些假设的基础上的"②，现实中，如此理想的状态几乎不存在；而私有化方案，按照经济学家萨缪尔森形象的比喻："市场经济是我们驾驭的一匹好马。但马无论怎么好，其能量总有个极限，如果超过这个极限，市场机制的作用必然会踌躇不前。"③

埃莉诺·奥斯特罗姆认为，利维坦方案和私有化方案的理论模型——集体行动理论既不充分，又难以理解。④ 不充分是指这些理论以"囚犯困境"为唯一结构，且分析只着力于操作层面，并没有

---

① 高轩、朱满良：《埃莉诺·奥斯特罗姆的自主治理理论述评》，《行政论坛》2010年第2期。

② ［美］埃莉诺·奥斯特罗姆：《公共事物的治理之道——集体行动制度的演进》，余逊达、陈旭东译，上海三联书店2000年版，第58页。

③ ［美］萨缪尔森：《充满灵性的经济学》，胡承红等译，上海三联书店1991年版，第156页。

④ ［美］埃莉诺·奥斯特罗姆：《公共事物的治理之道——集体行动制度的演进》，余逊达、陈旭东译，上海三联书店2000年版，第61页。

完全考虑自主组织的内部变量和外部关键变量的影响；难以理解则指已为人们熟知的集体行动理论没有为公共事物治理提供明确的公共政策建议。这些理论模型的不足在于没有反映制度变迁的渐进性和自主转化的本质；在分析内部变量如何影响规则的集体供给时，没有考虑宪法层次的影响；没有包括信息成本和交易成本等限定性因素。

因此，奥斯特罗姆夫妇基于长期的社会实证调研，提出了多中心治理理论，认为公共事物的治理应该摆脱市场或政府"单中心"的治理方式，建立政府、市场、社会三维框架下的"多中心"治理模式，以有效地克服单一依靠市场或政府的不足。[①] 该理论的核心是，主张采用分级别、分层次、分阶段的多样性制度设置，加强政府、市场、社会之间的协同共治。该理论的价值在于"通过社群组织自发秩序形成的多中心自主治理结构、以多中心为基础的新的'多层级政府安排'具有权力分散和交叠管辖的特征，多中心公共论坛以及多样化的制度与公共政策安排，可以在最大程度上遏制集体行动中的机会主义，实现公共利益的持续发展"[②]。这种多中心的治理方式，是源于私有化和国有化二极之间还存在着其他可行的方式。作为社会和社区自组织的治理，是一种"没有政府的治理"，既超越了国家，也超越了市场。

二 多中心治理理论的主要内容

迈克尔·博兰尼引进"多中心"一词是为了证明自发秩序的合

[①] 李平原、刘海潮：《探析奥斯特罗姆的多中心治理理论——从政府、市场、社会多元共治的视角》，《甘肃理论学刊》2014年第3期。

[②] Elinor Ostorm, Larry Schroeder & Susan Wynne. Institutional Incentives and Sustainable Development Infrastructure Policies in Perspective, Boulder. CO: Westview Press, 1993, 234.

理性以及阐明社会管理可能性的限度，他区分了社会的两种秩序：一种秩序是指挥的秩序。① 凭借终极权威，并通过一体化的上级指挥与下级服从的长链条维系着自身的"协调"与运转，实现自身的分化与整合。另一种秩序是多中心的秩序。行为单位既相互独立、自由地追求自己的利益，又能相互调适、受特定规则的制约，并在社会的一般规则体系中找到各自的定位，以实现相互关系的整合。② 文森特·奥斯特罗姆的"多中心"理论继承了迈克尔·博兰尼的社会秩序理论，更加强调参与者的互动过程和能动创立治理规则、治理形态。"'多中心'意味着有许多在形式上相互独立的决策中心从事合作性的活动，或者利用核心机制来解决冲突，在这一意义上大城市地区各种各样的政治管辖单位可以以连续的、可预见的互动行为模式前后一致地运作。"③ 多中心治理体制以自主治理为基础，强调自发秩序和自主治理的基础性和重要性："多中心体制设计的关键因素是自发性"，"自发性的属性可以看作是多中心的额外的定义性特质"④。多中心治理制度的安排打破了单中心制度中最高权威只有一个的权力格局，形成了一个由多个权力中心组成的治理网络，以承担一国范围内公共管理与公共服务的职责。

（一）理论假设

任何一种治理理论都有其理论预设前提，多中心治理理论作为

---

① 王兴伦：《多中心治理：一种新的公共管理理论》，《江苏行政学院学报》2005年第1期。

② 李平原、刘海潮：《探析奥斯特罗姆的多中心治理理论——从政府、市场、社会多元共治的视角》，《甘肃理论学刊》2014年第3期。

③ [美]奥斯特罗姆、[美]帕克斯、[美]惠特克：《公共服务的制度建构》，宋全喜等译，上海三联书店2000年版，第11—12页。

④ Elinor Ostorm, Larry Schroeder & Susan Wynne. Institutional Incentives and Sustainable Development Infrastructure Policies in Perspective, Boulder. CO: Westview Press, 1993, 231.

治理理论的一种也不例外。为了科学地论证多中心治理的逻辑与内涵，奥斯特罗姆夫妇预设了如下理论前提：（1）城市公共物品和服务在其生产函数方面不同于其同时受到影响的人数。（2）对公共物品和服务偏好接近的人在聚居方面倾向于抱团。（3）公民通过观察或耳闻的方式来比较相关管辖单位解决问题的绩效。（4）在多个不同组织范围和规模的管辖单位选择适合自己的公共服务，并可以根据需要，选择向其他地区迁居。（5）多个管辖单位有利于实现财政收支平衡，使服务的受益者共担成本。再分配最好由州或者中央政府等大的单位负责。（6）选任官员可以根据公民需求在大城市地区选择公共物品和服务的潜在生产者，并通过签约外包的方式限制低效生产。（7）鼓励续约的生产者采用先进技术，提倡有效的团队协作生产，提高生产经营效率。[①]

（二）基本内涵

多中心治理理论强调治理的主体是多元的，而不是一元的，各主体相对独立且彼此之间相互联系，在一定范围内共同承担公共事物治理的职责。多中心治理实质上是构建政府、市场、社会共同参与的"多元共治"模式。

1. 政府维度

政府不是单一的治理主体。在多中心治理理论的视域下，同时存在政府、市场、社会参与公共事物的治理与公共物品供给的过程，政府不是单一的治理主体，政府与市场、社会不再是对立的，而是相辅相成的。正如奥斯特罗姆夫妇所指出的那样，"把有局限的但独立的规则制定和规则执行权分配给无数的管辖单位，所有的公共当局具有有限但独立的官方地位，没有任何个人或群体作为最

[①] 李平原、刘海潮：《探析奥斯特罗姆的多中心治理理论——从政府、市场、社会多元共治的视角》，《甘肃理论学刊》2014年第3期。

终的和全能的权威凌驾于法律之上。"① 公共物品和服务的供给主体不再是政府单一垄断,通过政府、市场、社会之间的竞争和协作促进公民享有更多的选择权和更好的服务。对于公共事物的治理,政府不再是简单地发号施令或采取行政强制措施来解决问题,而是要借助市场、社会的协调和合作,实现治理目标。在多中心治理中,政府更多的是扮演中介者的角色,制定多中心治理格局的宏观框架和参与主体的行为规则,运用经济、法律、政策等多种手段为公共物品的提供与治理提供依据和便利。②

2. 市场维度

市场参与公共事物的治理。在多中心治理理论的视域下,公共事物的治理不仅仅有政府的参与,同样也需要市场的协同参与。现代社会分工协作体系的进步促进了公共物品生产体系和供给体系的分离。政府可以通过将公共物品生产外包给市场的形式,为市场参与公共事物的治理提供可能。在市场机制下,由于严格地按照供求关系生产公共物品,基本达到了供给与需求之间的平衡。③ 另外,在市场机制下,企业在生产公共物品过程中严格地按照成本—收益分析生产,提高了公共物品的供给效率和效能,这些都使得市场成为公共事物治理主体中不可或缺的重要组成部分。

3. 社会维度

社会作为第三个中心参与公共事物的治理。奥斯特罗姆在系统地分析了公共事物的治理的典型模型"公地悲剧""囚徒困境""集体行动的逻辑"之后得出结论:每个个体的理性行为可能造成

---

① [美]埃莉诺·奥斯特罗姆:《公共事物的治理之道:集体行动制度的演进》,余逊达、陈旭东译,上海三联书店2000年版,第35页。

② 李平原、刘海潮:《探析奥斯特罗姆的多中心治理理论——从政府、市场、社会多元共治的视角》,《甘肃理论学刊》2014年第3期。

③ 同上。

集体的非理性后果，个体从自身的利益最大化的角度出发，往往会导致忽视公共事物的利益。奥斯特罗姆用博弈论这一分析工具，否定了前人认为公共事物的治理或彻底私有化或强化中央集权的观点，提出了政府与市场以外的解决方法，那就是，人们通过自筹资金与自主合约可以实现问题的有效解决。[①] 奥斯特罗姆经过大量的实证调查、分析发现，与政府的强制管理和纯粹的市场化运行方式相比，一些社区为了管理好森林、湖泊和渔场等公共资源，相互依赖的个体组织起来，通过自筹资金与自主合约的形式进行自主治理，从而规避了公共事物治理的困境，取得持续的共同收益。

公共池塘资源治理问题的研究是多中心学派最成功的实证研究之一。在对公共池塘资源管理研究的总结性分析中，埃莉诺指出有效的治理体制必须：（1）规定有权使用公共池塘资源的一组占用者；（2）考虑公共池塘资源的特殊性质和公共池塘占用者所在社群的特殊性质；（3）全部规则或至少部分规则由当地占用者设计；（4）规则的执行情况由对当地的占用者负责的人进行监督；（5）采用分级惩罚法对违规者进行制裁。[②] 这五条原则表明，成功的公共资源治理必须依赖社群中的人参与管理、自我管理。

以自主治理为基础的多中心治理之所以是有效率的，是因为它解决了制度设计中三个相互关联的难题：制度供给、可信承诺和相互监督。制度供给问题是一个"二阶集体困境"——为解决集体行动的问题需要新制度，但是新制度的供给本身就是一种公共物品。在新制度供给问题上，多中心学派采用的是贝茨（Bates）的方法，即通过建立信任和建立社群观念来解决新制度

[①] 李平原、刘海潮：《探析奥斯特罗姆的多中心治理理论——从政府、市场、社会多元共治的视角》，《甘肃理论学刊》2014年第3期。

[②] ［美］埃莉诺·奥斯特罗姆：《公共事物的治理之道：集体行动制度的演进》，余逊达、陈旭东译，上海三联书店2000年版，第76页。

供给问题。承诺问题就是对规则的遵守和认同问题,这是涉及治理制度是否有效的关键问题。"如果每一个人或几乎每个人都遵循这些规则,资源单位将会以更可预测和更有效的方式分配,冲突水平将会下降,资源系统本身将会不断存续下去";承诺不是可信的,则制度或规则将名存实亡。① 可信的承诺以可信的制裁和理性计算为基础:$C_t > B_t - S$(C_t 为遵守规则;B_t 为违反规则;S 为受到制裁)。这种承诺是具有相互性的。"你遵守,我就遵守",即我遵守以你遵守为前提。

而如果要使承诺变得可信,必须依赖第三个问题——监督问题的解决。在一个社群的自我治理中,监督必须是相互的,依靠相互的监督,遵守规则的承诺才会变得有效。小规模的社群中人与人都是经常面对面接触的,它为相互监督提供了方便条件。② 然而监督也是一个二阶集体困境问题——监督是社群的公共产品,个人所得到的好处只是部分的。然而在许多社群的公共资源的治理中,这样的问题都能够在他们设计的制度中得到解决。埃莉诺用多层次(操作、集体和宪政)的分析方法,总结了成功的公共池塘资源治理的八个原则:

表 1—1 长期存续的公共池塘资源中所阐述的设计原则

1. 清晰界定边界

公共池塘资源本身的边界必须予以明确规定,有权从公共池塘资源中提取一定资源单位的个人或家庭也必须予以明确规定。

---

① 王兴伦:《多中心治理:一种新的公共管理理论》,《江苏行政学院学报》2005 年第 1 期。

② 王兴伦:《多中心治理:一种新的公共管理理论》,《江苏行政学院学报》2005 年第 1 期。

续表

2. 占用和供应规则与当地条件相一致
规定占用的时间、地点、技术和（或）资源单位数量的占用规则，要与当地条件及所需劳动、物资和（或）资金的供应规则相一致。

3. 集体选择的安排
绝大多数受操作规则影响的个人应该能够参与对操作规则的修改。

4. 监督
积极检查公共池塘资源状况和占用者行为的监督者，或是对占用者负有责任的人，或是占用者本人。

5. 分级制裁
违反操作规则的占用者很可能要受到其他占用者、有关官员或他们两者的分级制裁（制裁的程度取决于违规的内容和严重性）。

6. 冲突解决机制
占用者和官员能够迅速通过成本低廉的地方公共物品来解决占用者之间或占用者与官员之间的冲突。

7. 对组织权的最低限度的认可
占用者自己设计制度的权利不受外部政府威权的挑战。

8. 嵌套式企业（nested enterprises）
将占用、供应、监督、强制执行、冲突解决和治理活动在一个多层次的嵌套式企业中加以组织。

资料来源：[美]埃莉诺·奥斯特罗姆：《公共事物的治理之道：集体行动制度的演进》，余逊达、陈旭东译，上海三联书店 2000 年版，第 108 页。

第一，清晰界定边界。公共池塘资源本身的边界必须予以明确规定，有权从公共池塘资源中提取一定资源单位的个人或家庭也必须予以明确规定。[①] 这可以看成是组织集体行动的第一步。因为如若资源的边界和具体能够使用资源的人不确定，就没人知道应该管

---

① [美]埃莉诺·奥斯特罗姆：《公共事物的治理之道：集体行动制度的演进》，余逊达、陈旭东译，上海三联书店 2000 年版，第 109 页。

理什么以及为谁进行管理活动。那么模糊的资源边界无法有效限制"外来者"进入，当地占有者就将面临他们付出努力创造的成果被未作任何贡献的"外来者"轻易获取的风险。这使得投资者无法得到预期收益，甚至会毁掉公共池塘资源本身。因此，对任何一个与占用和供应的协调方式有利益关联的占用者来说，把其他人进入和占用的权利排除在外是十分必要的。如果潜在的占用者很多，对资源单位的需求很高，允许这些具有破坏性的潜在占用者从公共池塘资源中任意抽取资源单位，就可能把占用者的贴现率提高到100%。贴现率越高，就越可能出现所有参与者都以过度使用公共池塘资源作为支配策略的"一次性博弈"的困境。[1]

第二，占用和供应规则与当地条件相一致。这条规则规定"占用的时间、地点、技术和（或）资源单位数量的占用规则，要与当地条件及所需劳动、物资和（或）资金的供应规则相一致"。[2] 增加合适的占用规则和供应规则，有助于具体说明特定公共池塘资源的具体特征和存续性。

第三，集体选择的安排。绝大多数受操作规则影响的个人应该能够参与对操作规则的修改。[3] 因为人们彼此之间以及与外部物质世界之间有着直接交互的联系，因此人们根据联系的动态变化不断地修改规则有助于公共池塘资源的相关制度规则能够更好地适应当地环境。

第四，监督。积极检查公共池塘资源占用状况和占用者行为的监督者，或是对占用者负有责任的人，或是占用者本人。[4]

---

[1] ［美］埃莉诺·奥斯特罗姆：《公共事物的治理之道：集体行动制度的演进》，余逊达、陈旭东译，上海三联书店2000年版，第109—110页。
[2] 同上书，第110页。
[3] 同上书，第111页。
[4] 同上书，第111—112页。

第五，分级制裁。违反操作规则的占用者很可能要受到其他占用者、有关官员或他们两者的分级制裁（制裁程度取决于违规的内容和严重性）。[①]

第六，冲突解决机制。占用者和他们的官员能够迅速通过低成本的地方公共论坛，来解决占用者之间或占用者和官员之间的冲突。[②] 在由规则支配行为的理论模型中，建构参与者策略选择的规则是清楚明确的，并且是由外部的、洞悉一切的官员来强制执行的。在现实场景中，规则的运用却从来不是清楚明确的，即便在占用者自己是监督者和制裁者的时候也是如此。[③] 如果人们想长期地遵守规则，就必须有一些机制去讨论和确定究竟什么构成违规。[④]

第七，对组织权的最低限度的认可。占用者自己设计制度的权利不受外部政府威权的挑战。[⑤] 占用者经常设计自己的规则，但却没有为此建立正式的政府管辖权。因此，如果官员认为只有他们才有权力去制定规则，那么，当地占用者想长期维持一个由规则治理的公共池塘资源体系就会非常困难。

第八，嵌套式企业。将占用、供应、监督、强制执行、冲突解决和治理活动在一个多层次的嵌套式企业中加以组织。[⑥] 只在一个层级上建立规则而没有其他层级上的规则，就不会产生完整的、可长期存续的制度。

以上八个原则体现了对多样化的社群自主治理的尊重：自主决策（第三条）；自主监督（第四条）；为社群自主管理提供基本支

---

① [美]埃莉诺·奥斯特罗姆：《公共事物的治理之道：集体行动制度的演进》，余逊达、陈旭东译，上海三联书店2000年版，第113页。

② 同上书，第120页。

③ 同上书，第121页。

④ 同上书，第122页。

⑤ 同上书，第121页。

⑥ 同上书，第122页。

持（第一、五、六、七、八条）；治理规则有效利用与地方自然条件相关的地方性知识（第二条）。

三 多中心治理理论的现实挑战

多中心理论走出了公共资源治理的第三条道路，实现了对国家—市场二分法的超越。多中心理论视角下的公共资源治理是一种整合。国家、市场和社会，都不能作为单独的行动者承担起解决公共资源治理难题的重任。理想的公共资源治理形态应当是对国家、市场和社会的整合而非分割，是从单向度治理结构向多中心治理结构的演进。作为广义层次上的多中心治理不仅是关于公共服务提供方式的一套制度安排，更是一种思维方式和价值理念，体现在治理主体、治理基础、治理方式和监督制裁等不同方面上。多中心理论不是凭空产生的，而是处在社会科学范式变革的背景下，对经典与传统的复兴。多中心治理理论凭借其对治理方式的创新和强大的框架解释力，大有自成一派的趋势。但是多中心治理理论还远未臻至完美，奥斯特罗姆在《公共资源的未来：超越市场失灵和政府管制》一书中，概括总结了在多中心途径下实现公共资源治理可持续发展的四大挑战："万能药"陷阱、跨学科框架、预测性理论以及时间序列数据。[①]

一是适用性。第一个挑战在于"万能药"问题，即是否存在治理的"最好方式"。在对传统治理模式的批判中已经提到，国家或市场都不构成所谓的唯一方案，那么同样多中心也不例外。在实践中虽然一些具体管理系统的运行是卓有成效的，但不同资源系统间差异极大，政府、私人和社群在某些情况下都能起到作用，因此

[①] ［美］埃利诺·奥斯特罗姆：《公共资源的未来：超越市场失灵和政府管制》，郭冠清译，中国人民大学出版社2015年版，第35页。

"社群总是最有效的"成了一个认识陷阱。

二是系统性。第二个挑战是如何建立跨学科、多层次的社会生态系统分析框架。已有的 IAD、SES 等分析框架能够大致锚定分析的重点部分，通过总和变量研究个体和组群之间相互作用产生的结果，即行动状态。对各种行动状态下不同资源参与者进行研究，能够揭示资源系统的长期可持续性。但在分析框架中仅有资源系统、资源单位、管理系统等第一层变量是不够的，需要发展出第二层乃至第三层、第四层以满足分析需要。

三是预见性。第三个挑战是如何运用上述跨学科、多层次的分析框架，去建立和预测更好的理论，识别可能影响行动状况结构的多个变量、治理系统间产生的相互作用、资源使用者和资源系统的状况以及资源可持续管理方面的结果。借助这样的框架，可以获得研究相似系统的方法，从而去评判不同的系统，以理解为什么一些资源系统获得了成功而另一些却失败了。

四是动态性。最后一个挑战是关于时间序列数据收集方式的问题。奥斯特罗姆等人所发展出的多中心治理理论，其根本上是建立在实践案例的基础上，综合运用了小样本案例研究法、大样本案例研究法、宏观分析法、实验法、正式模型法等多元研究方法，这就对数据收集提出了严格要求。特别是历时性、动态化的数据类型，对于研究资源系统的演进与可持续具有较大意义。

第二章　政府购买公共服务机制设计的分析框架

政府购买公共服务因其在超意识形态、削减政府规模、节省成本、提高服务效率、强化服务意识等方面的优越性，因而备受各国政府推崇，成为公共部门改革中最引人注目的一种制度安排和政策工具。但因交易双方信息不对称等原因，政府购买公共服务存在诸多问题。本章基于委托代理、机制设计、合约理论和激励相容，构建政府购买公共服务机制设计的分析框架，奠定政府购买公共服务分析的知识基础。

第一节　逻辑起点——委托代理

政府购买公共服务是公共服务生产与提供分离的结果。传统行政学认为公共服务的生产和提供是一体的，政府既是公共服务的生产者又是供给者，担当双重角色。但是随着政府财政危机以及公共服务需求的增长，政府很难再担任双重角色。公共选择理论和新公共服务理论的兴起，政府公共服务供给者的角色发生转换，公共服务供给链条实现了生产和提供的分离，委托—代理问题在政府购买过程中日渐凸显。

一 政府购买公共服务中的多重委托—代理关系

随着政府将部分公共服务的生产职责转移给企业、第三部门,公共服务的购买过程逐渐形成以三个参与主体为核心的供给链条。三个参与主体指的是,作为公共服务消费者的公众,作为公共服务供给者的政府,以及作为公共服务生产者的企业和第三部门。这三个参与主体之间形成了多重的委托—代理关系。

(一)公众与政府之间的委托—代理关系

公共服务购买过程中的第一层委托—代理关系是公众与政府之间的委托—代理关系,这种关系源于事实上的契约关系,即公众作为初始委托人,将提供公共服务的权力及所需资源委托给政府经营。而政府作为代理人,其权力来源于公众的让渡,应代表公众利益行使公共权力,即基于公众的消费需求为公众提供满意的公共服务。

一般认为,在这一委托—代理关系中,公众的委托人身份是不明显的,公众与政府之间的契约是隐性的、不明确的。[①] 公众的分散性也难以对政府提供公共服务的行为进行有效监督。而在政府未将公共服务的生产职责转移出去之前,政府作为代理人全权负责公共服务的生产和提供,政府提供公共服务的垄断性造成竞争的缺乏,使政府本身缺乏提高效率的动力,在公众监督缺失的情境下,政府腐败行为的发生导致公共服务的目的和效果异化,即政府所提供的公共服务并不能满足公众的利益需求。为了解决这一问题,政府进行市场化改革,即政府本身不再生产公共服务,而是以委托人的身份,将公共服务以签约外包等多种方式交由市场上的企业及第

---

① 明燕飞、谭水平:《公共服务外包中委托代理关系链面临的风险及其防范》,《财经理论与实践》2012 年第 2 期。

三部门来提供,以提高供给效率、节约成本,公共服务购买过程中的第二层委托—代理关系由此产生。

(二) 政府与市场之间的委托—代理关系

第二层委托—代理关系存在于政府和市场上的企业及第三部门之间,当公众将某些公共服务供给及其所需资源委托给政府经营后,政府并不是亲自经营生产,而是将经营权再次委托给市场上的企业或第三部门,在此情形下,政府成为中间委托人扮演中介的角色。与此同时,政府向公众承诺所应提供的公共服务,是由市场上的企业或第三部门直接提供给公众的,企业或第三部门则成为某项公共服务的代理人。

在政府购买公共服务过程中,委托方与代理方是影响购买结果的核心要素。对于委托方而言,公共服务购买的成功与否在很大程度上取决于政府选择"优秀的"代理方的能力,即政府如何合理地确定公共服务的数量与质量,如何选择一个好的供给者,并指挥他按照预定的方式去有效地履行合同,提供公众满意的公共服务。[①] 对于代理方而言,其处于信息优势的地位,由于信息的非对称性和契约双方的目标函数不一致,在政府决策能力、信息获取能力以及监督能力不足的情形下,作为代理人的企业或第三部门可能利用自身的信息优势谋取私利,其行为倾向存在着道德风险和逆向选择的可能,并且代理人的这种行为倾向会对公共服务的供给效果产生直接影响。

(三) 其他委托—代理关系

在上述双重委托—代理关系内部可能还存在许多下一级的委托代理关系,如政府内部的各级委托—代理,企业内部的各级委托—

---

① [英]简·莱恩:《新公共管理》,赵成根等译,中国青年出版社2004年版,第254—256页。

代理等。中央政府和地方政府之间的委托—代理关系是政府内部委托—代理关系的典型代表。在公共服务提供与生产的市场化改革之中，中央政府要侧重于制定整个国家层面公共服务战略目标的实现，而地方政府则是地方性公共服务最主要的提供主体，是公共购买行为的具体实践者。所要解决的是长期存在的区域和城乡之间发展失衡问题，而在现有中央政府对地方政府的政绩考核标准下，地方政府侧重点主要集中在如何配置财政资源最大限度地拉动地区经济增长。在该委托—代理关系之中，仍然存在着信息不对称问题，地方政府知道自身在公共服务购买进程中财政资源的实际投入和使用效率，但中央政府在对地方政府努力程度信息的获取上是不完全的，对地方政府购买信息的获取是不完整的。

与此同时，企业内部也存在着一系列委托—代理关系，如总经理与副总经理之间的委托—代理关系，副总经理与部门经理之间的委托—代理关系，部门经理和下属单位负责人之间的委托—代理关系。同样而言，在每一个委托—代理关系之中，委托人都难以获知代理人在生产过程中的具体信息。

二 政府购买公共服务中的委托—代理问题[①]

政府购买公共服务存在多重委托—代理关系，而在每一个委托—代理关系中，代理人都有可能为了追求个人的利益影响或损害了委托人利益，从而使委托人不能最大限度地实现其经济利益。简单地说，在政府购买公共服务中存在的主要的委托—代理问题有四类。

一是逆向选择问题。逆向选择是指委托人无法识别潜在的代理人的条件禀赋时，越是劣质的潜在代理人越容易成为现实的代理

---

① 关于委托代理关系在第四章"政府购买公共服务机制设计的委托代理"中会作进一步深入的分析。

人，最终导致劣者驱逐优者。在公共服务购买过程中，逆向选择情况也时常出现。当政府确定公共服务的供给方时，最为重要的是要能够知晓各个公共服务供给者的"质量"信息，如能力、综合实力、信誉、发展潜力等。在理想状态下，政府能对所有公共服务供给者的"质量"了如指掌，并直接将公共服务委托给最具竞争力的公共服务供给者去生产。但是现实中，公共服务供给者处于信息优势地位，出于中标目的往往隐藏了谈判和缔约的真实信息，而作为公共服务委托人的政府往往很难分辨出供给者的真实情况，或者是对这些信息进行分辨的成本太高。在这种情况下，政府可能会选择非最优的公共服务供给者，导致逆向选择问题产生。

二是道德风险问题。所谓道德风险，是指代理人利用自己的信息优势，通过减少自己的要素投入或采取机会主义行为来达到自我效用最大化，从而影响产品质量与效率。在购买公共服务过程中，委托人政府的期望是通过公共服务的购买方式，改变过去由政府直接提供所造成的公共服务垄断性问题，如公共服务质量差、效率低、成本高等。为此政府为公共服务供给者制定了一系列服务标准，并要求其执行。而公共服务供给者关注的是自身利益的最大化以及经济利润问题。在合约双方目标不一致的情况下，由于信息不对称，公共服务供给者的行动并不是完全暴露在委托人的监视之下，公共服务供给者可能为了降低成本，提供低质量的公共服务，或者是提高公共服务供给者的价格，从而导致道德风险问题产生。此外，还存在多代理人的道德风险问题，即当多个公共服务供给者共同承担一项公共服务的供给时，可能会存有一定侥幸心理：只要别的供给者尽力提高服务质量，即使自己服务标准降低也不会影响到整个项目的质量。但当所有供给者都存侥幸心理，带来的便是团队卸责和服务低效的道德风险问题。

三是寻租问题。寻租作为一种非生产性的寻利活动，不会创造社会物质财富，是对社会资源的一种耗费。由于政府的管制，市场处于一种不均衡的状态，政府人为地制造了资源自由配置的壁垒，为了得到这种特殊的优惠，理性的经济人自然会采取行动以寻租。权力寻租就是代理人利用其代理职权，向委托人索取的超过代理成本的额外费用。在政府购买公共服务过程中，政府本身的自利性也使其有可能置公众委托人的公共服务需求于不顾而进行设租，如此一来，政府行为自然会偏离公共利益。权力寻租导致的一个直接后果就是腐败，在公共服务购买的过程中，政府的承包合同、特许经营权和补贴可能会通过贿赂、合谋和勒索来获得。一个潜在的公共服务供给者会向政府官员行贿来影响其决策，政府的工作人员也有可能主动索要回扣，或者是运用拖延或拒付资金的方式，向公共服务供给者勒索钱财。[①]

四是责任问题。首先，政府在购买公共服务过程中存在责任缺失问题，具体表现为偷懒、渎职和玩忽职守。原因在于政府有权力选择公共服务供给者，却没有充分的激励去选择一个好的公共服务供给者；即使他们知道哪些公共服务供给者有能力，也没有足够的动力去选择这些有能力的企业提供公共服务，因为他们不必为选择后果承担责任。其次，政府没有动力去监督公共服务供给者，因为公众是公共资产的最终所有者，政府对公共服务供给者的监督程度和努力与他们的工作报酬无关，导致其监督作用大打折扣；而政府由于种种客观原因而忽视了或放松了对公共服务供给者行为的监督和约束，又加大了代理风险产生的可能性，最终损害了公共利益。

三　委托—代理问题的解决路径

虽然政府购买公共服务的过程中存在较多委托—代理问题，但

---

① ［美］E.S. 萨瓦斯：《民营化与公私部门的伙伴关系》，周志忍等译，中国人民大学出版社2003年版，第65页。

是仍能够采取一些手段把风险降到最低限度。机制设计理论为地方政府购买过程中的代理风险提供了解决路径。机制设计理论中的激励理论，为公共服务定价、购买量确定、服务质量监管中的委托—代理问题提供了一定的解决渠道。一方面，激励机制的设计可以对公共服务供给者形成有效的信息显示激励，促使公共服务供给者主动公开生产信息，以避免逆向选择问题，利于最优公共服务价格、数量的确定；另一方面，激励机制的设计可以对公共服务供给者形成行为导向，激励公共服务供给者即使在占有信息优势的情形下，出于利益最大化的考虑，主动放弃机会主义行为，避免道德风险问题的产生，利于公共服务质量的保证。换言之，通过合理设计激励约束机制和代理契约，明确界定代理人的责任、权利和义务，并给予代理人最佳的行为激励和约束，使代理人的行为目标与委托人的目标接近，减少代理人的机会主义行为。

第二节　知识基础——机制设计

从理论而言，机制设计理论可以为公共服务购买过程中的委托—代理问题提供较好的解决路径。但在具体分析机制设计理论如何在公共服务购买过程中发挥作用前，有必要对机制设计的原理和基本内容进行较为全面的阐释，以为后文的具体分析提供理论基础。

一　基本概念

如前所述，机制设计理论最早由学者赫维茨提出，并经由马斯金和迈尔森进一步发展。借助机制设计理论，政府和企业可以清楚识别市场机制在何种情况下能够有效作用。所谓机制设计就是要讨论设计一个怎样的经济机制才能确保既定社会目标得以实现的问题。[①] 经济机制包括四个部分：一是经济环境，二是包括信息空间和配置规则的配置机制，三是自利行为的模型，四是想要达到的社会目标，从这四个要素出发探讨机制设计的概念，实质提供了一种描述机制设计的关键特征及其与其他理论的区别的思路。

经济环境是机制的背景要素，是指在一个经济社会中，所有经济单位其生产可能性集合、效用偏好以及初始资源等特征的组合。一般而言，一个经济社会总存在多个包括生产者和消费者在内的经济单位。作为一个生产单位，企业具有初始资源与生产可能性集合；作为一个消费单位，其具有消费偏好，每个经济单位的生产集合、初始资源、效用偏好等特征的组合构成了机制运行的经济环境。

配置机制则包括信息空间和配置规则两个方面，具体体现为如何把信息从一个空间传递到另一个空间，并如何将信息在不同空间的传递过程转化为物质资源的配置过程。信息空间由经济环境中每个个体的信息元素构成。在经济环境中，每个个体或单位所拥有的信息存在差异，他人难以获知自身的信息情况，由此每个个体或单位都形成了一个单独的信息空间，每个信息空间都存在多元信息元素。每个个体或单位可以传递自身信息空间中的任何一个信息元素给经济社会的其他成员，该元素可以是对某种商品或服务的需求或供给，可以是对商品或服务的偏好关系或效用函数，也可以是对产品成本的描述等。然而，要想将信息的传递过程转化为物质资源的配置过程，就必须引入配置规则，借助配置规则以实现配置空间中资源的合理分配。

[①] 中国留美学者经济学会：《现代经济学前沿专题》（第一集），商务印书馆1989年版，第31—57页。

经济机制中的自利行为设定源于经济人假设。经济机制理论认为每个个体对不同的分配规则都有不同的利己行为，这些利己行为为不同策略所描述。如人的利己行为可能是占优策略，即每个人所作的决定不受他人影响，而且每个人作出的决定对自己都是最有利的，当每个个体都使用这种占优策略时，最后达到的均衡成为占优均衡；人的利己行为也可以是纳什策略，即把别人的策略视为给定，选择对自己最有利的策略。

社会目标在经济机制理论中具体表现为某种资源的配置方案。社会目标一般被设计者设定为帕累托有效配置、个人理性配置、经济核配置、瓦尔拉斯配置、林达尔配置、公平配置以及可行配置等。在这些配置之中，帕累托有效配置、林达尔配置更侧重于实现市场均衡的社会目标，如将瓦尔拉斯配置设定为社会目标，那么设计的机制就必须达到市场上过度需求与过剩供给总额相等的目的；当将林达尔配置设定为社会目标时，那么机制设计者必须基于不同个体设计不一样的机制，由此达到社会的总需求等于总供给的目的。相较而言，个体理性配置、经济核配置、公平配置则更为关注个体获利性的目标，如设定以个体理性配置为社会目标，就必须保证个体参与某一经济活动的收益至少不会比其不参与时的收益小；当经济核配置被设定为社会目标时，设计者必须通过对机制设计，保证个体利用他们的初始资源进行重新配置使得自身收益增大的情况下，其他个体的收益不会因此而比以前少。

对以上四个要素的不同条件假定，是区分机制设计理论与其他经济学理论研究的标准。其他理论研究一般将机制作为已知条件，而把社会目标作为未知条件。与之相对，经济机制的设计者把社会目标作为已知条件，而把机制作为未知条件，即设计者认为既定社会目标是合理的，要实现既定目标应该设计一个怎样的经济机制。结合经济机制的基本要素经济环境、配置机制、自利行为与社会目标而言，机制设计意味着，当社会目标、经济环境及自利行为准则给定后,机制设计者的任务就是要找到一个决定信息空间和资源配置规则的机制,使得它可以实现给定社会目标。如果这样的机制存在,则需进一步讨论是否能找到一个信息最优的机制;如果该机制不存在,设计者则需修改过高的社会目标。

通过对机制设计这些相关概念的阐述不难看出,机制设计的关注核心在于配置的效率问题。对于不同的资源配置和利益格局,每个人立场不同,相应的行动也会不同,设计者只能站在主体间理性和社会理性的立场,根据某种原则实现选择的最优化。由此可见,机制设计具有理性选择和社会选择的约束特征,并具体表现在以下三个方面:

首先,机制设计具有受知识分散约束的特征。在配置过程之中,有关当事人的偏好以及博弈细节的具体知识是私人的、分散的、不完全的和非对称的。完全获知当事人的相关信息是不经济的,其将耗费大量的信息搜寻成本;同时,完全信息也超出设计者的知识能力,对于过量的信息,设计者往往难以进行全面的信息分析以及是否为关键的判断。因此,在不完全信息与非对称信息的环境下,机制设计受到知识分散的约束。

其次,机制设计具有受选择权利约束的特征。经济环境下所有经济单位的偏好、目标都是内生的,决策和行动是自由自主的,设计者不能设计个人的偏好、目标、决策和行动。如对于市场中作为生产单位的私人企业而言,其偏好和目标在于实现整体企业利润的最大化,出于自身利益最大化的考量,企业不可能顾及市场的效率与公平,对于以实现市场均衡为目标的设计者而言,并不能也没有办法改变企业的自身目标与偏好。也就是说,机制设计面临着选择权利约束。

最后,机制设计具有受激励相容约束的特征。一个自身效用最大化的理性行动者有动机采取机会主义行动,通常会侵蚀机制或制度的实际运行效果,使其失效。因此,设计者必须设计个人有激励遵循的机制。还是以市场中作为生产单位的私人企业为例，企业出于利润最大化的目标，无视市场的规则，可能采取如以劣质原材料生产产品并仍以原价格进行出售的不道德行为，而这种机会主义行动是基于自身目标与偏好所内生的，无法通过机制对其偏好等自身条件进行改变，只能进行重新的机制设计，通过激励机制促使理性行动者在不采取机会主义行动时能够实现自身目标的最优化，在追求自身目标与偏好的同时正好实现社会的整体目标，以机制设计实现对机会主义行动的规避。也就是说，机制设计面临着激励相容约束。

二 理论主张

经济机制设计最早起源于对信息问题和激励问题的讨论，其后，如何在众多的机制中寻找和实施最优机制也成了学术界关注的焦点，并形成相关扩展理论。

（一）机制设计的基本理论

经济机制讨论的是对于给定的经济环境、社会目标、利己行为条件，是否存在着一个经济机制，使得最优配置得以实现。对于最优配置的实现，机制设计理论提出了两个问题，一是对于给定的经济环境类条件，是否存在着某种分配机制，使得每个人即使追求个人目标，其客观效果正好能达到既定的社会目标；二是当存在多种机制都能实现最优配置时，是否存在一个机制能够以最少的信息达到目标。第一个问题的本质为激励问题，即能否通过一定的机制设计，使得每个人在追求个人目标的同时，其客观效果能正好达到社会所要实现的目标；第二个问题的实质为信息问题，即所制定的机制是否是信息最有效的，实现既定目标所需要的信息量能否降到最少。对于任何机制设计而言，信息问题与激励问题都是设计的核心问题,对于这两个问题的讨论,逐渐形成了信息理论和激励理论,并共同构成机制设计的理论基础。

1. 信息理论

基于信息的角度考察,一个经济机制可以被看作一个信息的交换和调整过程。在现实经济中,信息是分散于各个生产者和消费者的,人们需要根据对需求和供给等活动的信息交换和传递来作出生产和消费决策。如同市场活动的调整过程一样,当信息交换处于一个稳态的位置时,一种资源配置结果也就被决定了。机制设计所要考虑的一个重要问题就是尽量简化信息交换和传递过程中的复杂性,或使一个机制合理运行而使用较少的信息,因为这意味着较少的机制运行成本。

信息理论有两个一般性结论,一是在完全竞争的市场环境下,竞争性市场机制是唯一的利用最少信息且产生资源有效配置的机制。[①] 但是完全竞争的市场环境意味着经济决策主体由于市场需求和供给的完全竞争能推断出进行最优决策所需要的一切信息,不存在任何虚假、不确定信息,或者说其获取信息的成本为零,这与现实情况是不相符的。因此,相关学者又展开了对一般环境下信息问题的探讨,由此提出第二个结论,经济决策主体获取信息是要付出成本的,不完全信息会导致资源的不合理配置。[②] 也就是说,在一般环境下,信息不对称问题总是存在,最终将导致资源配置效率发生扭曲,因此,必须通过机制设计以使资源配置达到最优化。

具体而言,基于信息问题的设计包括算法设计与传递机制的设计两个方面。在机制设计理论中,经济机制被定义为一种信息交流

[①] Jordan J. S. The Competitive Allocation Process is Informationally Efficient Uniquely. *Journal of Economic Theory*, 1982, 28 (1): 1-18.

[②] Stigler G. J. The Economics of Information. *The Journal of Political Economy*, 1961: 213-225.

系统，在这个系统中，经济参与人互相传递信息或者将信息发送到一个"信息中心"，然后按照事先制定的规则对收到的每个信息集分派一个配置结果。[①] 在一般情形下，信息交流系统会产生计算和信息传递这两个问题。计算问题指的是必须找到一种算法来计算每个信息集下的最优配置，但是合适的算法总是难以实现；另外一个问题就是信息的传递，几乎不可能将分散于整个经济的信息集中到某个经济单位的手中，因此，必须设计一种可以把复杂的经济问题分解成小问题进行计算，同时又能使所需信息传递最小化的机制。[②]

此外，不完全信息下的"信息效率"机制也是经济机制理论讨论的重点。因为当信息问题无法完全解决时，不同的配置机制将面临差异化的信息成本，一个相对信息最优的机制是存在的。可以说，如果一个信息分散且导致了资源有效配置的机制，其信息空间在所有导致资源有效配置的信息分散化机制中是最小的，则该机制被称为信息效率机制。[③] 信息效率理论的核心理念是尽可能减少机制运行所需要的信息运行成本，提高信息的利用程度；此外，还强调信息获得过程的重要性，在信息的可获得前提下，要求所获得的信息必须与资源配置的目标相关，并且所获得信息应是关键且重要的，因为掌握与目标相关的重要信息，才能在实际上提高信息的利用效率。

2. 激励理论

通常情况下，在个人经济环境中，在参与性约束条件下，不存

---

① 郭其友、李宝良：《机制设计理论：资源最优配置机制性质的解释与应用——2007 年度诺贝尔经济学奖得主的主要经济学理论贡献述评》，《外国经济与管理》2008 年第 11 期。

② 李子江：《关于公有制市场经济的机制设计问题》，《学术研究》1998 年第 6 期。

③ 田国强：《如何实现科学有效的体制机制重构与完善——机制设计理论视角下的国家治理现代化》，《人民论坛》2014 年第 9 期。

在一个有效的分散化的经济机制，能够导致帕累托最优配置，并使人们有动力去显示自己的真实信息，即真实显示偏好和资源的帕累托最优配置不可能同时达到，此时，人们就需要采用分散化决策的方式来进行资源的配置或作出其他的社会经济决策。基于此，在机制设计者不可能了解所有个人信息的情况下，需要制定一个机制能够给予每一个参与者一种激励，使得参与者在追求个人利益的同时也达到了所制定的目标，这就是机制设计的激励理论。

激励理论源于不完全信息的情形，是基于信息理论的进一步发展。在信息不对称的情况下，因为不同的经济人有不同的利益权衡和信息空间，在自利的驱动下他会选择做或不做某个事情，以及做事情投入程度的多或少，如何使个体目标和社会目标相一致就成了重要的问题。为此，赫维茨提出"激励相容"的概念，并将激励相容作为一个约束条件引入了机制设计问题。赫维茨将激励相容定义为：如果在给定机制下，如实报告自己的私人信息是参与者的占优策略均衡，那么这个机制就是激励相容的。[①] 在设计机制的时候，要考虑到一个基本的约束条件，就是人们会利用自己的私人信息为自己的利益去作选择，机制应能达到激励人们显示自己真实信息的目的，即设计的机制必须要与人们的自身激励相一致。以委托—代理关系中的激励问题为例，假如委托人把一项工作托付给代理人，其需要知道代理人的真实能力及道德责任心等相关信息。委托人的目标函数依赖于代理人的私人信息，如果这个信息不准确，委托人的判断和决策就会出现失误。因此，委托人必须实施某种形式的激励措施促使代理人讲真话，这就是所谓的激励相容。

但是，对于激励相容目标与经济环境的关系，却存在一定的认识误区，一般认为只有对于具有公共商品性质的经济环境类，真实

---

① Hurwicz, L. On Informationally Decentralized Systems. *Decision and Organization*, 1972.

显示与导致个人理性和帕累托最优配置的社会目标是激励不相容的，而对私人商品的经济环境类不存在激励不相容的问题。对此，赫维茨给出了著名的"真实显示偏好不可能性定理"，也称为"激励相容不可能性定理"[①]，他证明了即使对于纯私人商品的经济社会，只要这个经济社会中的成员个数是有限的，在参与性约束条件下，就不可能存在包括竞争市场机制在内的任何分散化经济机制能够在新古典经济环境类下导致帕累托最优配置并且使每个人有激励去真实报告自己的经济特征。当经济信息不完全并且不可能或不适合直接控制时，人们需要采用分散化决策的方式来进行资源配置或作出其他经济决策。激励相容的原则下，制度或规则的设计者可以在不了解所有个人信息的情况下，设定一项制度或规则，他所要掌握的一个基本原则，就是所制定的机制能够给每个参与者一个激励，每个人自身的行为不仅使自己达到利益的最大化，而且可以使整体达到一个利益的最优，最终机制实施的结果是达到设计者所要实现的目标。

（二）机制设计的扩展理论

信息理论与激励理论构成了机制设计理论的基本框架，而显示原理的形成和实施理论的发展极大地推动了机制设计理论的深化，在一定程度上降低了机制设计问题的复杂程度，为寻找最优的机制提供了可能。

1. 显示原理

在给定一个社会目标的条件下，我们总是希望能够寻找到一个机制来实现这个目标。但该问题所面临的一个最大难点就是我们可以选择的范围太大，可能不知从何处入手。机制设计理论的显示原理在此难题的解决方面起到了关键作用。显示原理主张，设计者只

---

① Hurwicz, L. The Design of Mechanisms for Resource Allocation. *The American Economic Review*, 1973: 1-30.

需要考虑一类特殊的机制，如果从这类特殊机制中不能找到一个机制来实现我们的社会目标，那么任何其他机制也不能实现给定的社会目标。在占优行为下，人们没有必要寻找更复杂的机制，而只需要考虑所谓的直接显示机制就足够了，这将有助于减少构造机制的复杂性。更为重要的是，这类特殊的机制可以用一些数学表达式来刻画，这就使得机制设计问题可以转化为一个数学上有可能解的问题。

机制设计理论的激励问题涉及两个方面的内容：一是最优机制，即机制的目标是最大化个人的预期收益，主要是在拍卖理论中最大化委托人即拍卖者的预期收益；二是效率机制，即设计者的目标不是个人收益最大化，而是社会整体的福利最大化。无论是哪一个方面，机制设计都是一种典型的三阶段不完全信息博弈。在第一阶段中，委托人提供一种机制包括规则、契约以及分配方案等内容；在第二阶段中代理人决定是否接受这种机制，如果接受这种机制则进入第三阶段，在此阶段中代理人在机制约束下选择自己的行动。与子博弈纳什均衡相比，这里的贝叶斯均衡机制似乎显得很弱，所以就产生了激励理论中最基本的显示原理。具体而言，为了获取最高收益，委托人可以只考虑被"显示"的机制，即委托人在第二阶段接受机制，第三阶段在机制下选择。显示原理的发现，在极大程度上降低了问题的复杂性，代理人的类型空间就直接等同于信号空间，把复杂的社会选择问题转换成博弈论可处理的不完全信息博弈，为机制设计理论的进一步探索铺平了道路。

2. 实施原理

由于显示原理没有涉及多重均衡，造成其在现实中实用性不强。如在双重拍卖情况下，参与者很可能会选择次优均衡，而这样的均衡不是最优的或者是根本不能实现的。更一般的情况是，当给定一个目标，是不是一定可以设计出一个激励相容的机制来实现最优均衡这一目标？因为如果经济参与人知道决策者要利用他们提供的信息作决策，那么他们就会有利益和动机去提供错误的信息。针对显示原理没有涉及多个均衡的问题，马斯金给出了一般性的解决方法，研究了所有均衡点都能实现这一目标的充分和必要条件，随后引申出了实施原理。

实施原理旨在分析社会选择规则实施的一般问题，并且讨论单调性和无否决权的性质，说明同时存在单调性、无否决权和至少有三个经济参与者时，最优的纳什均衡就有可能实现。该原理的基本内涵源于马斯金提出的"马斯金定理"，具体为一定条件下，人们可以找到实现社会目标的机制，而且该机制的结果一定和社会目标是一致的，主要探讨了在何种情况下，能够促使经济人显示真实信息，进而使得社会选择的规则是可执行的或是可实施的。[①] 马斯金指出能被执行的社会选择规则一定是满足单调性的。单调性意味着如果某一方案在一种环境中是可取的社会选择，而在另一环境中所有人的偏好排序中，这个方案与其他方案比较其相对地位没有下降，那么该方案也应该成为社会选择。马斯金还证明，单调性条件本身并不能保证一个社会选择对应是纳什可完全实施的，但是在博弈参与者达到三人或三人以上时，单调性再加上"个人无否决权"条件，马斯金单调性条件就成为纳什可完全实施的充分条件。无否决权就是，如果有一个方案是除一个人外其他人都很喜欢的，那么这个方案应该成为社会的选择。后来的研究证明，在贝叶斯均衡以及完美均衡等各种行为假设下，单调性都是一个社会选择规则能被执行的必要条件，这就是著名的"纳什均衡可实施机制"。马斯金的研究不仅能帮助人们理解什么样的社会目标是纳什可实施的，而且也提供了在其他均衡假设下研究一个社会目标能否被实施的基本技巧和方法。

---

① Maskin E. Nash Equilibrium and Welfare Optimality. *The Review of Economic Studies*, 1999, 66 (1): 23–38.

三　理论应用

机制设计理论的发展虽然不过几十年，但其运用却已经十分广泛。机制设计被广泛运用于合约理论、拍卖理论、规制理论等的研究中。

（一）在合约理论中的运用

在新制度经济学的理论框架下，合约理论以信息理论和博弈理论作为分析工具，关注应设计一个怎样的机制以解决委托—代理关系中的信息问题和激励问题。

在合约理论的不同方向中，关于激励问题的设计存在一定的差别。合约理论的研究大致可分为两个方向，第一个方向是完全合约理论。在标准的委托—代理模型中，完全合约理论认为最优合同虽然不是最佳方案，但是它不会在未来被修改，因为所有可能的修改都已被预期到并已被纳入到最初的合同之中，是一个不需要再谈判的完全合同。尽管完全合约在事前就规定了各种或然状态下当事人的权利和责任，但在合同签订之后，仍必须对代理方进行事后监督，确保其履行应尽的责任。因此，机制设计在完全合约理论的应用，就是激励代理人"说真话"和"不偷懒"。根据机制设计中使用的博弈论概念，可以将机制设计类型划分为占优策略均衡的机制设计、贝叶斯均衡的机制设计、纳什均衡的机制设计以及子博弈精练的机制设计。[①]

第二个方向是不完全合约理论，相关学者认为人的理性是有限的，无法完全预期外在环境的不确定性，因此，人们也无法将所有可能发生的未来事件都逐一写入合同的条款中，更不可能制定好处

[①] ［法］贝尔纳·萨拉尼耶：《合同经济学》，费方域、张肖虎、郑育家译，上海财经大学出版社2008年版，第3—4页。

理未来事件的所有具体条款。① 该理论主张权利和责任在自然状态实现后通过再谈判来解决，因此激励机制的设计重心就在于对事前的权利进行机制设计或制度安排。

但无论是完全合约理论还是不完全合约理论，都面临着信息不对称问题。解决缔约过程中的不对称信息问题是机制设计在合同理论应用中的主要方向。合约问题按照信息种类的不同可分为两大类：一类是隐藏信息问题，即逆向选择；另一类是隐藏行动问题，即道德风险。机制设计理论为合约中信息问题的解决提供了不同的思路，如对于逆向选择的信息问题，相关学者进行信息甄别模型和信号发送模型的机制设计。② 在地方政府购买公共服务过程中，地方政府与公共服务供给者间的关系就是一种合约关系，合约理论与机制设计理论的结合将为地方政府购买公共服务的问题研究提供理论基础。

（二）在拍卖理论中的运用

在拍卖中，买卖双方各自对进行拍卖的物品都有自己的估值，而双方对各自真实估值的信息是不对称的，在信息不对称环境下，哪种拍卖方式能够实现卖方利益最大化成为机制设计研究者关注的热点。学者梅尔森基于显示原理，对能够使出价者报告其支付意愿的激励相容机制进行研究，其认为，可以设计出一个机制使得只有出价最高的买方才能获得物品，但这个机制必须是处于激励相容、个人理性以及事后效率的条件之下。③ 这表明不管何种拍卖方式，

---

① Von Siemens F. A. Bargaining under Incomplete Information, Fairness, and the Hold – Up Problem. Journal of Economic Behavior & Organization, 2009, 71 (2): 486 – 494.

② Spence M. Job Market Signaling. The Quarterly Journal of Economics, 1973: 355 – 374.

③ Myerson R. B. Incentive Compatibility and the Bargaining Problem. Econometrica: Journal of the Econometric Society, 1979: 61 – 73.

只要符合以上条件,设计者都可以设计出一个机制使得卖方的利益获得最大化。

而后,梅尔森又发现,如果真实的信息报告组成了贝叶斯均衡,那么直接机制是与贝叶斯激励相容的。[①] 根据显示理论,对于任何交易而言,存在一个激励相容的直接机制可以产生与均衡情况相同的结果。学者哈里斯等人也得出了类似的结论。[②] 总的来说,拍卖机制作为激励机制的一种具体形式被引入相关问题的研究之中。

(三) 在规制理论中的运用

反垄断规制是公共规制的主要领域之一,早期研究对规制过程给出了相当简单的假设,规制者被假定面临某些约束,如垄断者的回报一定要高于市场水平,这些假定不是由基本的最优化过程导出,使得规制过程很难作出合理标准的判断。随着机制设计理论与规制理论的结合,规制过程开始基于一定的理论框架进行模型构建。

在研究初始阶段,规制过程往往根据不完全信息博弈建模。而后学者们基于显示原理,在没有特别假定的情况下导出了最优规制方案。[③] 在最优机制中,政府机构等规制者在从垄断者那里获取租金与鼓励有效产出水平这两个目标之间进行权衡,同时,规制者必须给予垄断者充分的参与激励,促使其留在市场之中,避免垄断者退出所造成经济损失。此外,学者们也分析了信息在随时间推移逐

[①] Myerson R. B. Mathematics of Operations Research. *America*: Dover Publications, 2012: 58 – 73.

[②] Harris M., Raviv A. Allocation Mechanisms and the Design of Auctions. *Econometrica: Journal of the Econometric Society*, 1981: 1477 – 1499.

[③] Baron D. P., Myerson R. B. Regulating a Monopolist with Unknown Costs. *Econometrica: Journal of the Econometric Society*, 1982: 911 – 930.

步揭示时的最优时间一致性机制问题,提出规制过程的激励机制可能存在"棘轮效应"的观点。[①] 这些理论对规制过程、规制者的激励设计分析提供了理论来源,也为诸如价格上限、成本利润分担方案之类的规制机制的评估提供了坚实的理论基础。与拍卖理论相同,规制理论也被作为激励机制的一种具体形式被引入到合约问题以及公共服务购买的研究之中。

第三节 理论阐释——合约理论

合约又称合同,最早关于合同的定义来自罗马法,其英文本义是"众多人共同从事交易"的契约概念。罗马法规定,"契约云者,二人以上当事人之合致,而以设定、变更、保护或者消灭某种法律关系为目的者也"[②],即合约双方当事人之间发生债权债务的合意。

一 如何理解合约

罗尔斯将合约理解成一种道德行为,体现出公开性的正义原则。[③] 康芒斯是早期合约经济理论的主要代表,他认为合约实质就

---

① Freixas X., Guesnerie R., Tirole J. Planning under Incomplete Information and the Ratchet Effect. *The Review of Economic Studies*, 1985: 173 – 191.
② 陈朝璧:《罗马法原理》(上),台湾商务印书馆1979年版,第125页。
③ [美]约翰·罗尔斯:《正义论》,何怀宏、何包钢、廖申白译,中国社会科学出版社2009年版,第96—97页。

是一种交易。① 合约是指市场交易过程中，交易双方（两个或多个）交易主体自愿、平等地达成某种协议②，是对交易行为的一种经常性、重复性与习惯性的思想达成，表现出交易主体之间某种权利的让渡关系。换言之，合约是在交易过程中，交易双方为实现公平，而在相互之间达成的一种协议，它强调的是约定主体之间的一种义务责任：合约规定着利益双方在权利义务方面的双向依存关系，合约关系的核心就是缔结合约的各方之间的权利与义务、责任与互动，它不仅强调自由意志，更强调合约主体的责任。

一般来说，合约的订立需要满足五个基本条件：一是合约得到所有当事人认可。二是合约是当事人自愿缔结的，是具有主体意识的个人或组织自我意愿的表现。三是合约体现了缔约各方地位平等，是在民主基础上订立的，体现了缔约各方的意愿和要求。四是合约的签订受法律的保护，以不违背国家法律为基础。五是与其他交易方式相比，能够给当事人带来更多利益或者更加有效的利益保障。③

现代合约理论以新制度经济学的企业问题研究为开端。科斯通过引入交易成本对企业合约性质进行了分析，将企业视为"合约的联结"，开创了现代合约理论微观分析的先河。20世纪70年代以后，新制度经济学的企业合约理论获得了长足发展，逐渐渗透到公共选择理论、产业组织理论、规制经济学、信息经济学领域，形成了一般性的理论框架。④

20世纪80年代以来，新公共管理运动兴起，新契约主义成为

---

① ［美］约翰·康芒斯：《制度经济学》，于树生译，商务印书馆1997年版，第70—84页。

② 傅静坤：《契约冲突论》，法律出版社1999年版，第29页。

③ 汪求中：《契约精神》，新世界出版社2009年版，第2页。

④ 周耀东：《合约理论的分析方法和基本思路》，《制度经济学研究》2004年第2期。

公共管理尤其是地方政府治理研究的新领域和新的制度设计，随着合约理论向公共管理领域渗透，合同治理模式在这一时期孕育而生，"合约制是新公共管理的核心"。① 该模式主张将公共服务通过合同的形式外包给企业或第三方组织，鼓励各公共物品、服务的生产主体在价格、质量等方面展开竞争，最终实现公共物品和服务的有效供给。随着合同治理模式日益被推崇和实践，政府在公共物品和服务领域的角色实现了由"划桨"到"掌舵"的转变，政府购买公共服务正是在合同治理模式大背景下的具体做法。

二 政府购买公共服务的合约实质

政府购买公共服务是指将原来由政府直接提供的、为社会公共服务的事项交给有资质的社会组织或市场机构来完成，并根据社会组织或市场机构提供服务的数量和质量，按照一定的标准支付服务费用，即"政府承担、定项委托、合同管理、评估兑现"。政府购买公共服务区别于以往政府包办、政府补贴等传统的公共服务提供方式，它是以契约化生成的公私合作模式。E. S. 萨瓦斯认为，"政府购买公共服务就是政府通过与第三方签订契约的方式，将公共服务的生产和供给外包出去。"② 这种契约关系强调的是约定主体之间的一种义务责任，以契约合同为核心，通过将契约的理论模型、运作模式和技术运用到政府的公共管理领域，以实现地方政府公共物品和服务的有效供给。地方政府购买公共服务本质上是一种合约关

---

① 陈振明、贺珍：《合约制政府的理论与实践》，《东南学术》2007年第3期。
② [美] E. S. 萨瓦斯：《民营化与公私部门的伙伴关系》，周志忍等译，中国人民大学出版社2003年版，第4—70页。

系[1],其最核心的特征就是合约性。政府购买公共服务的合约性表现在以下几个方面:

一是双方认可。合约是建立在合约人彼此意思表达一致的基础上的。在政府购买公共服务的过程中,政府与承包商之间签订购买合同,不管是作为委托人的政府,还是作为代理人的承包商,必然都认可购买合同条款和规则,只有这样,合同才会对双方产生约束,也只有认可条款才有可能签订合同,而一旦合同签订,合同中就隐含着合约双方对彼此的承诺。

二是自愿缔结。政府购买公共服务是政府与公共服务供给者在不受外界干预和胁迫的情况下自由选择的结果。合约之所以能够在政府购买公共服务中建立双方的认可,是因为合约在承诺交易过程中,交易主体能够自愿、平等地达成某种协定,形成交易双方权利的让渡关系。这就是说,政府与公共服务供给者达成合作的过程是双向选择的过程,二者均可以选择是否缔约,与谁缔约,如何缔约。关于这种合作机制的选择,双方均是基于自愿原则作出回答,这种自愿原则体现在是否缔约自由、选择缔约人的自由、决定缔约内容的自由和选择缔约方式的自由。政府够买合同是双方协商一致的结果,在法律允许的范围内,缔约双方基于自我意愿商讨具体合作方式和条件。除缔约方之外的任何个人和组织,包括作为立法者和司法者的国家,都应该尊重缔约方的意愿。

三是地位平等。在公共服务的传统权威性治理模式中,政府往往承担着公共服务的安排者、生产者和供给者多重角色,纵使有私人或社会部门出现在公共服务供给中,一般也是政府强制命令安排的结果。但是政府购买公共服务是合约化的治理模式,与传统权威性治理模式不同,政府购买公共服务是政府与社会基于合同而达成

---

[1] 何雷、田贺、李俊霖:《基于合约治理的政府购买公共服务研究》,《中共福建省委党校学报》2015年第6期。

的地位平等、双向互动的合作治理,双方的地位是平等的,关系是双向互动而非单向依赖的。① 在这种新型关系中,双方都必须履行合同规定的责任和义务,才可以享有相应的权利。这是政府购买区别于以命令、服从为特征的权威治理的重要标志。

四是法律保护。合同外包是政府购买公共服务的主要形式,以合同的方式进行是政府购买区别于其他政府需求获得方式的主要标志。在政府购买公共服务中,政府和供应商必须把双方以各种方式达成的合意通过政府签订采购合同确定下来,供购双方的权利义务就集中体现在政府采购合同中。政府采购合同的订立原则、标准等都必须以政府采购法为标准。更进一步说,政府购买合同的签订受法律保护,主要体现在两个方面。一方面,政府与供应商签订的合同必须符合政府采购法的要求,就如同企业与劳动者签订的劳动合同如果违反了国家劳动法,其劳动合同就无效一样,政府采购法是购买合同合法性的基础。另一方面,一旦在法律允许的范围内双方签订购买合同,政府与供应商的权利和义务即受法律认可和保护。合约的一个重要特征就是具有法律层面上的约束力,也正是法律对政府购买合同的强制力保障体现了政府购买公共服务的合约性。

五是收益共享。法律经济学认为,如果契约给人们不带来任何利益或利益保障,人们就不会签订契约。无论是政府还是公共服务的提供方,在政府购买公共服务中都有各自的利益诉求:政府希望以市场化和社会化的方式实现公共服务的高效供给,最终为公众提供高质量的公共服务;企业或者社会组织则希望通过提供公共服务实现经济利益或赢得声誉、实现价值。合同确立后生产者根据合同规定提供约定数量的公共服务,作为安排者的政府按照合同约定提

---

① 何雷、田贺、李俊霖:《基于合约治理的政府购买公共服务研究》,《中共福建省委党校学报》2015年第6期。

供购买公共服务的经费。① 双方基于地位平等和自愿原则下达成的合作必然是使双方都能达到目标，或接近目标。无论是政府部门还是非政府部门，都是希望通过"政府购买"这一方式实现利益，在政府购买合同中规定了双方的权利和义务，政府与供应商在这种交易关系中必然都是有所收获。因此，政府购买公共服务是政府方和非政府方在互利共赢的基础上建立的合约关系。

三 合约关系与委托—代理问题

政府购买公共服务的合约供给模式以委托—代理关系为基础，政府与公共服务供给者的合约关系实质上是一种委托—代理关系。政府借助委托—代理关系，将公共服务的安排者（政府）与供给者（企业或第三部门）分离，委托人与代理人通过签订合同，确定各自的权利和义务，最终为公众提供高效高质的公共服务。但是，在购买公共服务的实践中，由于各种复杂性和不确定性的客观存在，委托人与代理人在目标、利益方面可能不尽一致，以及委托人与代理人在占有信息方面的不对称，使得政府提供公共服务的初始目标发生偏离。

（一）合约的完备性与委托—代理关系

如前所述，合约理论可以分为完全合约理论和不完全合约理论。完全合约是指缔约双方都能完全预见合约期内所有可能发生的意外事件，且愿意遵守双方所签订的合约条款，而当合约方对合约条款产生争议时，第三方（比如说法庭）能够强制其执行。② 完全

---

① 何雷、田贺、李俊霖：《基于合约治理的政府购买公共服务研究》，《中共福建省委党校学报》2015 年第 6 期。

② 罗必良：《合约理论的多重境界与现实演绎：粤省个案》，《改革》2012 年第 5 期。

合约理论直接被看成是委托—代理理论或激励理论的代名词。它假设委托方在合约签订之前能预见代理方的所有可能行为，并将这些行为的成本涵盖进合约里面。所谓不完全合约，是指合约无法在事前毫无遗漏地规定当事人在未来所有可能承担的权利和义务，或者不存在一个公正的第三方可以无成本地保证契约得以执行。① 由于人的有限理性，外在环境的复杂性和不确定性，合约双方无法准确预见未来的所有情况，也无法将相应情况的权利和义务写进合约。签订完全合约只是一种理想的状况，真实世界的合约在绝对意义上都是不完全合约。②

在购买公共服务的具体实践中，由于各种复杂性和不确定性的客观存在，委托人与代理人在目标、利益方面可能不尽一致，以及委托人与代理人在占有信息方面的不对称，地方政府并不能在合约签订前毫无遗漏地规定公共服务供给者在未来所有可能承担的权利和义务，从实质而言，政府与公共服务供给者之间所确立的合约是不完全合约。当委托人与代理人之间订立的契约是不完全契约时，作为公共服务供给者的代理人往往利用在占有信息方面的优势采取败德行为或者逆向选择，最终导致"委托—代理问题"出现。

（二）信息不对称与委托—代理问题

在不完全合约无法避免的情形下，政府与公共服务供给者在合约关系中常常面临着委托—代理问题，从根本而言，这是由于合约关系双方的信息不对称局面所导致的。信息不对称是指在委托—代理链中，委托人和代理人拥有的信息有差异，一方面，代理人可能

---

① Hart, O., Holmström, B. The Theory of Contracts. Department of Economics, *Massachusetts Institute of Technology*, 1986, 25.

② 马力、李胜楠：《不完全合约理论评述》，《哈尔滨工业大学学报》（社会科学版）2004年第6期。

第二章　政府购买公共服务机制设计的分析框架　133

拥有委托人不拥有的信息而处于有利地位,并可能利用这一差异损害委托人利益;另一方面,委托人也可能拥有代理人所不拥有的信息而处于优势地位,为了实现自身目标,委托人也会利用这一差异损害代理人利益。[1] 概括来说,如果合同的一方拥有优于另一方的更多的信息,就可能引发非合作博弈,这一方就会利用另一方的信息匮乏劣势而将其置于不利状态,这就是委托、代理双方的信息不对称问题。[2] 信息不对称可以分为事前不对称和事后不对称。事前不对称,主要是逆向选择,即"说假话",也就是在信息不对称的条件下,合约一方隐藏自己的私人信息,并借助于提供不真实的信息来追求自己的效用最大化,这种行为会损害另一方的利益。事后的不对称,主要表现为交易双方隐藏信息和行为,导致的道德风险,即"偷懒"行为。在信息不对称的情况下,合约当事人在双方签订合同之后,由于行为不可监督或者合约设计不佳,合约一方为个人利益而欺骗另一方。[3]

一是逆向选择问题。"政府合同治理的成效在很大程度上取决于政府选择。"[4] 但是信息的不对称会导致逆向选择问题,即政府在选择合作的代理人的时候,承包商利用信息优势,采用欺骗、隐瞒等手段,最终成为公共服务的供给者。这是因为在选择公共服务供给者时,政府不可能对所有公共服务都非常精通,无法掌握供应商的所有信息,这会导致他们提供的信息真假难辨,就算获取全部信

---

[1] 明燕飞、谭水平:《公共服务外包中委托代理关系链面临的风险及其防范》,《财经理论与实践》2012年第2期。

[2] 王桢桢:《公共服务合同外包的风险与治理》,《广州大学学报》(社会科学版)2013年第6期。

[3] 周耀东:《合约理论的分析方法和基本思路》,《制度经济学研究》2004年第2期。

[4] [美] E. S. 萨瓦斯:《民营化与公私部门的伙伴关系》,周志忍等译,中国人民大学出版社2003年版,第176页。

息是可能的，那也要考虑获取信息的成本问题。例如政府要购买"城市绿地养护"这项公共服务，对于提供该项服务的企业，涉及机器、设备、技术、人员、运行管理等方方面面，政府不可能了解关于企业成本、收益等详细信息。为了与政府签约，获得该项公共服务的提供权，企业可能会采取两种行为：首先，企业会给政府提出较低报价，使自己在竞标的过程中处于优势地位，一旦中标，企业在提供公共服务的过程中会降低公共服务的质量，以降低提供成本，实现利润最大化。另外，在与政府的谈判过程中，企业可能会虚报自己的产品质量，与政府签订合同后，通过更改合同降低产品的提供标准，或者采用"报喜不报忧"的方式妨碍政府在监管中的判断。总而言之，在签订公共服务外包合同的过程中，作为委托人的政府所掌握的与代理人相关的信息是有限的甚至是非对称的，就会影响政府的判断，使政府容易作出错误的选择，甚至出现"劣币驱逐良币"现象，即质量较差的供应者进入政府的选择范围。

二是道德风险问题。通常情况下，在委托—代理链条中，委托人和代理人所掌握的信息是不一致的。由于双方掌握信息的不对称，在自利动机的刺激下，拥有更多信息的一方会利用另一方的信息匮乏使其处于不利地位，由此会产生道德风险。根据制度经济学的观点，道德风险指自利的个人受某种因素的引诱，会违反有关诚实和可靠的一般准则，因为环境允许他们这样做而不受惩罚。[①] 在合同履行的各个环节中，委托人（政府）与代理人（企业或第三部门）都有可能处于掌握信息的优势地位，双方均有可能出现道德风险问题。由于信息不完全而产生的道德风险问题，主要表现在两个方面：一是委托人的道德风险。一般来说，在政府购买公共服务的合同中会规定，如果公共服务的供给者所提供的服务高于合同规

---

① [德] 柯武刚、史漫飞：《制度经济学》，韩朝华译，商务印书馆2000年版，第81页。

定的预期，作为委托人的政府应该支付额外的补贴或奖励。由于受自利动机的影响，政府希望以尽可能小的成本取得更多优质的服务，此时，政府会采取策略行为，通过谎称承包商所提供的服务处于合同规定水平甚至低于规定水平，以此少支付报酬。同样，作为代理人的公共服务提供商也存在道德风险：因为预料到政府在评估业绩的时候可能会采取谎报的策略，承包商也不会努力工作，以此降低提供公共服务的成本。政府与承包商的行为强化了双方的合作性博弈，道德风险降低了公共服务的供给效率。[①]

四 合约失灵：引入机制设计理论的可行性和必然性

政府购买公共服务的合约性可以看出，合约失灵是导致社会组织供给公共服务失败的主导因素。合约失灵是指由于交易双方的信息不对称性，合约的约束难以防止公共服务供给者隐蔽信息甚至是进行道德风险行为，导致最终提供的公共服务难以符合政府的预期。对于合约失灵与委托代理问题的解决，机制设计理论提供了较好的分析思路。机制设计理论认为，市场的参与主体具有追逐利益最大化的天性，所以委托—代理问题无法单凭市场机制自发调节而解决，必须引入其他方法或机制形成协同激励或协同约束。具体而言，解决委托—代理问题的核心是机制的设计，通过一个合理激励机制的设计来控制由于利益不一致所带来的代理人行为偏差，从而在委托人和代理人之间形成更为合理的利益分配，促使代理人在实现自身效用最大化的同时，达到委托人期望达到的具体目标。

在政府购买公共服务的过程之中，政府与公共服务供给者之间也存在显著的委托—代理问题，提供公共服务的社会组织占有信息

[①] 吕志奎：《政府合同治理的风险分析：委托—代理理论视角》，《武汉大学学报》（哲学社会科学版）2008年第5期。

的绝对优势，通过信息的自我隐藏来实现自身利益最大化的追逐，从而导致委托人和社会的利益净损失。可以看出，政府与提供公共服务的社会组织在关系假定、行为假定上符合委托—代理一般模式的基本假设，因此，在政府购买公共服务的问题研究中引入机制设计理论具有一定的合理性和可行性。

第四节 核心内容——激励相容

政府购买公共服务中合约问题的出现，使得在委托—代理框架下引入机制设计成为必然的选择，那么机制设计的目的是什么？

一 何谓激励相容

机制设计的目标在于通过一定规则的制定，使得代理人在自身利益最大化选择的最终结果中与委托人给出的标准或目标一致。换言之，委托人通过机制的设计使得代理人让委托人最满意的努力程度也是给他自己带来最大净收益的努力程度[1]，代理人在实现自身效用最大化的同时，达到委托人期望达到的基本目标，这就是所谓的"激励相容"。

"激励相容"的达成需要考虑两方面因素。一是委托方的期望目标，也是机制设计的基本目标。机制设计的基本目标是服从于委托人实现自身利益最大化目标的，这种自身利益最大化就是一种价值标准，或者是一项社会福利目标，并且这些标准或目标可以使个

---

[1] 贺夏蓉：《机制设计理论视角下"一把手"监督的制度设计理念分析》，《中国地质大学学报》（社会科学版）2014年第6期。

人成本最小化或社会成本约束下的预期效用最大化，也可以使某种意义上的最优资源配置或个人的理性配置集合，具有明显的不可变更性。与之相对，激励相容实现的另一因素是约束目标，约束目标的确定是基于代理人在交易过程的行为倾向，根据代理人获得对委托人的策略优势地位的方式而作出的。针对代理人隐蔽信息而面临的逆向选择问题，激励的目标是如何使代理人自觉显示其私人信息或真实偏好；针对代理人的隐蔽行动而可能面临的道德风险问题，激励的目标就是如何使代理人自觉地显示自己的真实行动，而不会采取道德风险行动。也就是说，代理人获得对委托人的策略优势地位的方式，决定了委托人设计机制的约束目标也不一样。

无论是基本目标还是约束目标，对于机制设计而言都是不可或缺的。基本目标是约束目标的核心，约束目标的实现必须以基本目标为基础。当基本目标明确时，约束目标如不能依据代理人占优形式而作出，那么机制就无法对代理人的违约行为进行约束。

在政府购买公共服务过程中，一个完全代表人民的政府会趋于设定"提供优质、高效公共服务"的基本目标，进而判断公共服务供给者的占优策略，根据社会组织的占优策略进行机制设计，以促使社会组织主动公开信息，或规避社会组织的道德风险行为，形成更为合理的利益分配机制，使社会组织利益最大化的目标与提供优质、高效公共服务较好契合。

二 激励机制的主要内容

机制设计的目的在于实现激励相容，但激励机制要具备何种要求才能实现核心目的，需要对构建一个怎样的激励机制进行探讨。一般来说，激励机制设计的主要内容包括激励手段集合设计、行为导向的激励机制设计、行为强化的激励机制设计、行为保持的激励机制设计和行为归化的激励机制设计五个方面。在公共服务购买过程之中，激励手段集合机制设计中联系政府与公共服务供给者的具体媒介，地方政府财权约束下激励手段的选择与组合，将直接影响到指向公共服务供给者的激励作用是否能够产生；机制设计行为导向的要求在于确保激励手段—供给行为—合约目标三者之间的关联是否有效；行为强化机制与行为保持机制则是对激励手段在作用程度与时间持续度方面的保证；而行为归化机制则是为公共服务供给者提供可预期的收益与风险选择，以预期的收益风险组合促使公共服务供给者选择对公共服务有利的行为。从理论而言，激励手段集合设计、行为导向的机制设计、行为强化的机制设计、行为保持的机制设计和行为归化的机制设计往往是相互联系的，其中某一环节的缺失，都可能造成激励的失效，一个最优激励机制设计将完全实现激励手段集合以及行为导向、行为强化、行为保持和行为归化机制设计的最优化。

（一）激励手段集合设计

激励手段集合指的是可以调动代理人积极性的各种资源，激励手段集合的设计就是对委托人激励组合的设计。在政府购买公共服务的过程中，政府具有付酬能力，并拥有规定付酬方式和数量的权力，能力和权力决定可实施激励手段的种类与激励程度。一般而言，政府购买过程中可采用的激励手段主要包括物质激励、控制权激励和声誉激励三种。物质激励是最一般化的形式，指的是地方政府对公共服务供给者提供公共服务所支付的费用，以及对符合要求的公共服务提供的物质奖励。控制权激励一般体现为经营权、所有权的授予。地方政府通过招标、公开招募等竞争方式，在一定期限内，将公共服务项目的所有权或者经营权授予公共服务供给者。控制权的授予实质是政府与市场的协同作用机制，当地方政府将控制权进行让渡时，提供公共服务的公共服务供给者在获得了自主经营权的同时，也占有了风险和收益的自主获得性。在市场的竞争机制下，具有自主权利的公共服务供给者为了实现自身利益的最大化，会更愿意提供高效、优质的公共服务，以取得在市场竞争中的相对优势地位。

声誉是反映行为人历史记录与特征的信息集，可以作为显性激励契约的替代物，来激励和约束代理人的市场行为。声誉手段指的是在政府购买公共服务的过程中，政府建立公共服务供给者的信用档案，并进行跟踪记录，最终对公共服务供给者的诚信记录、服务质量与效率的评估进行公开。当公共服务供给者具有违约行为，或者提供的公共服务未能满足政府的预期，政府可选择对供给者的行为进行披露，形成负面信息效应。在市场机制中，消费者会自觉选择具有声誉或者品牌优势的生产者进行交易，而负面信息效应便会阻碍供给者在市场的交易行为，影响供给者的生产经营。因此，供给者为了避免负面声誉对自身经营活动造成的不利影响，会自愿提供符合预期的公共服务，也就是声誉效应激励供给者行为的作用机制。

在合约关系中，公共服务供给者占有信息的绝对优势，能够通过多种途径规避负面激励，单一激励手段往往难以产生长期的激励效应，如仅给予承包公共服务的企业实施单一的物质激励，在企业进行败德行为，或者逆向选择所预期的物质收益大于政府承诺给予的物质奖励的情形下，以利益最大化为目标的企业往往会甘冒风险，违背合约承诺。因此，在公共服务购买过程中，进行多种激励手段的综合设计已是一种必然趋势，政府应针对公共服务供给者的需求特性，灵活结合不同激励手段，形成激励集合设计，以保证对公共服务供给者激励的助长性。

(二) 行为导向的激励机制设计

行为导向的激励机制设计，指的是机制设计者应充分了解代理方的实际需求来设计措施，以使代理方按照委托方期望的方向努力工作。在政府购买公共服务的过程中，政府的目标是通过公共服务项目的外包，通过市场的机制来保证公共服务的数量和质量；而企业、第三方组织作为生产单位，其目标是经营利润最大化，二者的目标存在差异。作为机制设计者的地方政府，需要通过设计一套行为导向制度，使得公共服务供给者按照政府期望的方向来提供高效、优质的公共服务。可以说，对政府购买公共服务中的代理方行为导向的激励机制设计，实质上体现的是"政府预期—提供行动—公共服务的质量与效率"三者一致性的内化要求。

对于公共服务供给者而言，其普遍存在着机会主义心理和利益最大化追逐倾向，行为导向的激励机制设计必须根据公共服务供给者的这两点特性展开。对于机会主义倾向，政府首先应根据公共服务供给者的实际需求，运用多种形式的激励措施，给予符合公共服务供给者期望的激励承诺，如在给予公共服务供给者自主经营权使其自负盈亏的同时，还可给予物质奖励与声誉奖励的承诺，在公共服务的质量与效率符合合约要求的情况下进行选择性奖励；而后还应完善行为风险机制、监督机制、质量监控机制和惩罚机制，促使公共服务供给者在进行机会主义行为时对被发现的代价与可获收益间作出博弈与权衡。

（三）行为强化的激励机制设计

行为强化的机制设计是指在行为导向的机制设计的基础上，将代理人的努力水平调整在一定的范围之内，防止代理人对激励手段集合响应缓慢或对激励手段的反应强度弱化。在政府购买公共服务中，如果公共服务供给者对地方政府提出的激励手段并不满意，或者是出于环境变化，公共服务供给者对原有激励举措满意度降低，都会出现公共服务供给者对激励手段集合响应缓慢或对激励手段的反应强度弱化的问题。因此，行为强化要求激励机制在设计过程中，政府要对激励手段效果进行考察，了解激励手段强度是否适合公共服务供给者；当激励手段的强度未能形成有效刺激时，还需与公共服务供给者进行信息交流、反馈，了解公共服务供给者的需求变化；甚至，当公共服务供给者的利益需求超出政府的提供能力时，还需进行再谈判以及多次重复性的交易，对激励的手段与强度进行再确定。

强化性的激励机制设计对公共服务生产与供给具有较强重要性。以公共服务购买过程中的"棘轮效应"为例，随着公众的物质与精神需求的增长变化，一段时期后合约所订立的公共服务标准往往难以满足公众的需求，对此政府往往不断提高供给方的供给效率与质量，但是却未对激励手段进行调整，导致正常生产水平下的公共服务供给者反而受到负向激励的惩罚，因而公共服务供给者往往利用信息优势，隐瞒生产能力，以对抗政府不断提高供给最低标准的行为。因此政府不仅应在合约订立时对公共服务供给者的激励需求进行了解，还应在供给过程中对激励手段效果进行反复考察，特别是对于长期订立的公共服务合约，当合约的要求有所变动时，也应对激励手段进行适度调整，将公共服务供给者努力水平调整在一定的范围之内，确保激励机制的有效运作。

（四）行为保持的激励机制设计

行为保持的机制设计是指为了使代理方的行为具有较好的持续性，防止代理方行为短期化，通过合理选择、组合和运用各种激励手段集合来促使代理方按照组织的整体目标继续努力。政府购买公共服务中，如果仅提供单一性激励手段，很容易造成公共服务供给者的短期化行为，具体表现在以下两个方面：

一是在供给者提供公共服务的过程中，公共服务供给者占有信息优势，对于政府制定的单一激励形式，供给者很容易在短期内通过诸如抵消性激励进行规避。如政府在仅提供物质激励的情形之下，占有信息优势的供给者很容易发现一些机会主义行为的物质获利能够高于地方政府所承诺的物质激励，那么理性的供给者就会冒险进行败德行为，导致最终提供的公共服务难以满足公众需求。

二是随着政府对公共服务供给者要求的提高，单一激励在客观上不能与政府对供给方的要求相适应。在政府购买公共服务的过程中，政府对供给方的要求往往是一种合约签订下的"最低标准"，当公共服务供给者认为当前提供的公共服务已经能够满足政府的最低预期，那么公共服务供给者将没有动力继续提高服务质量与效率，即呈现一种短期化利益行为，激励不具有长期效用，从而导致公众所获得的服务是"最低标准"服务。从长期而言，公众的物质与精神需求处于日益增长之中，"最低标准"的公共服务势必不能满足公众的需求，政府对"最低标准"进行不断调整也是一种必然，在此情形下，为了避免"棘轮效应"的产生，必须在"最低标准"的激励机制之外，引入其他激励机制，鼓励公共服务供给者通过创新等方式自主提高供给质量与效率。

（五）行为归化的激励机制设计

行为归化的激励机制设计，指进行奖励或者采取处罚措施，使代理方的行为符合组织的目标。政府购买公共服务中行为归化的激励机制设计，其表现的不仅仅是激励机制的落脚点，更是通过未来结果的奖惩设定对公共服务供给者形成一种行为预期，促使公共服务供给者基于利益导向选择合适的行为。

归化机制具有可选择性，这种选择是服务供给者基于是否进行机会主义行为及其相应结果的博弈与权衡。奥尔森认为："'选择性的激励'会驱使理性个体采取有利于集团的行动。激励必须是'选择性的'。这些'选择性的激励'既可以是积极的，也可以是消极的，就是说，它们可以通过惩罚来强制个体履行义务，或者也可以通过奖励来对个体进行诱导。"① 也就是说，从激励机制对代理人的作用情况而言，行为归化的激励机制设计可划分为积极归化和消极归化，积极归化与消极归化直接影响公共服务供给者的未来结果预期，积极归化能够对公共服务供给者的行为形成积极导向，促使公共服务供给者提供满足要求的公共服务；而消极归化的意义在于确保公共服务供给者在进行机会主义的风险权衡之后，受到预期惩罚后果的负向激励，主动放弃机会主义行为。

从激励的手段来看，一般的归化机制是奖优罚劣，如建立合理、透明的绩效考核机制和薪酬奖励机制，以及代理人的"声誉"激励机制和失信惩戒制度，以此作为继续委托的依据。此外，还有"替代威胁"的归化机制，实质是一种竞争性的归化机制，倘若代理人"骗"我，我就"用脚投票"，退出对你的委托关系；或者"用手"投票，不断变换潜在的竞争者。②

三 激励机制的具体形式

在激励机制设计中已形成了较为丰富的激励机制设计形式。由于机制设计关注的是资源配置问题，因此，最为传统的激励机制划分是基于委托方和代理方的利益分配关系展开，具体而言，将激励机制划分为收取租金、劳动工资、目标产量承包、分成制四种类型。③ 但是随着激励机制形式的多样化，激励机制的设计并不仅以利益分配为核心要素，以利益分配进行划分不能囊括所以机制设计

---

① [美]曼瑟尔·奥尔森：《集体行动的逻辑》，陈郁等译，上海人民出版社1995年版，第178页。

② 吕志奎：《政府合同治理的风险分析：委托—代理理论视角》，《武汉大学学报》（哲学社会科学版）2008年第5期。

③ 陈国富：《委托—代理与机制设计——激励理论前沿专题》，南开大学出版社2003年版，第21—40页。

的具体形式。因此可以按激励机制的具体作用，将激励机制设计划分为四类：规制性激励、竞争性激励、经济性激励与政治性激励。规制性激励是基于公共服务导向的激励设计，竞争性激励则侧重于形成代理方的行为导向激励，经济性激励更侧重于代理方利益获取方式的设计，以利益的分配形成激励导向，而政治性激励则更侧重于行为归化机制的设计，以消极归化的设计形成对代理方行为的约束。

（一）规制性激励

规制性激励是基于公共服务导向的激励设计，其在有限理性的假设下进行最优激励机制的设计，从而探索最优规制执行的可能性，以帮助政府达成其促进公共利益最大化的目标。一是价格规制。价格规制是指通过激励机制促使公共服务供给者制定合理的公共服务价格。从本质而言，价格规制是一种简单的行为导向型激励机制的设计。二是质量规制。质量规制是指如何设计机制激励公共服务供给者提供高质量的产品和服务。常见的质量激励机制是服务质量奖惩措施，合约进行对某种服务质量水平的标准进行规定，并要求提供的服务必须至少达到这个水平，最后对质量超标和未达标的企业分别实行奖惩手段，体现了激励机制的行为导向设计与归化设计。通过明确规定质量指标以及相应的奖惩，地方政府就能促使受管制组织利用其优越的成本信息，在成本最小化的基础上达到令人满意的质量水平。

（二）竞争性激励

在信息不对称情况下，公共服务供给者利用政府难以观察的私人信息获得信息优势，使得政府在合约过程中处于不利的策略选择地位。竞争性激励机制旨在通过合约机制的重新设计，促使代理人显示真实信息或行动。

一是直接竞争激励。直接竞争理论认为，市场竞争机制能够自动解决提供公共服务过程中的效率问题,"一是可以使生产成本最小化,二是可以促进生产效率和分配效率的提高"。① 原因在于,当由单一公共服务供给者提供公共服务时,公共服务供给者形成了垄断优势,当竞争机制引入某项公共服务的提供时,竞争企业比垄断企业更关心消费者利益,为在竞争中获取优势,企业不得不提供优质高效的公共服务,从而使消费者得到更好的服务质量和更大的满足。但是在公共服务供给者提供公共服务中实行直接竞争,首先要区分具体公共服务中自然垄断和非自然垄断性业务。对于自然垄断性业务,政府应严格控制新企业的进入。但对于非自然垄断性的公共服务,政府应该允许多个公共服务供给者进入,较充分地发挥竞争机制的作用,实现有效竞争。

二是拍卖竞争激励。"拍卖设计是在隐藏信息下研究得最多的合同问题。"② 在政府购买公共服务过程中运用拍卖机制,实质是对激励性合约的公开拍卖。在拍卖过程中,政府无须再对每个竞标者进行考察和甄别,众多的竞标组织在竞相出价的过程中会不断耗散垄断租金,最后只有经营成本最低的竞标组织才能获胜。只要竞标参与组织数足够多,竞争强度足够大,获胜组织就无法保留超额利润,从而减少了获胜组织由于信息不对称带来的不确定性。拉丰和梯若尔在拍卖理论和激励理论之间建立了较好的联系,分析了拍卖激励的合约问题。他们认为,最优激励合约的拍卖将中标组织的内在成本的不确定性范围,从最低竞标组织的内在成本提高到第二高的投标企业的内在成本。③ 因此,可以说,从运行的结果来看,拍

---

① 冯中越:《特许经营权拍卖中的激励性合约研究——以城市公用事业为例》,中国财政经济出版社 2009 年版,第 52—105 页。

② [法]贝尔纳·萨拉尼耶:《合同经济学》,费方域等译,上海财经大学出版社 2008 年版,第 5 页。

③ Laffont J. J., Tirole J. Adverse Selection and Renegotiation in Procurement. *The Review of Economic Studies*, 1990, 57 (4): 597 – 625.

卖机制可以集中市场竞争的特点，使其在总体上比非拍卖机制更能有效地促进资源的优化配置。

三是地区间竞争激励。区域间比较竞争基本理论认为，电力、燃气和自来水等具有自然垄断性特征的公共服务往往外包给单一垄断者经营，政府为了防止这些公共服务供给者隐蔽服务信息，滥用垄断力量抬高价格，通常对它们实行以成本为基础的价格管制。在这种情况下，公共服务供给者的成本越高，管制的价格越高，企业缺乏降低成本的刺激；同时，地区性垄断企业具有信息优势，政府难以按照企业的真实成本制定价格。区域间比较竞争则为解决该问题提供了好的解决思路。如果某个自然垄断性的公共服务是由若干地区性企业垄断经营的，政府则可以比较不同地区性企业的经营绩效，以经营绩效较高的企业的经营成本为基准，并考虑各个地区经营环境的差异，在此基础上制定管制价格，促进各地区性企业为降低成本、增加利润而展开间接竞争，从而减少由于信息不对称带来的价格信息隐藏。

(三) 经济性激励

经济性激励关注的是政府购买公共服务过程中的成本、利益等生产要素的分配情况，通过对成本与收益的重新配置，实现对公共服务供给者的激励。经济性激励更侧重于代理方利益获取方式的设计，基于利益的分配形成激励导向。

一是成本分担激励。成本分担激励机制指的是在政府购买公共服务过程中，公共服务供给者的自身努力情况将决定其所负担的生产成本，以此对公共服务供给者的生产积极性形成激励。在政府购买公共服务的成本分担激励机制中，存在四个关键变量：一为公共服务供给者的最终利润，二为合约所订立的目标成本，三为公共服务供给活动的实际成本，四为合约所订立的目标利润。如果公共服务供给者存在消极工作行为，公共服务的供给出现成本超支，那么公共服务供给者将承担超支部分的比例，从而导致实际利润的减少。如果公共服务供给者努力工作，提高生产效率，出现成本节约，地方政府则会将成本节约部分给予公共服务供给者作为奖励，公共服务供给者的实际利润将增加。实质而言，成本分担激励机制通过对生产成本的控制，实现公共服务供给者的行为导向激励。

二是收益共享激励。在发展经济学中，对于道德风险问题的解决，提出了收益共享的激励机制。[1] 在收益共享的激励机制下，代理人和委托人双方都可以按一定比例从收益中获得各自的利润。在政府购买公共服务中，公共服务的供给者缺乏一个提供高效、高质的公共服务的动机，在此情形下，引入产出分享的激励机制，允许当公共服务获得较好效益时，公共服务的供给者与地方政府可以分享收成，从而给予供给者提供高质公共服务的动机，促进供给者努力工作，提高公共服务质量。合理收益共享激励机制可以给予公共服务供给者较高的收益预期，满足公共服务供给者的利益追求，从而使公共服务供给者在利益驱动下，具有提高生产率或生产积极性的长期动机，是一种较为合理有效的行为保持激励。

（四）政治性激励

政治性激励则更侧重于行为归化机制的设计，通过行政手段，以消极归化的设计形成对代理方行为的约束。在约束条件下，促使公共服务供给者在违约成本与收益之间权衡，最终放弃机会主义行为。

一是监督激励。监督激励是指以监督公共服务供给者的行为为基础，以风险、责任防范措施为辅助的激励措施，是一种行为归化的激励机制设计。监督激励机制首先在于监督代理人行为的机制约束设定，以约束代理人权力的滥用、错用，抑制合同外包中的寻租

---

[1] ［法］贝尔纳·萨拉尼耶：《合同经济学》，费方域、张肖虎、郑育家译，上海财经大学出版社2008年版，第70—75页。

行为；其次在于代理人违约行为所要承担责任的设计，机制设计者通过制定符合双方利益的风险分担机制，以及详细而具体违反法律规定所要承担责任的规定，形成公共服务供给者的行为归化，这种消极归化会导致公共服务供给者机会主义行为所面临预期成本发生改变，迫使公共服务供给者在新的收益与成本均衡点中进行重新选择，自发提供满足地方政府要求或符合合约规定的公共服务。

二是长期合约激励。在公共服务购买过程中，政府是委托人，公共服务供给者是代理人，委托代理双方的关系是一种合约关系，在委托代理双方中形成一种长期的合约激励，"能够防止承包商的机会主义行为，使他们与政府部门结成利益共同体，在履约中根据合同规范行事，避免讨价还价，从而保证外包的顺利进行"。[①] 长期合约指的是，当公共服务供给者能够提供满足要求的公共服务时，政府具有继续签订长期合约的动机。公共服务供给者能够接受长期合约的原因在于，短期合约会使公共服务供给者面临一系列的沉淀成本，如在公共服务生产与供给过程中的固定资产投资、生产工具投资、人力资本的投资等成本，而长期合约的承诺可以使公共服务供给者的预期沉淀成本减少，使得公共服务供给者在机会收益与成本间进行权衡后，会自发努力提供符合要求的公共服务，以确保形成长期合约来降低相关成本。与此同时，长期合约使得政府对公共服务供给者的私人信息，如生产成本与效率、供给能力等有了更好的了解，合约双方的信息不对称性减弱，地方政府可以对公共服务供给者的行为进行更好的导向和控制，因此，长期合约激励具有行为保持导向的特征。

---

① 黄新华：《公共服务合同外包中的交易成本：构成、成因与治理》，《学习与实践》2013年第6期。

第三章 政府购买公共服务机制设计的合约分析

政府购买公共服务的内容和方式并没有形成明确的范式,主要集中在"合同外包"领域。从总体上看,可供选择的公共服务供给制度主要包括政府供给、市场供给、社会供给和混合供给四类。政府供给强调政府扮演政策制定者、资金供应者和生产安排者角色,属于政府直接提供公共服务的模式;社会供给的本质是社会成员以其专业性和志愿性向社会自主提供公共服务的供给方式。因此,政府购买公共服务主要表现在市场供给与混合供给两类。市场供给是指引入市场竞争机制提供公共服务的制度安排,主要包括合同外包、特许经营、用者付费、内部市场等。混合供给是公共服务以公共性为纽带构成一个连续体,公共服务的提供者和生产者相互连接,可以由一个提供者对应多个生产者,也可以由一个生产者对应多个提供者。混合供给主要包括多样化安排、混合式安排和局部安排等方式。换言之,政府购买公共服务的形式是多样化的,必须厘清政府购买公共服务机制设计的合约方式。

第一节 政府购买公共服务机制设计的合约类别

按照政府购买公共服务中的购买关系形成的方式,政府购买公共服务可以分为直接购买和间接购买。直接购买主要包括合同外包、直接资助制、公私合营和项目申请制，间接购买主要是凭单制。合同外包是政府购买公共服务中常见的方式，地方政府通常首先制定购买公共服务的计划以及资金规模，经过公开招标等程序之后，买卖双方签订服务合同，明确购买者和服务承接者之间各自的职责。服务承接者利用自身的技术和人力资源优势提供公共服务；购买者根据服务承接者提供的公共服务数量和质量向其支付费用。在这种方式下，地方政府占据主导地位，但是购买双方均按照签订的合同进行合作，双方的关系比较对等。

直接资助制是指政府通过直接拨款、物资资助、政策优惠等形式将资金下拨给承担公共服务职能的企事业单位、民办机构或者社会组织，由这些组织根据自身的职能、专业特色、人员优势等提供相应的公共服务。这种方式的优势在于可以改变政府单一的公共服务供给模式，可以推动公共服务供给的社会化。但是从政府购买公共服务的定义来看，这种方式并不算是严格意义上的政府购买。在这种方式下，公共服务的提供者具有较高的灵活性，但是服务目标不明确，政府的监管相对来说也较为困难。

项目申请制是指社会组织根据民众的需求主动向有关部门提出项目申请，经过政府的审批之后，政府以立项的方式给予资金支持，并通过招标、过程监督、绩效考核等方式来规范项目的运作过程。这种做法的主导者是承购方，由这些组织在工作中发现公共服务的供给问题，并有针对性地提出解决方案，有助于民意的表达，可以使得政府的资金投入更有针对性。

公私合营是指政府部门与其他组织共同为某一项公共需求提供公共服务，在合同外包的过程中，保留着政府部分的公共职能，同时引入民间力量作为竞争者，两者同时发挥各自的优势，政府发挥权威和稳定功能，民间组织更具有灵活性，更有效率，两者互补促进公司部门之间效率的最大化。这种模式下，双方不存在依附关系，通过明确双方的责任和利益，体现了相对平等的合作关系。

凭单制是政府与具备资质的机构达成协议，由政府给消费者发放服务凭单，由消费者自行选择不同的机构购买相应的公共服务。这种方式实际上是政府通过消费者间接购买公共服务。凭单制强化了消费者也就是公民的主体作用，进一步扩大了公共服务的供给来源。在直接面对公众个人的社会性公共服务方面，凭单制强化了公众对于服务提供方的评价作用，使得提供的公共服务更能满足民众的需求，资源配置更加合理。

政府作为公共服务的购买者，可以根据公共服务项目的特征，选择合适的采购方式，确定适合的公共服务提供方，通过与符合供给条件的社会力量签订购买合同，并向其提供财政资金作为项目的实施经费，由提供者完成公共服务的具体工作，提供方应当按照合约的要求提供公共服务，并接受政府的监督。国务院办公厅发布的《关于政府向社会力量购买服务的指导意见》将政府购买公共服务的方式分为公开招标、单一来源、竞争性谈判和邀请招标四种方式。公开招标是地方政府将购买公共服务的需求、条件、要求、内容、资金等向社会公开，接受所有符合条件的组织或机构的申请，并按照一定的标准选择最终的公共服务提供者的方式。单一来源是指它们的共同特点是政府与公共服务提供方通过签订合同，明确购买的公共服务标的，契约双方保持独立。竞争性谈判是指政府部门或者政府部门选择的采购代理机构直接邀请三家以上的供应商就采购事宜进行谈判的方式，它可以缩短政府购买公共服务的工作周期，减少工作量，购买方也更为灵活。邀请招标则是指政府部门以投标邀请书的方式邀请特定的法人或者其他组织参加投标。可以按照购买关系形成的不同将政府购买公共服务的合约方式具体分类。

一 合同外包

对于公共服务合同外包概念的界定没有形成一致意见。王浦劬认为公共服务合同外包是由政府与社会组织签订服务合同,根据合约政府向社会组织支付一笔费用,由社会组织承接合同规定的特定公共服务项目。[①] 陈振明认为,公共服务合同外包是把民事行为中的合同引用到公共服务领域中来,它的应用是以合约双方当事人协商一致为前提的,政府与其他组织基于平等的地位进入市场,政府的职责是确定需要什么,然后依照所签订的合同监督绩效。[②] 不管从何种角度来分析,公共服务合同外包都是政府旨在引入竞争、利用外部资源,以更少的公共支出为公众提供更好的公共服务。默瑟认为,就地方政府而言,他所提供的每一项服务或所履行的每一项职能都可以被外包出去。[③] 但是能否采用合同外包的合约方式提供公共服务需要依照一定的标准。国防、市场秩序等纯粹的公共服务,其消费上的非竞争性和非排他性决定了这些公共服务的提供需要国家的权威和强制力,只能由政府来提供,并不适合采用合同外包的形式。而同时具备排他性和非竞争性的准公共服务由于既具有公共服务的特性,又在不同程度上具备私人服务的某些特征,使得其可以通过合同外包的形式得到提供。除此之外,合同外包仍需满足一定的条件:

一是资产专用性低。资产专用性低是指资产在没有价值损失的

[①] 王浦劬、[美] 莱斯特·M. 萨拉蒙:《政府向社会组织购买公共服务研究:中国与全球经验分析》,北京大学出版社 2010 年版,第 17 页。

[②] 陈振明等:《竞争型政府》,中国人民大学出版社 2006 年版,第 13 页。

[③] James L. MerCer. Growing Opportunity in Public Service Contracting. *Harvard Business Review*, 1983 (3): 17–18.

前提下被不同的使用者用于不同用途的能力，资产的专用型包括专用地点、专用实物资产、专用人力资源资产以及特定用途的资产等。也就是说，一旦资源投入到某项生产中，它便会沉淀下来，难以转移。一项资产的专用性越高，捆绑效应越明显，越容易导致要挟等机会主义行为的发生，合同的谈判和执行变得越困难，交易成本越高。因此，资产专用性越高越倾向于内部生产，资产专用性越低则应向市场采购。

二是服务质量易于衡量。公务员和承包者都存在自身利益。由于政府公共部门的性质，公务员没有削减成本提高服务质量的动力，而其他组织则正好相反。合同外包的优势就在于引入了竞争机制。一般来说将公共服务交由私人企业来提供可以大幅降低成本和提高服务质量。但是如果服务质量难以衡量，政府部门无法很好地监控服务质量，承包者充分利用这种信息不对称，降低所提供的服务质量，则不利于改善公共服务效率的提高。因此，合同外包的公共服务本身应当具有易于列出的详细质量要求或标准。

三是存在一个竞争市场。在竞争充分的市场中，政府部门寻找交易对象，了解产品和服务信息以及监督的成本都要小很多，合同的风险能够大大降低[1]，相反，市场竞争不充分，价格机制没有很好地发挥作用，交易成本很高，则更多地采用内部生产的方式。因此合同外包应当选择市场竞争较为充分的领域。

从实践来看，政府公共服务外包的范围主要包括五个方面：（1）环境保护类服务，如垃圾处置、园林绿化、环卫清扫、污水处理等；（2）社会保障类服务，如医疗、教育、养老等；（3）社会事业类服务，如公共交通、物业管理等；（4）公共安全类服务，如社会治安、动植物检疫、动植物疫病防控等；（5）工程建设类服

---

[1] 句华：《公共服务合同外包的适用范围：理论与实践的反差》，《中国行政管理》2010年第4期。

务，如工程建设招投标的代办服务、工程质量监理委托服务等。

合同外包的合约方式具有优势也有劣势。在成本效率方面，合同外包有助于降低成本、提高效率，可以达到节约资源的目的。因为竞争的市场环境使得企业在提供公共服务时必须考虑生产收益成本，节约资源并努力提高生产效率。[①] 同时，在管理技术方面，由于政府在公共服务的提供中长期处于垄断地位，加之政府内部存在官僚主义等弊端，政府的管理技术落后于社会力量的发展，社会力量在市场竞争中积累了相当多的管理技术和方法，这些管理技术有利于提高公共服务的供给效率和质量。但是，公共服务的承包者与政府之间存在着信息不对称，政府部门难以全面而准确地监督公共服务承包商的行为。承包商更容易利用其信息优势做出不利于委托方（政府）的机会主义行为。如果承包商以利益最大化为目标，他将不会为购买不起公共服务的人提供服务，不利于达成公共服务的公益目标。[②] 尤其是企业在提供公共服务时坚持"顾客导向"将会使得付费能力低或者无付费能力的人得到降低质量的服务或得不到服务，直接影响社会的公平正义。

公共服务的合同外包涉及政府、私营部门、非营利组织、公众等多个主体，政府作为委托人既要保障公共利益的实现，又要兼顾承包者的正当收益，确保公共服务的有效提供。公共服务合同外包的实施步骤就相当复杂。萨瓦斯在研究了49个国家的民营化经验后，总结出了合同外包的12个实施步骤：考虑实施合同外包；选择拟外包的服务；进行可行性研究；促进竞争；了解投标意向和资质；规划雇员过渡；准备招标合同细则；进行公关活动；策划"管

---

① 韩锋：《公共物品多中心合作供给机制的构建——基于公共选择的视角》，《甘肃理论学刊》2009年第5期。

② 邓国胜：《公共服务提供的组织形态及其选择》，《中国行政管理》2009年第9期。

理者参与竞争"；实施公平招标；评估标书和签约；监测、评估和促进合同的履行。萨瓦斯指出有效地竞争、全面的合同细则、系统的绩效监测是影响公共服务合同外包成效的关键因素。[①] 浙江省宁波市政府于2009年11月出台了《宁波市政府服务外包暂行办法》（以下简称《办法》），这是我国第一个关于服务外包的地方政府规章。《办法》对服务外包的程序进行了规定，主要包括以下步骤：服务需求调查；服务外包方案制定；服务外包信息公布；服务外包方式确定；承包商甄选；合同签订；政府监管；合同验收等。[②]

从政府购买公共服务的实践来看，合同外包的实施步骤主要包括决策、实施、评估三个阶段。决策阶段首先要确定需要外包的公共服务是什么，外包是否可行并拟订合同细则，这一阶段的核心是成本收益的分析。实施阶段需要确定的是以怎样的方式寻找合适的承包者承接外包的公共服务，主要包括招标方式、甄选承包商、签订合约等。评估阶段主要是通过合同验收来判断承包商是否有效地提供了公共服务，是否让公众满意等。

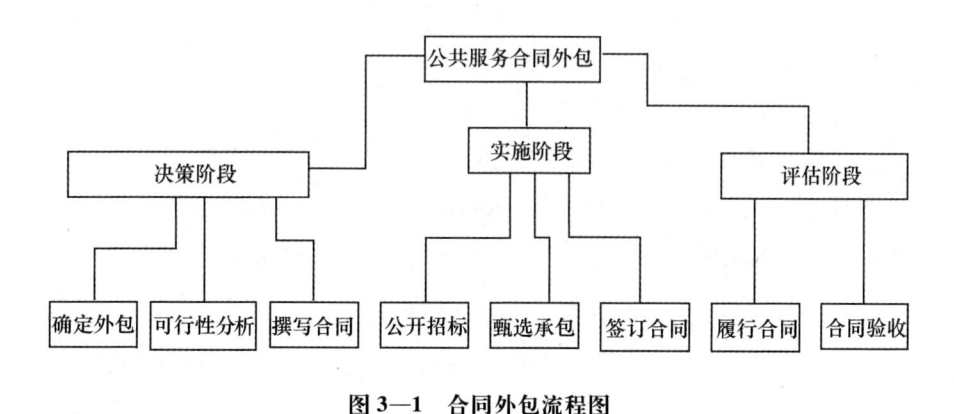

图 3—1 合同外包流程图

---

① [美] E.S. 萨瓦斯：《民营化与公私部门的伙伴关系》，周志忍等译，中国人民大学出版社2003年版，第184—215页。

② 《宁波市政府服务外包暂行办法》，http：//www.chinalaw.gov.cn/article/fgkcl/xfg/dMgz/201006/20100600256291.shtml。

二 直接资助制

直接资助制是政府通过直接拨款、物资资助、政策优惠等形式将资金下拨给承担公共服务职能的企事业单位、民办机构或者社会组织，由这些组织根据自身的职能、专业特色、人员优势等提供相应的公共服务。直接资助制的适用范围较广，一般来说在准公共服务领域，政府均可使用直接资助的形式提供公共服务，目前直接资助制涉及大量的行业和服务项目，如农产品补贴、住房补贴、医疗设施补贴等。

直接资助制使得政府从具体的生产过程中脱离出来，可以更好地发挥决策者的作用，同时也充分调动了非政府部门生产公共服务的积极性，提高了公共服务的供给效率和质量。但是直接资助制缺乏具体的目标，政府对于实际的公共服务生产者缺乏强有力的约束，缺乏对其的问责机制。

三 项目申请制

项目申请制是指政府作为公共服务的购买者设计特定目标的专项项目，面向社会公开招标，由招标者根据项目要求提供服务；或者由社会组织根据需要，主动向政府有关部门提出要求申请立项，经过评审后，以项目立项的方式予以资金支持的购买方式。[1] 国内项目申请制的实践主要在基层政府，适用于有着特定利益的群体向政府提出诉求的公共服务。

项目申请制是由公共服务的实际需求者通过一定的途径反馈给

---

[1] 王浦劬、[美] 莱斯特·M. 萨拉蒙：《政府向社会组织购买公共服务研究：中国与全球经验分析》，北京大学出版社 2010 年版，第 19 页。

政府，或者是政府在实际的工作中发现社会对于某项公共服务产生了充足的需求而进行购买行为的购买方式，这种方式对于社会的实际需求的把握较强，增强了公共服务供给的针对性，更加贴近民众的实际生活。但是，从本质上说，项目申请制是一种利益分配，政府优先的财政资金应当优先满足社会的哪一种公共服务需求，或者优先满足哪一类社会组织提出的申请都是有待解决的问题。因此项目申请制实际上存在着利益冲突，政府在项目评估、审批的过程中也存在着寻租的空间。项目背后所承载的政府财政资金对于申请到项目的社会组织来说可能是组织赖以存在的财力基础，因此也存在着通过不正当途径获取项目立项的动力。

四　公私伙伴关系

20世纪90年代后，PPP模式（public-private-partnership）在公共基础设施领域，尤其是在大型、一次性项目（如铁路、地铁等）的建设中扮演着越来越重要的角色。欧盟委员会认为PPP是指公共机构与商业社会之间为了确保基础设施的融资、建设、革新、管理与维护或服务的提供而进行合作的形式。加拿大PPP国家委员会认为PPP是公共部门和私人部门之间的一种合作经营关系，它建立在双方各自经验的基础上，通过适当的资源分配、风险分担和利益共享机制，更好地满足事先清晰界定的公共需求。我国财政部规定，政府及社会资本合作模式（public-private-partnership，PPP）是指政府为了建设基础设施项目或提供某种公共物品和服务，按照一定的方式和程序，以私人组织（社会力量）购买服务合同、特许经营协议为基础，明确双方的权利和义务，以确保合作的顺利完成，由社会力量向公众提供市政公用产品与服务，以提高质量和供给效率，最终实现使合作各方达到比预期单独行动更为有利的结果。其本质是政府与社会资本合作，为提供公共产品或服务而建立的政府与企业"利益共享、风险共担、全程合作"模式,形成"政府监管、企业运营、社会评价"的良性互动格局。

PPP模式的特性可以认为是在自然垄断条件下,经过政策的诱导形成的独特服务形式,如特许经营权、设立项目公司、合同承包建设、合同委托管理、股权转让或资产转让、政府补贴等形式,表现为公私双方共建项目、共享利益、共担风险,最终达到使社会福利增值的目标。其三大基本特征为:伙伴关系、风险分担和利益共享。

伙伴关系意味着在PPP模式中政府部门与私人部门之间不是竞争关系,而是合作的关系,它强调各个参与方平等协商的关系和机制,这是PPP模式的基础所在。伙伴关系是PPP项目成功的基本保障,只有伙伴关系才有可能充分发挥政府公共部门与私人部门所具有的优势,取长补短,优化资源配置,提升社会福利水平,实现共赢。到目前为止,所有成功的PPP项目都是建立在伙伴关系这个基础之上的。

项目目标的一致性,是PPP模式中公私部门伙伴关系区别于其他关系的核心所在。政府部门与私人部门之间之所以能建立相互合作的伙伴关系,就是因为存在共同的目标:以最少的资源,来实现最多的产品和服务。具体来说,私人部门希望通过PPP来实现自身利益的追求,而政府部门则是希望通过PPP来实现公共福利和利益的追求。但是,仅是目标一致并不足以维持伙伴关系的长久与发展,还需要通过契约来实现风险分担和利益共享。

风险分担意味着在PPP项目中,政府公共部门与私人部门之间需要合理分担项目的风险,而不是尽可能让自己所承受的风险最小,这是PPP模式的第二大特征,也是伙伴关系得以存在和维持的基础之一。风险分担是PPP模式区别于政府部门与私人部门其他交易形式的显著标志。以政府购买商品为例,之所以这一交易形式不能称之为公私合营伙伴关系,就是因为在这一过程中,双方并没有共同来分担风险,而是都在尽可能回避风险,使自身所承受的风险最小化。而在PPP模式中,双方会合理分配风险,都是尽可能地去承受自身有优势方面的风险,而让对方在这些方面所承担的风险尽可能小。具体来说,政府主要承担政策、法律等宏观层面的风险,而私人部门则是承担日常营运、管理等微观层面的风险。毫无疑问,如果风险能够合理分配,使得每一种风险都能由对其最有控制力、善于应对的部门来承担的话,就必然能使整个项目的成本最小化。因此在PPP模式中,会更多地考虑双方风险最优应对和最佳分担,从而将整个项目的风险降到最低,为伙伴关系的长久与发展提供保障。事实也证明,追求整个项目风险最小化的PPP模式,要比政府部门、私人部门各自追求风险最小化更能化解公共领域的风险。

利益共享是指在PPP模式中,政府公共部门与私人部门在共享PPP项目所带来的社会成果的同时,让参与的民营企业、民营机构等私人部门也能取得相对平稳的投资回报。但是PPP模式中公共部门与私人部门之间的利益共享并不是利润共享。在PPP项目中,政府部门需要对私人部门的利润进行严格控制,防止其获得超额利润。这是因为PPP项目提供的是公共服务,满足的是社会的公共需要,具有明显社会公益性,社会福利最大化是其追求的目的,而不是利润的最大化。如果双方追求利润的共享,就会使社会福利受到损害,从而会引起社会公众的不满,严重的话甚至会引起社会的动荡与混乱,这样一来就违背了PPP项目满足公众需要、追求社会福利的初衷和本质。利益共享是PPP模式的一个显著特征,是伙伴关系的另一个基础,如果没有利益共享,就不会有可持续的PPP类型的伙伴关系。

PPP模式有广义和狭义之分,广义的PPP可以理解为一系列项目融资模式的总称,包含BOT、TOT、DBO、BTO、股权转让、委托运营等多种模式。根据西方发达国家PPP的分类方式,广义的

PPP可以分为外包、特许经营和私有化三大类。外包类项目一般由政府投资，而私人部门承包工程建设或提供相应的服务（比如垃圾清运服务）；特许经营类项目则需私人部门参与部分或全部投资，并通过一定的合作机制与公共部门分担项目风险，共享项目收益（比如污水处理项目）；私有化类项目则由私人部门负责全部投资并享有项目永久所有权，政府只负责项目监管（比如燃煤发电项目）。而狭义的PPP指的是其中的特许经营类项目。

无论是广义还是狭义，PPP本质上是公共部门和私营部门为基础设施和公用事业而达成的长期合同关系，公共部门由在传统方式下公共设施和服务的提供者变为规制者、合作者、购买者和监管者。参照世界银行和加拿大PPP国家委员会的分类方式，可以将PPP以三级结构的方式进行分类（见表3—1）。

表3—1　　　　　　　　PPP模式分类

一级分类	二级分类	三级分类
PPP 外包类（outsourcing）	模块式外包（component outsourcing）	服务外包（service contract）
		管理外包（manage contract）
	整体式外包（turnkey）	设计—建设（design-build）
		设计—建设—主要维护（design-build-major maintenance）
		经营和维护（operation & maintenance）
		设计—建设—经营（design-build-operate）

续表

一级分类	二级分类	三级分类
PPP	特许经营类（concession）	TOT	LUOT 租赁—更新—经营—转让
			PUOT 购买—更新—经营—转让
		BOT	BLOT 建设—租赁—经营—转让
			BOOT 建设—拥有—经营—转让
		其他	DBTO 设计—建设—转移—经营
			DBFO 设计—建设—投资—经营
	私有化类（divestiture）	完全私有化	PUO 购买—更新—经营
			BOO 购买—拥有—经营
		部分私有化	股权转让
			合资兴建

外包类 PPP 项目一般是由政府投资，私人部门承包整个项目中的一项或几项职能，例如只负责工程建设，或者受政府之托代为管理维护设施或提供部分公共服务，并通过政府付费实现收益。[①] 在外包类 PPP 项目中，私人部门承担的风险相对较小。通常，外包类 PPP 项目包含模块式外包和整体式外包两种主要类型。其中模块式外包又划分为服务外包和管理外包两种形式；整体式外包分为设计—建设（DB）、设计—建设—主要维护（DBMM）、经营与维护（O & M）、设计—建设—经营（DBO，俗称交钥匙）等多种形式（见表3—2）。

---

① 王灏：《PPP 的定义和分类研究》，《都市快轨交通》2004 年第 5 期。

表 3—2　　　　　　　外包类分类及其主要特征

类型	具体形式	主要特征	合同期限
模块式外包	服务外包	政府以一定费用委托私人部门代为提供某项公共服务，例如设备维修、卫生打扫等。	1—3 年
	管理外包	政府以一定费用委托私人部门代为管理某公共设施或服务，例如轨道交通运营。	3—5 年
整体式外包	设计—建设（DB）	私人部门按照公共部门规定的性能指标，以事先约定好的固定价格设计并建设基础设施，并承担工程延期和费用超支的风险。因此私人部门必须通过提高其管理水平和专业技能来满足规定的性能指标要求。	不确定
	设计—建设—主要维护（DBMM）	公共部门承担"设计—建设"模式中提供的基础设施的经营责任，但主要的维修功能交给私人部门。	不确定
	经营与维护（O&M）	私人部门与公共部门签订协议，代为经营和维护公共部门拥有的基础设施，政府向私人部门支付一定费用。例如城市自来水供应、垃圾处理等。	5—8 年
	设计—建设—经营（DBO）	私人部门除承担"经营—建设""经营—建设—主要维护"的所有职能外，还负责其基础设施，但整个过程中资产的所有权仍由公共部门保留。	3—5 年

五　特许经营

特许经营可以看作 PPP 模式的一个具体组成部分。《国家发展改革委关于开展政府和社会资本合作的指导意见》明确提出，政府和社会资本合作（PPP）模式是指政府为增强公共产品和服务供给能力、提高供给效率，通过特许经营、购买服务、股权合作等方式，与社会资本建立的利益共享、风险分担及长期合作关系，强调特许经营是落实 PPP 模式的具体方式。特许经营属于使用者付费类的 PPP 模式，该模式能够明确界定项目产品和服务的受益对象，能够构建成熟的收费模式，通过向使用者收取费用来回收项目投资建设及运营的成本支出。目前，PPP 中的特许经营模式，是各国公私合营中最普遍采用的一种模式，也是我国 PPP 模式的主要实现方式。国家发改委等六部委联合发布的《基础设施和公用事业特许经营管理办法》强调，在基础设施和社会事业投资建设领域以特许经营方式推进 PPP 模式落地。如果特许经营项目本身能够构建一个商业盈利模式，通过项目本身的收入或必要的财政补贴能够回收其投资建设和运营成本，则应明确必须采用特许经营的 PPP 模式进行投资建设，而不应采用政府采购服务类 PPP 模式。[①]

广义的特许经营分为两大类，政府特许经营（Concession）和商业特许经营（Franchise）。本书所讨论的"特许经营"为政府特许经营。最早的特许经营被认为是 1660 年英国实行的对高速公路的 BOT 特许经营。随后，英国和美国等国家对建设并运行大规模的运河和铁路项目实行 BOT 特许经营。在水务领域，1782 年法国将第一个 BOT 特许经营权授予佩里埃兄弟公司（Perier Brother），以满足巴黎城市供水需要。但在理论方面，直到 1968 年，德姆塞茨（Demsetz）在其发表的《为什么监管公用事业》一文中，才提出了较为成熟的特许经营理论。该理论强调在政府监管公用事业中引进竞争机制，通过拍卖的形式，让多家企业竞争在特定公用事业或业务领域中的独家经营权（即特许经营权），在一定的企业信誉、质量保证等要求下，由提供较低报价的那家企业取得特许经营权。[②] 这里所讲的特许经营权，涉及自然资源的开发利用、公共基础设施建设、公用事业产品的提供和特定服务的提供等。获得特许经营权

[①] 李开孟：《正确理解特许经营在我国 PPP 中的地位》，《中国投资》2015 年第 9 期。

[②] 王俊豪、陈无风：《城市公用事业特许经营相关问题比较研究》，《经济理论与经济管理》2014 年第 8 期。

的企业，通过直接向公众提供公共产品和服务，履行经营协议，从使用者处收取费用来获取收益，同时接受主管部门对产品和服务质量的监督检查。① 而特许经营权的授予是通过竞争性投标方式来进行，投标采取对服务提出收取价格的形式，由提出最低标价的潜在进入厂商（企业）获得特许经营权，所以可以认为特许经营权是对愿意以最低价格提供产品或服务的企业的一种奖励。②

在我国特许经营也受到政府越来越多的关注。国务院《关于加强城市基础设施建设的意见》明确指出："政府应集中财力建设非经营性基础设施项目，要通过特许经营、投资补助、政府购买服务等多种形式，吸引包括民间资本在内的社会资金，参与投资、建设和运营有合理回报或一定投资回收能力的可经营性城市基础设施项目。"2004 年出台的《市政公用事业特许经营管理办法》指出："市政公用事业特许经营，是指政府按照有关法律、法规规定，通过市场竞争机制选择市政公用事业投资者或者经营者，明确其在一定期限和范围内经营某项市政公用事业产品或者提供某项服务的制度。"2014 年的《基础设施和公用事业特许经营法（征求意见稿）》将特许经营定义为各级人民政府依法选择中华人民共和国境内外的企业法人或者其他组织，并签订协议，授权企业法人或者其他组织在一定期限和范围内建设经营特定基础设施和公用事业、提供公共产品或者公共服务的活动。2015 年出台的《基础设施和公用事业特许经营管理办法》中也规定："基础设施和公用事业特许经营，是指政府采用竞争方式依法授权中华人民共和国境内外的法人或者其他组织，通过协议明确权利义务和风险分担，约定其在一定期限

---

① 李霞：《论特许经营合同的法律性质——以公私合作为背景》，《行政法学研究》2015 年第 1 期。

② 黄新华：《政府管制、公共企业与特许经营权竞标——政府治理自然垄断问题的政策选择分析》，《东南学术》2006 年第 1 期。

和范围内投资建设运营基础设施和公用事业并获得收益，提供公共产品或者公共服务"。

政府特许经营的范围主要面向的是公共服务和公共事业领域，特别是具有自然垄断性的业务领域。在这样的业务领域中，如果不存在政府有效监管，只存在一个垄断者的通常结果是价格定得太高，并诱使过多的企业进入，牺牲成本效率。这就为政府对这样的领域进行监管提供了合理性。为了保证特定公用事业内的效率，政府就要设置进入壁垒来控制企业数量。[①] 2004 年的《市政公用事业特许经营管理办法》指出，在我国特许经营适用于城市供水、供气、供热、公共交通、污水处理、垃圾处理等行业。2015 年出台的《基础设施和公用事业特许经营管理办法》，将特许经营的适用范围明确界定为能源、交通运输、水利、环境保护、市政工程等基础设施和公用事业领域。特许经营作为 PPP 模式中最普遍使用的一种合约方式，其本身又可以划分为以下几种类型（见表3—3）。

表 3—3　　　　　　　　　特许经营的类别

特许经营类	转让/转移—经营—转让（TOT）	租赁—更新—经营—转让（PUOT）
		购买—更新—经营—转让（PUOT）
	建设—经营—转让（BOT）	建设—租赁—经营—转让（BLOT）
		建设—拥有—经营—转让（BOOT）
	其他	设计—建设—转移—经营（DBTO）
		设计—建设—融资—经营（DBFO）

BOT（Build – Operate – Transfer），即建设—经营—转让方式，意指项目公司承担公用事业项目的设计、融资、建造、经营和维护，在协议期内拥有该项目所有权，允许向项目使用者适当收费，

[①] 王俊豪、陈无风：《城市公用事业特许经营相关问题比较研究》，《经济理论与经济管理》2014 年第 8 期。

以回收成本并获得合理回报。特许期满后，项目公司将设施无偿移交给政府部门。

TOT（Transfer - Operate - Transfer）即转让—运营—转让方式，投资者购买国家所有的基础设施的所有权。由政府授予特许经营权，投资者在约定的时间内拥有该基础设施的所有权及经营权。通过经营活动取得收入，收回全部投资并获得相应的利润，约定期届满，投资者将该基础设施的所有权及经营权无偿移交给该国政府。[①]一般说来，特许经营包括项目确认、项目招投标、项目建设、项目运营和项目移交阶段。涉及政府部门及相关机构、项目公司、投资人、贷款银行、用户等多个主体。并且，特许经营的产品一般有两种销售方式：一是由政府指定的机构统一购买，该机构在购买后负责向各用户提供并收取费用；二是由项目公司自行寻找用户并向其出售，出售价格的制定主要以中标价格为依据（见图3—2）。

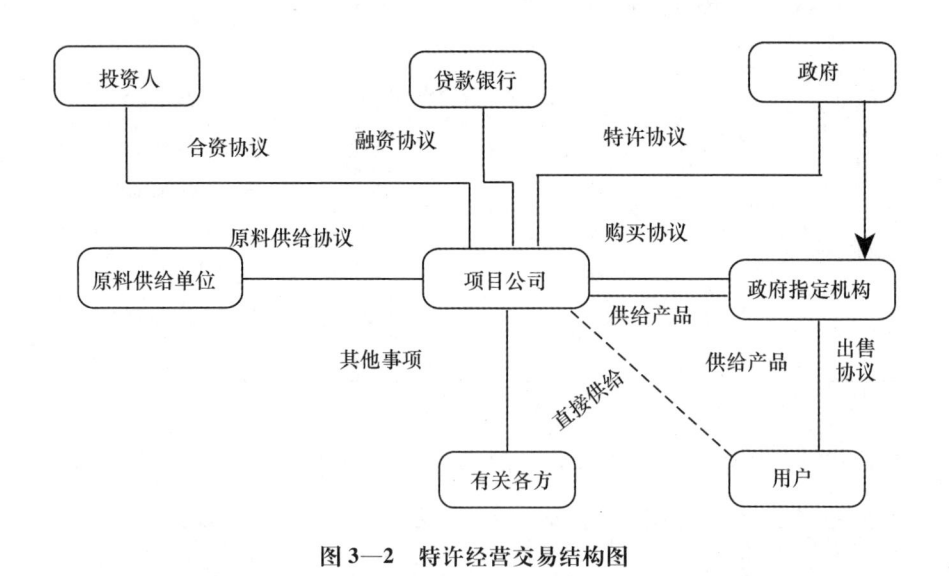

图3—2 特许经营交易结构图

---

① 冯锋、张瑞青：《公用事业项目融资及其路径选择——基于BOT、TOT、PPP模式之比较分析》，《软科学》2005年第6期。

在特许经营模式下，政府广泛吸收民间资本和境外投资，通过让渡出部分的公共资源经营权，加快了公共服务领域市场化进程。在特许经营中，获得特许经营权的企业可以按照市场机制的要求独立经营，自负盈亏。特许经营最重要的意义就在于打破了政府对公共服务的垄断，预示着单中心统治模式向多中心治理模式的嬗变。①在特许经营下，政府通过调整职能定位，转变管理方式，做市场监管的主体，而不是经营的主体，通过制定市场规则、确定目标、监督市场行为，来维护公共利益、公共安全，将具体任务委托民间组织完成，从单纯的行政管理过渡为市场监管，做"公共责任人"，而不是"公共企业家"。政府特许经营的建立，使政府实现了职能的转变。

在特许经营中，特许人对受许人是存在监管关系的。但很多时候，政府部门并没有意识到其监管的重要性，经常放弃对项目的监管或者犯下很多其他类似错误。而且，特许经营在一定程度上带有一定的自然垄断性，特许经营资源一旦投入运营，就会造成特许经营者对该项经营的垄断或者局部垄断，基于资本追逐利润的天性，特许经营使得公与私广泛接触，腐败也就极容易发生了。更重要的是，特许经营之后的政府规制往往是建立在信息不对称的基础之上的，在信息不对称的情况下，规制者很容易在信息不全甚至严重失真的情况下作出不利于自身的决策。

六 民营化

民营化是公共部门与私人部门通过一定的契约关系，由私人部门负责公共服务的提供。民营化要求私人部门负责项目的全部投

---

① 章志远：《公用事业特许经营及其政府规制——兼论公私合作背景下行政法学研究之转变》，《法商研究》2007年第2期。

资，并在政府的监管下，通过向用户收费的方式收回投资获取利润。根据程度的不同，可将其分为完全民营化和部分私有化两种（见表3—4）。

表3—4　　　　　　　　　　民营化的分类

类型		主要特征	合同期限
完全民营化	PUO（购买—更新—经营）	私人部门购买现有基础设施，经过更新扩建后经营该设施，并拥有该设施的产权。在与公共部门签订的购买合同中注明保证公益性的约束条款，受政府管理和监督。	永久
	BOO（建设—拥有—经营）	私人部门投资、建设并拥有和经营某基础设施，在与公共部门签订的合同中注明保证公益性的约束条款，受政府管理和监督。	永久
部分私有化	股权转让	公共部门将现有设施的一部分所有权转让给私人部门持有，但公共部门一般仍然处于控股地位。公共部门与私人部门共同承担各种风险。	永久
	合资兴建	公共部门与私人部门共同出资兴建公共设施，私人部门通过持股方式拥有设施，并通过选举董事会成员对设施进行管理，公共部门一般处于控股地位，与私人部门一起承担风险。	永久

运用民营化的合约方式购买公共服务，一般不需要政府获得项目的所有权，民间资本的积极性较高，可由私人部门负责经营。但是由于民营化中公共设施与服务的所有权最终不属于政府，在购买公共服务时，政府部门更多倾向于进行部分民营化而非完全民营化。对于当下我国政府购买公共服务而言，民营化可供选择的项目有直接向使用者收费但是服务提供能力在全社会同类公共服务供给总量中比重较小的项目，如垃圾焚烧发电、海水淡化、集中供热等；或是可直接向使用者收费且不具有安全保密要求的公共服务项目，如公共停车场等。

七 凭单制

凭单也称代金券、有价证券、消费券，它是政府部门向有资格消费某种物品或服务的个体发放的优惠券。具体而言，凭单是围绕特定物品而对特定消费者群体实施的补贴，体现政府对特定消费（如基础教育、公共卫生等）进行鼓励、扶助的政策意向。但是凭单不同于传统补助，是直接补贴消费者而非生产者，凭单通常采取代金券的方式而非现金。一般而言，凭单制是指有资格接受凭单的个体在特定的公共服务供给组织中"消费"他们手中的凭单，然后政府用现金兑换各组织接受的凭单。[①] 比如就业培训券就是一种凭单，政府向特定人群发放就业培训券，持券者可以在政府选定的培训机构自主选择自己要参加的培训专业。

凭单制的实质是在公共服务中引入市场机制的一种制度安排。按照 E. S. 萨瓦斯的理论，物品和服务按其内在特性可分为个人物品（拥有排他和个人消费的特征，如食品、衣服和住房）、可收费物品（排他和共同消费，如有线电视、电话、电力）、共用资源（非排他和个人消费，如海鱼）和集体物品（非排他和共同消费，如国防、治安）等四类。[②] 纯粹的个人物品和可收费物品完全可由市场来提供，无须实行凭单制改革；具有自然垄断性的可收费物品由于不具有多个供应主体竞争的可能，不适合凭单制安排；纯粹的共用资源和集体物品由于不能排他和收费，也不适合由凭单制来提供。由此可见，只有那些具有融合特征的物品和服务才适合凭单制安排。所谓融合特征是指这类物品一般可以有效排他，具有私人物

---

① 宋世明：《美国行政改革研究》，国家行政学院出版社1999年版，第95页。
② [美] E. S. 萨瓦斯：《民营化与公私部门的伙伴关系》，周志忍等译，中国人民大学出版社2003年版，第49页。

品的性质，但它又因正外部效用而具有集体物品的公共性，也就是说，融私人物品要素和公共物品要素于一体。例如教育、医疗卫生就是具有明显融合特征的物品。它们既具有明显排他和个人消费性并可收费，又具有明显正溢出效益，即如果人人受教育，整个社会文化素质提高；而当一个病人被治好时，许多人会从中受益。这些领域运用凭单制的具体形式有：中小学的学费凭单、大学中的退伍军人福利以及针对穷人的基本医疗卡、免疫和疾病预防卡等。

萨瓦斯认为凭单制良好运行的理想条件共有六个方面：（1）人们对服务的偏好普遍不同，且公众认为这些多样化偏好都很合理。（2）存在多个服务供应者之间的竞争，潜在提供者进入成本很低。（3）个人对市场状况有充分理解，包括服务成本、质量、获取渠道等方面的信息。（4）使用者容易评判服务质量，或者生产者由政府批准并受其监控。（5）个人有积极性去购买该种服务。（6）这种服务比较便宜且人们购买频繁，因此公众能够通过实践来学习。但是在实践中，完全满足这六个条件的公共服务并不多。事实上，可将凭单模式的适用条件归纳为以下四个方面：政府有支付或部分支付的意愿或义务；存在多个供应主体竞争的可能；该物品或服务具有有效排他性并可收费；消费者有一定的选择能力。[①]

公共服务供给的凭单制有助于提高公共服务的质量，因为凭单制的补贴对象是需求方即消费者而非供给方，这使得供给方更加注重消费者"用脚投票"的权利，从而重视提高公共服务的质量和降低生产成本，以更好地吸引消费者接受服务，从而促进了公共服务供给的竞争，但凭单制也存在着局限性，服务提供者具有会选择最好的或者唾手可得的顾客的倾向。

---

① 李红霞：《理解凭单制：渊源、机制、模式及运用》，《福建行政学院福建经济管理干部学院学报》2005年第1期。

第二节 政府购买公共服务机制设计的合约目标

作为一种新型公共服务提供方式，政府购买公共服务客观上对政府的施政能力提出了更高的要求。政府购买是在公共服务领域打破政府垄断地位引入竞争机制，把市场管理手段、"方法"与技术引入公共服务之中，将公共服务的提供与生产分开，政府依靠市场和非营利组织进行生产，通过购买的方式间接地向公众提供公共服务。① 从实践上看，政府购买公共服务的机制设计面临着信息不对称、逆向选择、道德风险、监管困难、成本上升，甚至行政腐败等问题。② 因此要明确政府购买公共服务机制设计的合约目标，通过良好的机制设计形成的合约，发挥政府购买公共服务的优势，规避信息不对称、逆向选择和道德风险等问题。为厘清政府购买公共服务机制设计的合约目标，必须深入分析政府购买公共服务机制设计合约的影响因素。

一是信息不对称。完全竞争市场上能够实现帕累托最优的一个重要假设是完全信息，即市场交易双方对交易产品具有充分的信息。然而，在现实生活中，交易双方所拥有的信息是不完全的，而这种不完全又往往表现为信息的不对称。信息不对称是指在市场经济活动中，在相互对应的经济个体之间的信息呈不均匀、不对称的分布状态，也就是说，有些人掌握的关于某些事情的信息比另外一些人更多一些。由于各类人员对有关信息的了解是有差异的，掌握

---

① 王春婷：《政府购买公共服务研究综述》，《社会主义研究》2012年第2期。
② 陈奇星：《完善基层政府公共服务外包的思考：基于上海市的研究》，《中国行政管理》2012年第11期。

信息比较充分的人员，往往处于比较有利的地位，而信息贫乏的人员，则处于比较不利的地位。也就是说，行为人之间的这种信息占有的不同称为信息不对称，但其中要涉及不同行为人之间发生契约关系，否则就无所谓信息不对称。在政府购买公共服务中，信息不对称现象的表现尤为突出，私人企业不可能把它所知道的信息全部告知政府，甚至可能提供虚假信息。受生产技术的复杂性、市场需求的多重性、未来的不确定性等因素的限制，公共部门与私人企业等社会组织签订的服务合同内容是不完备的，从而会导致逆向选择与道德风险，使政府购买存在着交易风险和纠纷。①

所谓逆向选择是指在信息不对称的状态下，市场交易的一方如果能够利用多于另一方的信息使自己受益而使另一方受损，那么其倾向于与对方签订契约进行交易，这种交易契约的签订或市场选择导致了市场效率的降低。②也就是说，在政府购买公共服务中，承包商很有可能利用其掌握的私人信息，谋求自身利益的最大化，而忽视政府所要求达到的目标。道德风险问题，是指交易双方在签订交易契约后，占据信息优势的一方在使自身利益最大化的同时损害了处于信息劣势一方的利益，而且并不承担由此造成的全部后果的行为。道德风险产生的主要原因有：在交易契约中，处于信息劣势的一方无法观察到占据信息优势的一方的行为，最多只观察到行为产生的不利后果；处于信息劣势的一方无法确定这种不利后果的产生是否与占据信息优势的一方的行为不当有关。

政府购买公共服务过程中信息不对称的影响是深远的。信息不对称不仅影响了市场交易效率，政企之间的博弈也进一步增加了合

---

① 黄新华：《公共服务合同外包中的交易成本：构成、成因与治理》，《学习与实践》2013年第6期。

② 崔鑫生等：《公共部门经济学》，对外经济贸易大学出版社2007年版，第47页。

同外包中的争议成本，破坏正常的交易秩序，甚至在极端条件下，最终有可能导致市场的瓦解，交易根本不存在。① 在政府购买公共服务过程中，对于私人企业的产品质量和信誉的最大顾虑是阻碍政府购买公共服务的重要原因之一，特别是在政府购买公共服务中由于信息不对称引起的逆向选择问题和道德风险问题如果不能得到及时的解决，将会影响政府的执政能力和工作效率。

二是激励不相容。在存在道德风险的情况下，如何保证拥有信息优势的一方（称为代理人）按照契约的另一方（委托人）的意愿行动，从而使双方都能趋向于效用最大化，是政府购买公共服务机制设计必须解决的问题之一。换言之，机制设计的目标是要实现激励相容，实现政府利益和企业利益的一致性，既要实现政府的目标，也要实现企业利益的最大化。但是在政府购买公共服务的过程中，政府与企业之间是一种具有合约性质的经济利益关系，双方都面临着市场的不确定风险，政府难以直接观察企业的具体操作行为，企业也不能完全控制选择行为后的操作与执行。换言之，由于信息不对称导致的逆向选择和道德风险等委托人（政府）与代理人（企业）的目标是很难达成一致的，往往不能达到既实现政府的目标，又实现企业的利益最大化，这就是激励不相容的表现。

政府购买服务中的激励机制设计的目标就是设计一种机制或安排一种契约，使代理人（政府）效用最大化的目标与委托人（企业）效用最大化的目标一致，实现两者的激励相容。也就是说，提供一个在委托人与代理人之间的安排风险、收益和动力互相分享与承担的制度，实现政府与企业利益最大化。一方面，政府应当给予企业一定的报酬，并使报酬取决于政府的经营绩效，能够使企业有动力去帮助政府实现既定的目标，进而能使企业自我抑制自身道德

---

① 王雅龄、杨晓雯：《非对称信息条件下政府购买公共服务问题研究》，《东方论坛》2014 年第 3 期。

风险行为。另一方面,公共部门要能够有效地对企业的行为进行监督,对代理人的行为结果和代理人为取得这一结果所付出的努力作出准确与客观的评价,并将代理人的报酬多少与监督反馈的信息相联系,从而达到限制代理人道德风险行为的目的。另外,市场竞争作为外部的激励约束机制对代理人的道德风险也有重要作用。代理人市场上的竞争能够产生约束代理人行为的信息。

三是监督不到位。从契约关系的角度上看,政府购买公共服务的本质是一种委托代理关系,公共部门(政府)是委托人,承包商(企业)是代理人。因为受到某些条件的限制,委托人需要将某些权力授权给代理人,以实现自身利益最大化。但是代理人也是效用最大化者,代理人有滥用委托权力牟取私利的可能,由于合同外包中代理人与委托人相比有更大的信息优势,信息不对称加大了代理人为谋取自身利益而行动的可能性。为了限制代理人的行为偏差,委托人必须加强对代理人的监督,保证公共服务的质量,维护公共利益。[①] 但是,政府购买公共服务中存在监督不到位的问题。对于公共服务的提供者,政府缺乏科学的评价体系和强有力的监督体系,很难对其做到同步的监督和有效的评价,政府部门专业人员的缺少更加剧了监督的不力。同时,由于公共服务领域并不是一个完全竞争的市场,在政府与企业合作的过程中必然会增加腐败的机会。正因为如此,一些学者认为,政府购买公共服务不仅不会减少政府的工作,还可能给政府提出更多、更高的要求。

在公共服务购买中,政府是购买公共服务的重要主体,贯穿于整个购买过程。尽管政府购买强调强化社会组织在公共服务提供中的作用,淡化对政府的依赖,主张用市场化的方式满足公共服务需要,但是这并不意味着,政府在将公共服务供给职能转移给社会组

---

① 黄新华:《公共服务合同外包中的交易成本:构成、成因与治理》,《学习与实践》2013年第6期。

织的同时，将其公共服务责任也一并转移给社会组织。① 戴维·奥斯本和特德·盖布勒指出，以私有化为出发点来讨论政府的作用是错误的；与具体的各项服务不同，治理不能承包或转移给私营部门，能够私有化的仅仅是政府个别的掌舵性职能，而不包括治理的全过程。② 政府购买公共服务的实践表明，其实政府购买公共服务只是引入市场机制来完善政府工作，弥补政府的不足，而并非由市场取代政府，转让政府责任。在政府购买公共服务的过程中，由于作为承接方的企业或社会组织的进入，政府、社会组织、公民三者的关系将使得政府的责任变得更加多样化与复杂化而非淡化，政府购买公共服务其实并没有减少政府的责任，相反的，政府在交易过程中需要强化投入责任与监管责任。

政府购买公共服务中存在着众多的风险，而造成风险的原因之一是因为政府没有履行相应的责任，只有负责任并且很好地履行责任的政府的存在，政府购买公共服务的交易才能顺利进行，才能发挥效用。但是必须明确的是，政府虽然不能推诿其在购买公共服务中的责任，但这并不等同于政府对公共服务供给市场的全面干预。明确政府在购买公共服务中必须承担的责任，是为了改善公共服务的质量，维护公共利益。③

四是交易成本的不确定性。人类社会发展变化不是简单的机械运动，不可能完全准确预测，充满着不准确性。在市场中，一项交易从发生到完成总要持续一段时期，在该时期中可能会发生很多影响交易双方权利和义务的事件，从而影响交易契约的执行。由于合

---

① 武静：《政府购买公共服务中的政府责任研究》，《山东科技大学学报》（社会科学版）2013年第4期。

② [美]戴维·奥斯本、特德·盖布勒：《改革政府：企业精神如何改革着公营部门》，周敦仁等译，上海译文出版社1996年版，第203页。

③ 武静：《政府购买公共服务中的政府责任研究》，《山东科技大学学报》（社会科学版）2013年第4期。

同执行者存在机会主义的倾向，当市场条件变化时可以借口契约的前提改变而停止履行合同，在不违反法律的情况下给交易伙伴造成损失。为了避免这种情况的发生，交易双方将尽可能把契约写得十分复杂，力图包括一切未来的可能性，以及每一种情况发生时双方的权利和义务。但是，任何契约不可能是完全的，机会主义总有可乘之机。交易本身越复杂，交易谈判及其所达成的契约越复杂化，交易成本就越高，市场作为一种交易治理机制的效率就越低，甚至不能完成交易。奥利弗·威廉姆森指出，影响市场交易成本的因素可分成两类：第一类为"交易因素"，指市场的不确定性和潜在交易对手的数量及交易的技术结构——指交易物品的技术特性，包括资产专用性程度、交易频率等。第二类为"人的因素"——有限理性和机会主义。他指出，机会主义行为、市场不确定性、小数目谈判及资产专用性的存在都会使市场交易成本提高。威廉姆森进一步将交易成本分为事前交易成本和事后交易成本。他认为，事前交易成本是指由于将来的情况不确定，需要事先规定交易各方的权利、责任和义务，在明确这些权利、责任和义务的过程中就要花费成本和代价，而这种成本和代价与交易各方的产权结构的明晰度有关；事后交易成本是指交易发生以后的成本。这种成本表现为各种形式：（1）交易双方为了保持长期的交易关系所付出的代价和成本；（2）交易双方发现事先确定的交易事项有误而需要加以变更所要付出的费用；（3）交易双方由于取消交易协议而需支付的费用和机会损失。[1]

从交易成本经济学的角度看，政府购买公共服务和合约安排是在政府付费的情况下引入市场机制供给公共服务的一种方式，可以把合同的交易成本看作公共服务市场供给产生的"摩擦力"，这种

---

[1] Oliver E. Williamson. Transaction Cost Economics: The Governance of Contractual-Relations, *Journal of Lawand Economic*. October. 1979, 22: 233-261.

"摩擦力"会阻碍合约的实施。[①] 政府购买公共服务是否是成功交易取决于交易过程中所产生的交易成本,为了降低市场供给公共服务的交易成本,必须制定相关的合理有效的治理机制,厘清政府购买公共服务机制设计交易成本影响因素。

机制设计理论研究的核心就是在自由选择、自愿交换、信息不完全及决策分散化的条件下,能否设计一套经济机制(游戏规则或制度)来达到既定目标,并且能否比较和判断机制的优劣性。[②] 因此目标的构建是机制设计的前提环节,一个好的经济制度应满足三个要求:资源的有效配置、信息有效与激励相容。由此而言,在面临上述一系列影响因素的情况下,政府购买公共服务机制设计的合约目标至少应包括三个方面:最优合约选择、激励相容和合作治理。

第一,最优合约选择。政府购买公共服务本质上就是合同的签订,无论是合同外包、特许经营,还是凭单制,都涉及一系列合同或者协议的签订、执行、管理与监督等。由于合同的不完备性以及信息的不对称会引起道德风险和逆向选择,因此必须通过博弈互动过程,设计最佳博弈规则,寻求最优合约选择。最优合约选择包括供应商的选择、服务价格的定价、服务数量的确定、具有激励的支付期限、政府价格补贴监督的最佳方式等,在凭单制中还需要考虑优惠券发放对象的条件与标准,凭单的面值、使用期限、使用范围(也即定点服务单位)等,所有这些都应该在合约中得到体现以及动态调整。在特许经营中运用的 BOT 模式,涉及关于经营、转让、融资的专业知识,付款方式与供应商服务能力的甄别具有相关性,

---

[①] 黄新华:《公共服务合同外包中的交易成本:构成、成因与治理》,《学习与实践》2013 年第 6 期。

[②] [美] 利奥尼德·赫维茨、斯坦利·瑞特:《经济机制设计》,田国强等译,上海人民出版社 2014 年版,第 2—3 页。

还会由于工期长、建设投资大以及客观环境因素出现再次谈判的情况，这些都应该在初始的合约中进行额外的说明与补充，以免后期工程进展中出现政府被俘虏的情况。上述最优合约的选择总的来说是从成本与收益的角度考虑的，符合成本最小、收益最大化原则。特别是降低交易成本，提高公共服务的质量与数量、受众人群的满意度，实现公共服务均等化，保障社会公平正义。

第二，激励相容。赫维茨认为，如果在某个机制背后的博弈中，每个人如实报告自身类型是其占优策略，那么该机制是激励相容的。也就是实现参与者个人的最优与整体的最优相融合、委托人与代理人目标（利益）之间的相融合以及政府与社会力量、公民三者之间的目标相容。由于委托人的目标函数依赖代理人的私人信息，如果这个信息不准确，委托人的判断和决策就会出现失误。因此，委托人必须实施某种形式的激励措施促使代理人讲真话，减少代理人机会主义行为的问题。[①] 最优合约选择是基于代理人真实信息作出的具有激励性质的规则、方案，在后续阶段，代理人有动力提高自身的真实努力程度，达成合约的规定，得到相应的报酬。对于政府购买公共服务而言，激励相容约束指的是使得社会力量最大化自身收益的目标与政府的目标保持一致。政府设计的激励机制目标分别是：第一，针对代理人隐蔽信息的逆向选择行为，激励目标是如何使代理人"自觉地"显示他们的私人信息或真实偏好，即"如何让人说真话"；第二，针对承接方的社会力量隐蔽行为的道德风险问题，激励目标就是如何使其"自动自觉地"尽最大努力工作，诱使相关社会力量不采取道德风险行动，即"如何让人不偷懒"，说得通俗点就是"为我工作和为你自己工作是一样的"。

---

① 邱询旻、冉祥勇：《机制设计理论辨析》，《吉林工商学院学报》2009年第4期。

第三，合作治理。合作治理既是一种重要的政府管理工具，在地方政府购买公共服务中运用合作治理，可以构建信任关系的对话，形成参与激励，使手段和目标统一。合作的过程包括直接对话、建立信任、对合作过程的承诺、共同理解、阶段性成果。[①] 在特许经营的BOT模式中体现一种公私合作的伙伴关系，政府借助私人公司筹建资金，缓解财政不足与基础设施需求和耗资大之间的矛盾，私人公司可以通过政府的特许获得一段时间的经营权，获取可观的经济收入，而公民也能得到高效的服务；在凭单制的供给中，政府、营利或非营利组织、公民就形成了多中心的行动者，通过制度化的合作机制进行公共服务的供给，公民可以自由、多元化选择；在合同外包中，以合同的形式促成契约合作，实现购买者和承包者之间的良性合作。更进一步说，依赖制度和信任的合作治理关系是公共服务主体间关系的最终目标，超越了以往的委托—代理关系和责任—利益关系，更有利于上述的最优合约选择和激励相容的实现，两者相辅相成。

第三节　政府购买公共服务机制设计的合约监管

在政府购买公共服务中，机制设计的合约属于"不完全合同"，使得公共服务购买存在未知风险和不确定性，加上政府购买公共服务并不意味着政府责任的解除，所以对政府购买公共服务合约的监管就变得十分重要。

[①] 蔡岚、潘华山：《合作治理——解决区域合作问题的新思路》，《公共管理研究》第8卷，上海人民出版社2010年版，第192—206页。

一 政府购买公共服务机制设计合约监管的原因

合约通常被理解为合同或契约,"一般意义上的合约是指市场交易过程中,交易双方自愿、平等地达成的某种协定。"① 且 E. S. 萨瓦斯认为,政府购买公共服务就是政府通过与第三方签订契约的方式,将公共服务的生产和供给外包出去。② 基于这种对于"合约"的理解,政府购买公共服务合约监管必须聚焦于政府购买公共服务所签订合同的监管上。

(一) 合同属性的问题

从合同本身的属性来看,机制设计形成的政府购买合同均是不完全合同,这是因为"人们在缔约时往往会因为无法完全预测到所有未来发生的可能事件,或者即使能够预料到也可能因为语言或其他沟通上的障碍而没有达成协议。"③ 而"当存在这些缔约成本或合同执行成本时,所缔结的合同就是不完全的。"④ 这意味着政府购买公共服务的同时承担了这种行为的不确定性,签订的合同无法保证没有遗漏供应者即私营部门或社会组织在未来可能承担的义务和享有的权利,也无法保证有一个公正的第三方对于合同进行无成本的监督,以确保合同能够得到执行。在这种不确定性下,政府购买公共服务的行为就充满了风险,可能会影响公共服务提供的质量,或提高购买公共服务的成本,更甚者导致公共服

---

① 傅静坤:《契约冲突论》,法律出版社1999年版,第29页。
② [美] E. S. 萨瓦斯:《民营化与公私部门的伙伴关系》,周志忍等译,中国人民大学出版社2003年版,第70页。
③ [法] 贝尔纳·萨拉尼耶:《合同经济学》,费方域、张肖虎、郑育家译,上海财经大学出版社2008年版,第7页。
④ 同上。

务的提供脱离了最初的行政目标，造成政府和公众的损失。因此合同的不完全属性使得政府对其的监管变得十分有必要，只有有效的监管才能在一定程度上控制不完全合同的不确定性所带来的风险和损失。

(二) 合同签订的问题

除了合同的属性外，合同签订的问题也是需要加强监管的重要理由。一是信息不对称。合同的缔结往往还伴随着信息的不对称问题，市场通常无法提供充分的信息，"现实中的经济人信息是不完备的，获取信息是有成本的"[1]，政府在向承包商购买公共服务时需要提前收集相关信息，但在这个过程中可能存在承包商隐藏信息的问题，即承包商是有自己本身的特定信息的，但他可能在政府收集信息时做了刻意隐瞒等行为，使得政府收集的信息不完全，形成了信息不对称；还可能存在获取信息的成本较高，从而导致政府没有获得相关信息，最终形成了信息不对称的状况。在这种情况下，合同在签订时政府并不能保证所选择的公共服务承包商是最适合的，作出的是最优的选择，这就为公共服务的事后提供埋下了隐患，提高了风险性。这种信息不对称在一定程度上是无法避免的，政府在合同签订之初就应该加强监管，尽量地获取相关信息，筛去不合格的承包商。

二是行为者的有限理性。有限理性指的是"有限认知能力为条件的有意识的行为"[2]。有限理性意味着人们获取和处理信息的成本高昂，人类科学知识存量有限或推理能力有限以及人类理解或思维

---

[1] [法] 贝尔纳·萨拉尼耶：《合同经济学》，费方域、张肖虎、郑育家译，上海财经大学出版社2008年版，第3页。

[2] [美] 埃里克·弗鲁博顿、[德] 鲁道夫·芮切特：《新制度经济学》，姜建强、罗长远译，上海三联书店2006年版，第577页。

中存在系统性的扭曲。① 因此，人在认识某种事物时会受到其有限的认知能力的限制，并不能事事俱全地将事物看得很全面，且这种有限理性是一种无法避免的现实问题。在政府购买公共服务时，有限理性会使得合同签订的双方在签订合同时无法进行全面考虑，其信息的分析能力受到了限制，同时双方的有限理性会局限合同双方的思维和眼界，使得他们只能看到眼前的现状，无法预计未来会出现的状况，以及无法估算一些不确定的风险。在这样的状态下签订合同后，双方都会受到有限理性的影响，而可能在未来承担一些没有预测到的损失和风险，所以政府才更应该加强监管力度，尽量严谨地签订合同、规范程序，以此来弥补有限理性带来的"盲点"。

三是机会主义行为。机会主义是指人们利用不正当的手段谋取自身利益的行为倾向，包括有目的、有策略地利用信息，如说谎、欺骗、违背对未来行动或责任的承诺，以及钻契约、规则、规定的空子等，其目的在于使自身利益或效用最大化。② 在信息不对称和有限理性的条件下，人们的逐利本能会驱使其为了利益的最大化而采取机会主义的行为。所以在政府签订购买公共服务的合同时，承包商可能就会抱有机会主义的心理实施欺骗、说谎等行为，从而追求自身的利益最大化，也可能利用主体双方的信息不对称性，在签订的合同里给自己留好能够获取利润的空间，对政府进行欺骗，一旦合同签订好就利用这点来谋取自己的利益。例如投低标，即在地方政府招标时，投标人为了中标而故意给出最低的价格，在合同签订时抱有机会主义的心理，合同签订后利用合同的漏洞或是利用有

---

① Scott K. E. Bounded Rationality and Social Norms: Concluding Comment. *Journal of Institutional & Theoretical Economics Zeitschrift Fur Die Gesamte Staatswissenschaft*, 1994, 150（1）: 315 - 319.

② 黄新华:《公共服务合同外包中的交易成本：构成、成因与治理》,《学习与实践》2013 年第 6 期。

限理性来减少公共服务的提供量以获取更高利益或先以低价取得政府的信赖，再在续约时大幅提高价格来谋取利益。面对这种机会主义的可能行为，政府在签订购买公共服务的合同时只有加强监管才能避免或是减少机会主义行为的产生。

四是形式主义。政府购买公共服务需要寻找合适的代理人（企业或社会组织），才能达到降低成本提高公共服务质量的目的，但是，从我国政府购买公共服务的实践上看，选择代理人的主要方式是通过邀请招标或直接委托来与企业或社会组织签订合同，这种合同的签订方式会导致政府在购买公共服务的招投标中存在形式主义，通过这种方式签订的合同很可能存在漏洞，所以通过邀请招标和直接委托等购买公共服务的方式签订的合同存在着较大的风险性和不确定性，对这种签订方式形成的合约需要严格的监管。

五是寻租行为。政府购买公共服务的过程是一个公共服务由政府内部消化、供给转向政府外部社会组织供给的过程，在这个过程中或许可以减少政府内部的低效、腐败问题，但这其实更像是问题的部分转移，因为在这种合同制购买下会不可避免地产生寻租问题以及由其衍生出的腐败问题。在地方政府与私营部门或社会组织等承包主体签订合同购买公共服务时，双方地位是不平等的：政府有较强的行政权力，并且全权决定承包主体人选，在合同的谈判签订中处于绝对优势。基于这个现状，某些承包组织就可能通过贿赂等寻租行为，来优先取得公共服务的生产权与相关合同，再从中谋取自己的利益。伴随寻租行为产生的是政府内部的腐败问题，寻租作为腐败的源头为其提供了滋生的"温床"，政府官员很可能利用手中的决定权而助长寻租行为的产生。麦克切斯内指出，政府及其官员在寻租过程中未必都是被动的角色，也可能是主动的角色，进而也就带来了所谓"政治创租"和"抽租"的问题。[①] 人为设置一些

---

① 黄新华：《公共部门经济学》，上海人民出版社2006年版，第42—43页。

信息盲点，使有意向投标的个人或组织不得不通过向其大肆行贿的方式来打探真实可靠的信息。寻租的存在使得合同的签订变得失去意义，最终带来的是承包商提供公共服务比由政府垄断更为低效、低质。因此，寻租行为的存在使得政府购买公共服务机制设计的合约监管尤为重要，在监管承包商的同时还应看到自身存在的问题，实施严格的监管者监管。

(三) 合同履行的问题

政府购买公共服务机制设计的合约签订之后进入了履约的过程。通常而言，没有任何合约的履行是不需要监管的。

一是逆向选择问题。在经济现实中，逆向选择意味着消费者在商品价格下降时也不会增加对其的购买，这是因为由于信息的不对称和机会主义行为的存在，消费者无法信任生产者，担心降价的商品质量低下。在政府购买公共服务中，逆向选择同样是存在的。交易双方即政府和承包商在签订合同时，存在着信息不对称及机会主义行为：政府可能由于成本或隐藏信息等原因而没有获得承包商的完全信息，产生了信息不对称，且由于合同的不完全、不确定性很容易让承包商钻空子，存在机会主义行为。基于这个前提，在合同执行时承包商就很有可能想方设法通过降低所提供的公共服务的质量来获得更大的利益，而此时地方政府由于无法掌控承包商的生产信息，可能无法察觉到承包商的这种行为，以及存在合同的约束，最终导致"逆向选择"在公共服务市场上产生，劣质的公共服务渐渐取代优质的公共服务，使得公共服务的平均质量下降，其提供变得低效无序，最终脱离了政府的行政目标，损害了公众和政府的利益。

二是道德风险问题。道德风险意味着从事经济活动的人在最大限度地增进自身效用的同时会做出不利于他人的行为。在合约的履行中，当签约一方不完全承担风险后果时就会采取使自身效用最大化的自私行为。在政府购买公共服务中，道德风险是指参与订立合同的一方面临的另一方可能改变行为而损害到本方利益的风险。[①] 政府与承包商签订合同就意味着其中的风险是双方共担的，由于存在信息不对称，在合同履行后政府无法掌握承包商是否按照合同进行了生产即处在了信息劣势地位，并且可能无法对承包商进行有效的监督。此时承包商就可能为了追求自身的利益而损害政府利益，不按照合同所约定的进行公共服务的供给，而是为了追求自身利益而产生道德风险，做出自私自利的行为，不再考虑社会责任等问题。这种情况下，严格、谨慎地监管就是十分有必要的。

三是经济人属性问题。经济学中一个最为一般、基础的假设就是人是理性经济人假设。在政府购买公共服务中这个假设也是成立的，即不论是政府内部人员还是交易另一方的私营部门或社会组织都是经济人，会以理性的角度思考和行动，都具有逐利的本性。经济人的逐利本性本无对错之分，但在这种本性的驱动下承包商做出违约的行为时，就需要对其做出监管和防范了。在公共服务外包给承包商后，承包商逐利的本性会"使其趋向于逃避社会责任、偏离公共目标，多采取选择性的公共服务生产方式，以降低运营成本而获取生产利润的最大化"[②]。更有甚者，还有可能会出现转包和非法分包的现象，即承包商通过将自己承包的公共服务供给转包给其他承包商或是非法将自己的供给份额分配给其他组织，赚取中间的管理、分配费用。此外，承包商还很有可能与"熟悉面孔"的社会公众"联合成"既得利益集团，形成管制俘获和承包商私人垄断的局

---

① 周义程、蔡英辉：《公共服务合同制购买的运作风险及其防范策略》，《行政论坛》2016年第1期。

② 郑旭辉：《政府公共服务委托外包的风险及其规制》，《中南大学学报》（社会科学版）2013年第3期。

面，使得政府公共服务外包偏离最初的行政目标。① 经济人逐利的属性使合同签订后履约的监督是必不可少的。

二 政府购买公共服务机制设计合约监管的方式

政府购买公共服务机制设计的合约监管是一个全方位的过程，不论是合约的签订、执行还是履行后都存在着对合约的监管。而对于合约的监管方式更是多种多样的，存在于整个购买过程之中，甚至是合约生效后所涉及的第三方也有必要对合约进行监管。

（一）行政监管

政府购买公共服务的过程中，虽然政府将公共服务的提供转移给了承包商，但这并不意味着政府就可以对公共服务的供给放任不管。政府购买公共服务只是将公共服务的供给权部分转移出去了，它仍对整个合约履行的过程负有监督和管理的责任，政府作为购买过程的主要监管主体，其监管方式是最为多样且全面的，主要包括政府检查、绩效评估、审计监督、信息公开、委员会监管等。

一是政府检查。政府检查的形式需要根据所签订合同的规模大小、合同的具体内容，以及合同中所涉及的公共服务的具体特点来进行调整。如除雪、固体废物收集这类公共服务合同对市民有着最直接影响，政府不需要将它列为重点监督对象进行监督，因为这种公共服务一旦承包商做得不够好，人民群众会立即发现并对承包商进行投诉。但是，这并不意味着政府不需要投入精力进行监督，政府依然需要通过正规的程序、措施对项目进行监督，但是可以不用十分频繁地进行监督。而对于公共交通设施这样大规模的工程，属于专业性较强的公共服务，政府应该成立专家小组按照工程进度定

---

① 邓睿、杨新元：《政府公共服务外包合同的监管及其完善》，《湖北警官学院学报》2015年第9期。

期地加以审查，尤其是在工程的每一个关键点进行审查。换言之，针对不同类型的公共服务所签订的合同所采取的政府检查的手段是不相同的，为了提高审查的效率及效果，对于不同类型的公共服务在检查上应采取不同的手段。

二是绩效评估。绩效评估也可以被认为是对购买公共服务所签订合同的一种监管，这种监管主要是对合同履行结果的一种考察，它是通过收集数据，将不同的服务合同通过量化得出具体的分析结果，例如根据公民的满意度和投诉量来调查一项公共服务合同履行的具体情况等。具体而言，绩效评估可以分为两种情况进行处理：第一，可以用实物量指标来衡量业绩，按取得这一业绩的单位成本，加上某些变动因素进行确定；第二，若不能用实物来衡量其业绩的，则由政府制定某些统一标准来确定。绩效评估可以说是一个分析的过程，以此来对承包商所提供的公共服务的质量进行审查和考核，一方面能够使政府即购买方更好地选择承包商，更好地购买公共服务；另一方面也是为了向社会和民众提供更高效且优质的公共服务。但是利用这种监管方式的时候，应当注意不要将它与承包商的自我汇报混淆，有的地方政府在进行绩效监控的时候，实际上沦为承包商的自我汇报，也就是说和承包商的报告相差无几，甚至没有办法达到政府对承包商的报告进行考证的效果。

三是审计监督。在公共服务的合约监管中，审计监督也是必不可少的。首先，政府购买公共服务的预算资金的审批权、决策权的合法性、合理性以及委托—代理风险的特别性，都要求对政府受托的情况进行审计监督。其次，基于政府首长与政府各部门间的关系，需要加强政府内部经济责任审计以及政府部门预算执行的外部审计两方面的审计监督，从而保证代理责任与风险、预算资金执行的真实性和合法性。最后，基于公共服务生产者以及供给者之间的购买合同关系，需要聘请注册会计师对承包商的财务报告审计进行鉴证，需要加强政府合同审计监督。此外，基于公共服务生产者与消费者的契约关系，也需要提供审计监督。①

四是信息公开。信息公开也是实行监管的有效方法之一。信息公开是政府主动寻求公众监督的一种方式，主要为合同的签订双方尤其是政府将购买的细节、合同的签订内容等主动公开给公众，自觉接受公众监督的过程，具体包括扩大信息公开的范围，即政府不仅要公开合同中购买的具体服务项目、承包主体资格、具体服务要求等信息，还应公开合同内容、双方约定的服务质量等，使得公众可以以此为凭证来对政府和承包商，甚至是整个合同及合同的履行进行监督；同时政府还应扩大信息公开的平台，"建立信息公开形式多样化体系，采取灵活多样的信息公开形式，搭建网络平台，举办听证会、论证会、交流会、信息发布会广泛征求意见建议"②。政府通过搭建这些平台，使更多的人参与到合约监管中，自主自发地将合约监管放到一个更为细节、严格、缜密的监管层面上，从而使得合约的执行、履行更为透明、高效。

五是委员会监管。委员会监管是从"契约委员会"衍生而来，主要就是以委员会或管理小组的小型团队、组织形式来进行管理监督。"契约委员会"是一个独立于其他政府部门的机构，负责监督契约、合同等的执行、履行情况，"其设立目的在于促进对契约及其优良做法准则的理解，以应对在采用和执行该契约时遇到的障碍。"③ 政府购买公共服务的项目管理小组、工作领导小组、监督委员会等对公共服务的购买和合约的管理和监督，就属于委员会监

---

① 郝玉贵、付饶、庞怡晨：《政府购买公共服务、合同治理与审计监督》，《中国审计评论》2015 年第 1 期。

② 何平：《政府购买公共服务法律规制研究》，合肥工业大学出版社 2014 年版，第 157 页。

③ 同上书，第 69 页。

管。如广东佛山团市委在开展"佛山志愿服务项目招投标"工作中，专门成立了项目管理小组，制定了详细的管理办法，保证和监督项目的实施[①]；天津滨海新港街道面向社会公布购买公共服务项目的同时，成立了工作领导小组和监督委员会，使监督落到实处。[②]

(二) 社会监管

政府购买公共服务机制设计所涉及的主体不只是政府，还有社会公众等公共服务的受众等，政府购买公共服务的合约监管必须关注公众、社会媒体等第三方监管。

一是公众监管。公众监管分为主动监管与被动监管。主动监管指的是随着社会的发展公众参与社会事务的意识越发强烈，越发重视自身的参与权与表达权，所以在接受公共服务的供给时，公众会自发针对公共服务中存在的问题与缺陷进行主动的反馈，实现对合约履行的监管。其主要途径是通过公民的投诉实现，即公民针对自己亲身感受到的公共服务中存在的不足和需要改进之处向政府部门投诉，由政府部门将公民的反馈转告给公共服务的供给者。这种情况下，公众以一种积极的态度主动地承担起对政府购买的公共服务的监管责任。被动监管则是指政府主动寻求公众对公共服务供给的监管，政府购买公共服务的信息公开就是一种公众的被动监管行为，在公民中进行满意度调查、明察暗访等方式也是政府以公众为对象而进行的主动寻求公众监管的行为，通过这些方式政府可以真正了解承包商的合约履行情况、公共服务的质量情况等，具有现实性的意义。

二是新闻舆论监管。技术进步使网络媒体日益发达，监管承包商公共服务合同质量依靠网络媒体是可行且必需的，政府在和承包

---

① 施维、杨枫、邱建文、严慧：《佛山向社会购买公共服务》，《南方日报》2006年7月13日。

② 张姝：《街道购买服务 居民尽享便利》，《滨海时报》2012年5月31日。

商签订合同时，可以通过媒体监督承包商在履行合同中的一些不良行径，根据线索对实际情况进行考证，并且针对具体情况采取相应的措施，较为快速地解决合同履行中的问题，从而确保合同能够正常地被执行。

（三）自我监管

政府购买公共服务机制设计的合约监管还应关注承包商（企业或社会组织）的自我监管，自我监管的主要方式包括承包商自行监管和承包商报告两种形式。

一是承包商自行监管。主要是指"购买主体按照合同要求，及时对专业服务过程、任务完成和资金使用等情况实施跟踪监管。"[①]承包商自行在组织内部建立监督机制，从承包商的角度自主地对组织内部合约履行的全过程进行细致、负责的监管，从直接负责人的层面使得合同的履行得到保障，具体需要做到使得员工分工明确、岗位明晰、各司其职，能够高效、快捷地完成公共服务的供给工作，同时也应加强组织内部的奖惩和审计制度，以张弛有度的手段促使员工能够提高服务质量，并加强服务的实效性以保障合同的实施等。

二是承包商报告。承包商报告可以是一种签订合同时规定的监管方式，在承包商自我汇报的报告中，先是要将自己所完成的工作进行详尽的介绍，然后需要将自己所完成的工作与合同中所要求的内容进行比较。同时，在报告中要将在合同期限内所使用的资金支出明细列出，并且要将在合同执行过程中，遇到突发问题时使用的特殊支出进行另外的说明。报告的内容还需要指出在合同实际执行过程中需要根据合同所规定的内容进行适当调整的部分。通过承包商的报告，政府再进行严格的审查，以此来判定承包商所提供的服

---

① 何平：《政府购买公共服务法律规制研究》，合肥工业大学出版社2014年版，第157页。

务质量。政府对承包商的审查，不应该只是简单、粗略地核查数据，而需要精确地求证，否则监督将成为承包商单方面的自我汇报，地方政府就不能进行有效的监控。

三 政府购买公共服务机制设计合约监管的困境

虽然政府购买公共服务机制设计的合约监管方式具有多样化的选择，但是一系列因素的存在使得合约的监管面临许多困境。

（一）完全合约的局限性

不完全合约是指合约无法在事前毫无遗漏地规定当事人在未来所有可能享有的权利和承担的义务，或者不存在一个公正的第三方可以无成本地保证契约得以执行。由于不能规定各种状态下当事人的权利和责任，所以不完全合约理论强调合约的重心在于对事前的权利（包括再谈判权利）进行机制设计或制度安排。[①] 由于人们的有限理性及事物的不确定性，拟定完全契约是不可能的，所以政府购买公共服务的合约是不完全合约，这就加大了对其进行监管的难度。

有限理性指的是"有限认知能力为条件的有意识的行为"[②]。可以从两个方面理解有限理性：一方面，人们的认知能力是有限的。由于人类社会仍处在不断发展、不断追求科学真理的过程中，所以就目前来说人们所了解的社会科学知识及分析能力是有限的。另一方面，在获取和处理有效信息方面是有限的。由于信息不对称与实践的复杂性，人们在获取信息时可能需要付出高昂的成本，所

---

① 罗必良：《合约理论的多重境界与现实演绎：粤省个案》，《改革》2012年第5期。

② [美]埃里克·弗鲁博顿、[德]鲁道夫·芮切特：《新制度经济学》，姜建强、罗长远译，上海三联书店2006年版，第577页。

以很难获得所有的有效信息。在政府购买公共服务机制设计的合约时，有限理性使得双方不可能掌握交易的所有信息并对其进行分析处理。有限的能力使双方不可能签订一个完全合同，不可避免地在之后合同的执行过程中产生利益的分歧，所以就不得不为解决有限理性问题不断付出监督成本。

不确定性意味着人们"缺乏有关过去、现在、将来或假想事件的过程的确切知识。就一项具体决策而言，不确定性可能在强度、相关性以及可排除性上存在着差异"[①]。不确定性指事物不具有稳定状态，难以预测事物发展的特性。在政府购买公共服务中，由于外部环境、公众偏好的改变及合同的不确定性，信息收集的成本进一步增加，从而决定了政府与承包商之间不可能获得全面而准确的信息。当公共服务合同供给面临的不确定性越高时，由此产生的机会主义倾向就越高，为了防止机会主义行为，必须强化合同管理，这也增加了公共服务购买的成本。[②] 所以说，尽管在合同外包时会考虑将所有可能的事情包括进来，但由于不确定性的存在，公共服务合约的有效监督仍然有很大的难度。

（二）需求方缺陷与供给方缺陷

唐纳德·凯特尔在《权力共享：公共治理与私人市场》一书中将市场失灵分为两大类：需求方缺陷和供给方缺陷。凯特尔认为供给方缺陷是因为向政府提供服务的市场所存在的各种缺陷而产生的，这种缺陷可能来自私人供应商的行为，也可能是因市场本身的基本结构造成。需求方缺陷是由于作为买方的政府自身行为的缺陷而造成的。要想让竞争理念发挥作用，政府必须要成为一个精明的

[①] [美]安东尼·唐斯：《民主的经济理论》，姚洋、邢予青、赖平耀译，上海人民出版社2010年版，第71页。

[②] 黄新华：《公共服务合同外包中的交易成本：构成、成因与治理》，《学习与实践》2013年第6期。

消费者。① 然而，政府自身行为中的各种缺陷却会导致市场的各种失败。所以在购买公共服务中，需求方是政府，供给方是承包商（企业或社会组织），其分别具有的需求方缺陷和供给方缺陷使得购买公共服务的合约监管难度进一步加大。

一是需求方缺陷。政府购买公共服务机制设计的合约本质上是一种委托代理关系。政府通过与企业或社会组织签订合约，以提供公民所需要的公共服务。地方政府购买公共服务中，政府作为委托人，代理人就是公共服务的供给者，即与政府签订合约的承包商。通过签订合约的方式，委托人和代理人之间就确立了各自的责任分担与权利义务。在委托代理理论中，委托人和代理人一般都具有各自的利益，就会存在利益冲突。对于委托方来说，为了实现自身的利益，政府可能需要通过合约将一些权力委托给代理人，以便更好地实现最后公共服务的提供；对于代理方来说，获得了来自代理方授权的权力，就会存在滥用权力牟取私利以实现自身利益最大化的可能。同时，在委托代理关系中，代理方控制着大量的信息，而委托方只能获得有限的信息，所以代理方为了获得更大的利益，就会利用信息不对称来牟取私利，而缺乏信息优势的地方政府为了限制代理人的行为，就有必要加强对代理人的监督。但是由于合同实施的复杂性，即便政府对承包商进行了监督，受限于现实中委托代理关系中的信息不对称，委托方很难获得大量有效的监督信息，很容易出现监督失灵的现象。②

二是供给方缺陷。在政府购买公共服务的过程中，购买者和供给者之间从根本上说是存在利益冲突的，服务购买双方将围绕购买

---

① [美]唐纳德·凯特尔：《权力共享：公共治理与私人市场》，孙迎春译，北京大学出版社2009年版，第121页。

② 黄新华：《公共服务合同外包中的交易成本：构成、成因与治理》，《学习与实践》2013年第6期。

合同展开激烈的博弈，要在服务合同中实现帕累托最优，往往意味着一方以牺牲另一方的利益而获得最大的利益，购买者和供应者都会为了该付多少钱和该提供什么而进行不竭的斗争，买方总是想付得少而得到多，而卖方则总是想给得少得到多。[①] 博弈的结果往往取决于市场竞争、谈判能力、威胁、能力以及耐心。然而，在公共服务承包商少的情况下，服务购买市场难免出现寡头垄断的局面，假设寡头商家之间没有达成一致的价格或服务协议，而是通过市场竞争来达成均衡稳定的价格和服务协议，结果往往会出现较低的价格和较理想的服务协议，显然这符合社会的公共利益，意味着政府为公众做了个好交易。但是，这种结果对于寡头垄断商家而言是不利的，因为它们的利润被大大压缩，如果供应方组织被压挤得太厉害，结果甚至会损害他们在未来赢得比赛的能力。为了维护服务承包商的利益，寡头商家就存在动机进行谈判以形成价格联盟，维护行业的整体利益。[②] 所以政府在购买公共服务的过程中，对于承包商形成的价格联盟可能不得不接受。此外，随着政府购买公共服务的持续扩展，政府购买公共服务所产生的外部效应问题日益突出，作为委托人，政府无法通过与代理方的关系来控制外部效应问题。尤其是政府很难控制的外部负效应更是加大了对合约监管的难度。

（三）评价监督体系不完备

政府购买公共服务机制设计的合约监管除了要对承包商履行公共服务合同的合法性、合理性进行监督外，保证公共服务质量的一个有效的办法就是在合同中设置合理且明确的绩效标准，并与承包商所提供的公共服务质量进行比较，对承包商的行为进行绩效评

---

① ［英］简·莱恩：《新公共管理》，赵成根等译，中国青年出版社 2004 年版，第 45 页。

② Jeanine M. T., Delivered Pricing and the Impact of Spatial Differen‐tiation on Cartel Stability. *International Journal of Industrial Organization*, 2008.

估。绩效评估也可以被看作对公共服务履行合同结果的监管,这种结果的评估主要依靠所收集的关于公共服务供给的数据。更进一步说,在政府购买公共服务的过程中,对合约的监管不仅仅体现在合约签订之前及执行过程中,对合同执行效果的监管同样重要。但是就政府购买公共服务的监管体系而言,评价监管体系并不完备。政府购买公共服务的评价监管体系主要包括两个方面:一是效率评价体系,即投入一定数量的财政资金能否购买到最大量、最优质的服务,实现财政资金的最大边际效用。二是效果评价体系,是以公众满意度作为指标,来测量政府购买公共服务的实际效果。[①] 但在评价监管的具体操作时,一方面,如教育、养老等"软服务"的服务效果难以量化、服务成本难以计算,青少年和老年人等弱势群体缺乏对服务效果的评估能力;另一方面,大部分地方政府在评估承包方的服务时采用的还是传统的行政化的方法,如不定期检查等,普遍缺乏科学系统的评价监管体系,尤其是缺乏专门人员对服务提供过程中的技术问题的监管;缺乏以绩效目标以及相关资源为基础的关键性指标,而这些恰恰是成本绩效核算体系的前提。与此同时,政府既有的购买公共服务绩效评估和问责机制的形式大于内容,作为合同签订后监管的重要方法,绩效评估和问责机制对于打击权力寻租行为、保障公共服务的质量具有重要意义,但政府购买公共服务过程中的绩效评估的第三方评估尚未真正地建立和推广,在购买公共服务的过程中,政府既是合同的缔约者又是合同的主要监管者,这种评估方式的公正性有所欠缺,绩效评估的结果和问责也没有很好地结合起来,处罚力度不够,没有形成足够的震慑作用,在收益大于成本的条件下,"低风险、高收益"是政府购买公共服

[①] 邱鹏峰:《政府购买公共服务的监管成效、困境与反思——基于内地公共服务现状的实证研究》,《辽宁大学学报》(哲学社会科学版) 2013 年第 1 期。

合同中权力寻租和腐败案件频发的重要原因。[①]

（四）公共服务购买合同法律制度不完善

依据《中华人民共和国政府采购法》《政府采购法实施条例》等的规定，我国公共服务购买的监督主体为政府采购监督管理部门、财政部门、审计机关、监察机关、政府其他有关部门、其他单位和个人。这虽然明确了各个不同的监督主体，但是存在享有监督管理权的机关的监管范围比较模糊、监管责任存在相互重合的情况。财政部门以及政府其他相关部门属于政府采购活动的相关当事人，如果让其担当监督者的角色，就会出现执行者与监督者合一的情况。除此以外，由于对监管方式、监管主体的权限和责任的规范不明，即如何监管，监管什么，其具体制度内容有哪些，现有法律制度仅仅是作了原则性规定，这使得整体对政府公共服务外包的监管缺乏可操作性，无法形成有效指导，加大了监管难度。更为重要的是，政府购买公共服务的双方当事人是政府和服务承包者，两者的法律责任主要包括两个方面，政府没有履行监督义务产生的法律责任和服务承包者不履行或不适当履行服务提供职能的法律责任。政府购买公共服务并不是政府责任的完全脱离，它仍要对整个公共服务的提供过程和结果负责，当服务承包者不履行或者不适当履行公共服务提供职能，政府应当及时采取补救措施，并寻找问题的根源，追究最终责任人的责任。当服务承包者成为公共服务的直接提供者后，如果不履行或者不适当履行合同约定的义务，很有可能会侵犯服务消费者的合法权益。而服务承包者有义务处理消费者的投诉，因此在公共服务承包者违法或者违反义务时，应当承担相应的

[①] 周伟、李和中：《政府公共服务合同外包中的寻租与治理》，《理论探索》2014年第6期。

责任。① 但是从我国目前的立法状况来看,虽然规定了法律责任,但缺乏购买公共服务履约情况的法律责任规定,也没有明确划分政府和服务承包者各自的法律责任,更不用说归责原则。法律责任的缺位导致政府购买公共服务法律监督的效果不佳,不利于公共服务供给的事后法律监督和公共服务供给质量的提高,这就加大了政府对公共服务外包的监管难度。

四 政府购买公共服务机制设计合约监管的优化

针对政府购买公共服务机制设计合约监管的一系列影响因素,必须采取针对性的策略优化合约监管,推进政府购买公共服务的健康有序发展。

(一) 改善不完全合约

对于不完全合约,除了要制定具体的服务监管制度并监督其实施外,更关键的是要强化合同管理。购买服务的合同签订情况的好坏,直接关系到以后的合同管理,所以制定合理科学的合同非常重要。合同细则的内容,通常包括服务内容、工作要求、价格约定、双方权利义务、争议处理以及违约责任等。值得注意的是,虽然服务合同要制定得尽可能详细,但也不能规定得过于具体,要留有一些可变更余地,应对可能的突发或特殊情况,特别是对发生纠纷争议的解决办法和程序作出明确规定。另外,在设计合同方案时,必须充分考虑服务提供商的合理收益,通过有效的利益驱动促进服务提供商改进服务,以此来节约不完全合约监管的成本。

(二) 解决需求方缺陷和供给方缺陷

从需求方的角度来说,需求方缺陷的解决,一是要健全监管执

---

① 崔瑶:《公共服务外包合同的法律监督机制构建》,《法制与社会》2015年第3期。

行机制。对于因委托代理的复杂性而导致的监管失灵，需要通过健全相关的监管执行机制，改善政府本身监督执行的不足。监管的执行主要涉及标准制定、机构设置、信息传递、人员素质等，政府应该至少就以下四个方面对购买公共服务的监督执行机制进行规范。首先，要明确监管标准及实现监管标准的可操作化。如果在事前没有确定明确的标准，事后就难以对承包商提供的服务进行科学的评估。应该根据行业特点，建立具体的服务标准，科学、合理地制定服务项目的采购需求，尽可能做到服务需求和服务质量的标准化（包括计费标准的可量化），最终实现服务的产品化，为服务的监督提供先决条件。其次，监管机构的设置应该科学化。当前政府并没有设置专门的监管机构，只有在必要时由临时组成的监管小组对政府购买公共服务进行监管。考虑到设立独立监管机构的成本，可以通过在综合部门下设相对独立的监管部门负责协调对购买公共服务的监管。再次，要加强信息传递。监管执行的信息传递主要包括两种，政府监管执行人员之间的信息传递以及政府监管人员和社会力量及社会公众间的信息传递。政府内部的信息传递的加强有赖于监管人员自身素质的提高和内部监管机制的运行。而对于政府与外部的信息传递，应当通过构建信息沟通平台，如通过网络、市民活动中心等搭建政社合作平台，加强与承接服务的社会力量和社会公众间的沟通。通过信息沟通平台，一方面地方政府能够鼓励和引导社会力量与时俱进，不断提高自身能力，学习现代化的管理理念；另一方面地方政府部门和社会公众能够了解、协调和解决项目执行过程中的困难和问题，在资金、人才、技术等方面给予服务承包者相关支持。最后，要注重监督人员的培训。政府购买公共服务合约的监管需要依靠监督人员，监督人员的素质是监管效果能否实现的重要因素。只有建立高效、专业、廉洁、自律的监督队伍，才能使政府购买公共服务过程的监督取得良好效果，因此要定期对监管人员进行专业培训，增加监管人员的专业知识，提高监管人员的专业技能，提升监管过程的科学性和监管效率。

从供给方的角度来看，供给方的缺陷是由市场本身的缺陷造成的，政府对购买公共服务合约的监管只是市场机制的补充而非替代。因此要解决市场失灵，关键还需要权衡政府监管与市场机制的角色，让各方面的激励和约束集中到服务提供者行为上。具体而言，政府应该要求服务提供者加强自我约束，优化市场竞争环境。对不少政府而言，其购买的公共服务面临的提供商在本地往往只有少数甚至一家竞标商，非竞争性表现突出。从长远看，没有竞争就很难形成真正的压力，长期唱"独角戏"不利于形成优胜劣汰的动态调整机制。因此，政府要努力完善市场准入制度，根据公平竞争的原则，使具有资质的社会组织都有参与提供公共服务竞争的机会，并且要积极制定相关优惠政策，尽可能地吸引更多社会力量加入，使服务参与主体多元化，避免垄断现象产生和承包商之间形成价格联盟。如对于为弱势群体与社会公益事业提供服务的社会组织，政府可以给予必要的财税、资金和场地等支持，有条件的地方可设立社会组织发展种子基金、政府奖励资金等。这样政府可以腾出更多精力放在优化市场竞争环境上，让服务承包商感受到无形的压力，督促其不断提高服务水平。

(三) 构建多元化的评估监督体系

政府作为公共服务的购买者应当构建起由政府、消费者、中介机构共同参与的立体化监督体系。[①] 政府作为购买公共服务的主体，对于公共服务实际提供者的工作绩效应当有一套完整的监督机制，监督机制的建立应当包括两个层次，一是政府内部的监督，二是政府对承购方的监督。要以财政部门和采购公共服务的职能部门为主，发挥纪检、监察、审计部门的监督力量，构建多层次的监督管

---

① 富吉祥：《我国政府购买服务中的问题及对策》，《经营管理者》2011年第8期。

理体系，调动政府部门、第三方评审机构、服务对象、社会公众等的力量。在此基础上，要完善公共服务绩效评估机制。绩效评估机制应当包括以下四个方面的内容：一是明确评估主体。一般来说政府购买公共服务的评估主体应该是实施采购的政府职能部门，对于比较复杂的社会服务类项目，主管部门应该成立公共服务项目评估考核工作机构，组织相关政府部门、公众代表、专业人员共同考核。二是制定标准化、可操作化的评估方式和评估标准。[①] 评估标准应该以公共服务项目为基础，根据不同购买方式和特点，具体设立不同的评估体系，用以准确衡量公共服务提供者的绩效情况。同一类的服务的评估结果应该有可比性。三是明确评估方式。根据购买合约的方式和特点确定评估类型，进行多样化的综合评估。建立评估专家库，采取第三方评估制度，吸纳相关专家学者和专业机构参与到评估中，使得评估更加专业化。[②] 同时在评估过程中应当保证客观性、公平性和独立性。四是应当充分运用评估结果。评估完成后如果项目达到合约的具体规定，应该及时支付相关费用，对没有按照合约规定提供公共服务的应当给予必要的惩罚，建立黑名单制度，把不合格的企业坚决剔除在公共服务的提供者的候选名单之外，保证资金的有效使用。此外，要高度重视绩效评估结果的运用，将绩效评估和问责机制紧密结合，把绩效评估结果作为对政府部门和承包商奖惩的重要参考依据，强化问责和惩处力度，对出现的问题及时进行研究和反馈，对失职行为进行责任追究。

（四）完善法律法规体系

法律法规是政府购买公共服务稳定发展的前提基础和基本保

---

① 王力达、方宁：《我国政府向社会力量购买服务问题研究》，《中国行政管理》2014 年第 9 期。

② 徐家良、赵挺：《政府购买公共服务的现实困境与路径创新：上海的实践》，《中国行政管理》2013 年第 8 期。

障。目前国内相关法律文件还存在着法律层次低、发布机构固定、类型单一、内容存在差异等问题。[①] 按照《政府采购法》的规定，政府采购的内容包括对服务的购买。购买公共服务也属于政府采购的一部分。在国际上，公共服务早已成为政府采购的重要内容之一，而且在范围、政府与社会组织的合作程度上，均呈现不断扩展的趋势。[②] 在大力推进政府购买公共服务的时候，应当首先在法律上确定政府购买公共服务，从法律上对相应的采购流程、采购方式、监督办法等制定原则性的规定。尤其是对于哪些公共服务应该集中采购，哪些应当使用竞争性投标，都应予以严格规定。换言之，优化政府购买公共服务合约的监管，需要通过完善法律法规来为政府购买公共服务提供法律保障，使监管工作有法可依、有章可循。首先，要完善和修订《中华人民共和国政府采购法》，或者出台专项法律法规或规范性文件，明确规定政府购买公共服务的内容、程序、预算、后续监管等内容，使政府购买企业或社会组织的公共服务具有有效的法律依据。其次，应通过制定与宪法相一致的相关法律制度，对社会组织的地位、责权、义务等进行明确规定，明确社会组织活动、资金、税收等相关准则，使其有法可依、违法必究。[③] 再次，有必要制定政府购买公共服务的监管法律，明确和完善政府的监管权限、监管方式、监管手段，提高监督的立法的层次和法律效力。最后，必须加强政府购买公共服务信息公开的法律法规建设，破除信息垄断，强制信息公开，确保招标信息、合同承包者的选取过程、合同内容、合同履行过程及监察情况、合同执行

---

① 郝君超：《"政府购买社会组织公共服务"国际学术研讨会综述》，《社团管理研究》2012年第2期。

② 苏明、贾西津、孙洁等：《中国政府购买公共服务研究》，《财政研究》2010年第1期。

③ 高海虹：《政府向社会力量购买公共服务的合同制治理研究》，《理论月刊》2014年第9期。

结果的考核评价信息应及时全面公开,以保障公民知情权,解决信息不对称问题,这对优化政府购买公共服务的合约监管具有重要意义。

第四节 政府购买公共服务机制设计的合约案例

一 省级政府购买公共服务——以政府补助为例[①]

(一)案例内容

为了应对日益严峻的养老压力,河北省从 2010 年开始累计投入 30 多亿元全力支持养老服务体系建设,河北省财政部门积极探索,通过机构运营改革和政府购买等方式,提升养老服务水平,努力为全省养老服务业注入新的活力。为了解决公办养老机构投入产出效率低等问题,河北省财政厅采取压减新建公办养老机构支持资金、鼓励向民办养老机构购买服务的办法来提高财政资金使用绩效,并选取张家口市高新区和阳原县为试点,积极推进机构运营改革。第一,设立养老服务体系专项资金。从 2013 年开始河北省财政每年安排专项资金 2 亿元用于全省养老服务体系建设,到了 2015 年,该专项资金增加为 3 亿元。第二,出台社会办养老机构建设和运营的补贴政策。河北省规定,社会办养老机构每建设一张床位,补助 1500 元,每收住一位老人每年补助 600 元。到 2015 年,这两项标准又被提高到 4000 元和 1200 元。这大大激发了社会资本的投资热情。第三,采用贷款贴息等其他补助形式以提高补助标准。为

---

① 河北省财政厅:《撬动社会资本助推养老机构更好更快发展》,《中国财政》2015 年第 12 期。

进一步推动社会办养老机构发展，河北省政府又提出选择一些社会效益好、带动作用明显、资金投入较大、承担部分政府保障职责的民办养老机构，给予贷款贴息。同时加大对民办养老机构建设和运营的补贴力度，提高补贴标准，帮助其提升服务能力，改善服务环境。此外，河北省还计划逐步实行养老机构责任保险，对参保机构给予每张床80元的资金补助，增强民办养老机构应对意外事故的能力。

(二) 案例分析

在本案例中，河北省政府主要通过政府补助的形式将养老服务委托代理给民办养老机构。其中，河北省政府主要采用了直接资金补助、贷款贴息、保险补助等形式的政府补助，以增加私人养老机构提供养老服务的积极性，吸引社会资本进入养老服务领域。在养老服务这一领域形成公办养老机构和民办养老机构共同发展的格局，促进公办养老机构和民办养老机构相互竞争，以提高养老服务的供给水平。

鼓励民办养老机构发展，政府从养老服务的生产者转变为服务的安排者，不仅减轻了政府的包袱，而且还大大减少了政府直接供给养老服务的成本。在早期主要以公办养老机构提供养老服务为主，大量财政资金投入，却收效甚微，大量的资金浪费，场地资源闲置，养老服务供给效率低下。因此，河北省希望通过政府购买、补助社会办养老机构的形式，吸引社会资本，改善养老服务供给现状。补助社会办养老机构这一形式不仅改善了养老服务供给，而且还大大减少了政府的财政支出。政府直接提供养老服务，就必须承担全部费用，然而通过补助形式，可以吸引大量社会资金，用"小钱"换"大钱"。

但是，政府补助的形式也存在一些问题。首先，社会力量进入养老服务供给领域，看似为政府减轻包袱、降低服务供给的成本，但是养老服务供给的质量是否得到保障、如何得到保障就成为政府的一大难题。库伯在《合同制治理——公共管理的机遇与挑战》中指出，评价一项服务的好坏不仅要考虑效率因素，还要考虑社会、文化等众多因素。因此，政府如何做一个好的购买者就成为关键。其次，确定补助之前，对社会养老机构的前期考察需要花费大量的信息成本以及确定委托代理关系后对社会养老机构所提供服务质量的监管还会带来一系列的监管成本。因此，仅考虑生产成本的降低是远远不够的。

（三）案例总结

在养老服务领域引入政府购买公共服务的方式、鼓励社会力量兴办养老机构、提供养老服务的做法是政府治理的创新之举。利用政府补助吸引社会资本，用政府财政资金撬动社会资本，可以有效提高政府财政资金的效率，形成政府和民办养老机构共赢的局面。首先，政府补助在政府购买公共服务中发挥了重要作用。但是，在委托人和代理人双方签订合约时，必须明确合约双方的权利与义务，尤其是要规定政府补助的条件和标准，以此作为合约的约束条件，约束代理人的行为，减少委托代理中产生的信息不对称和道德风险等问题。其次，政府购买养老服务也为政府自身的监管能力提出了更高的要求。因此，地方政府在推行政府补助这一合约方式的时候，要加强对财政资金和代理人的监管，避免损害公众利益。

二　市级政府购买公共服务——以合同外包为例[①]

（一）案例内容

2007年苏州市卫生局与39家社区卫生机构签订合同，以合同

[①] 薛马义、单成志、杨志敏：《苏州向社区医院"买服务"》，《社区》2007年第8期。

代替行政指令，卫生局与社区医疗机构之间构成平等的合约双方来提供公共卫生服务。合约中规定公共卫生服务承包给39家医疗机构后，卫生局的主要工作是做好三件事，即规划、管理和服务。规划是指卫生局要针对社区百姓的需求，做好社区卫生服务中心布局规划，使社区卫生服务中心布局更合理。管理是指卫生局根据合同上的规定对社区卫生服务中心进行管理、考核，监督它们提供的服务的质量，一旦发现对社区居民公共卫生服务质量不达标的医疗机构，立即对它们的行为作出处分。服务是指在管理社区卫生服务中心的同时，为它们提供各种服务，如为社区卫生服务中心的医生提供培训学习机会，组织社区卫生服务中心的医生外出参观考察，使得社区医生业务水平得到提升等。

合约中对卫生医疗机构的职责也作了详细规定：在服务内容上，苏州市卫生局向承包方提出要提供中医服务、公益服务等要求。这是苏州市卫生局在对居民社区卫生服务的需求作了广泛调查后，针对老百姓中医服务需求比较普遍这个特点，在合同中要求社区卫生服务中心须建立中医科，而各个社区卫生服务站要能提供包括中成药、针灸、推拿等至少四种中医药服务。为了保证社区医疗卫生服务的公平性和公益性，在合同的附件中规定了对老年人、残疾人等特殊群体开展公益服务。在服务质量上，卫生局对公共卫生服务质量、标准也作出明确的规定，并按照合同规定，定时向医疗卫生机构发放补贴。同时合同中对医疗机构工作人员也作出详细规定，明确提出将加大社区医生的培训力度，社区卫生服务机构内参加省全科医师和公共卫生医师培训并合格的人员不得少于医师总数的1/2、参加省社区护士培训并合格的人员不得少于2/3，超过人数的予以奖励。医疗卫生机构根据合同规定的标准生产公共卫生服务，政府通过向卫生医疗机构购买公共卫生服务的方式为社区居民提供公共卫生服务。最后卫生局对医疗机构进行监管并根据社区居民对享受的服务的反馈意见对卫生医疗机构进行评价。最后根据各个医疗机构所提供的服务质量来确定购买价格。

（二）案例分析

首先，合同外包最主要的特征就是签订合同双方之间的契约关系或委托代理关系。在这个公共卫生服务合同外包的案例中所体现出来的契约关系或委托代理关系是指苏州市卫生局和39家卫生医疗机构之间所签订的公共卫生服务外包合同。即由39家卫生医疗机构来提供原来由苏州市卫生局提供的公共卫生服务，苏州市卫生局只需要做好公共卫生服务的规划、管理好39家医疗卫生机构及其提供的公共卫生医疗服务，并不直接提供公共卫生服务。

其次，签订合约的本质就是明确合约双方的权利与义务。苏州市卫生局的做法很好地体现了合约的本质。在这个公共服务合同外包的案例中，合同对合约双方的权利与义务进行了明确规定，要求合约双方严格按照合同做事，如果签约双方有违反合同或未能履行服务条款的行为，均可能成为被告并承担相应的责任和后果。这样有利于保障合同得到有效执行，有利于促使卫生医疗机构提供高质量的卫生服务。

再次，合同外包的主要目的是提供更好、更多的符合公众需要的公共服务。在这个公共服务合同外包的案例中所实施的医疗补贴"按质论价"的方法，有利于保障医疗卫生机构提供的服务的质量，促使它们为了获得更多的政府补助而不断地改善其服务质量和提高其生产效率。将公共卫生服务外包给社区医疗机构，使得公共卫生服务的生产者与安排者分离，打破了由卫生局一家提供公共卫生服务的局面，由多家医疗机构来生产公共卫生服务，实现了公共卫生服务的多元化，更好地满足了社区居民对公共卫生服务的需求。

最后，任何事物都有两面性，合同外包作为政府购买公共服务的合约方式，既能促进公共服务的提供又能阻碍公共服务的提供。在这个公共服务合同外包的案例中，所体现出来的不利之处主要表现在以下三个方面：一是由于民办社区卫生服务机构与卫生局有着各自不同的利益追求，因此，容易出现价值冲突。尤其是当存在多家公共卫生服务的机构竞争，而且政府投入较少，民办社区卫生服务机构生存发展的压力较大时，容易出现民办社区卫生服务机构逐利性增加、过度地追求经济利益而忽视社区居民的利益的现象。二是医疗补贴"按质论价"，容易出现寻租风险，可能会出现腐败问题。三是尽管合同外包看似减轻了卫生局直接提供医疗服务的工作，但是却对其监管能力提出了更高的要求，如果政府对医疗机构的监管不到位，可能会出现更严重的问题。

(三) 案例总结

苏州市卫生局将公共卫生服务通过签订合约的方式外包给39家社区卫生医疗机构的做法是一个典型的公共服务合同外包的例子。在这个案例中体现了合同外包这种合约方式所具有的特点：在合约双方所签订的公共服务合同外包的合同中明确地规定了合约双方的权责关系，合约双方在实践中严格按照合同规定提供公共卫生服务；在公共卫生服务合同外包的实践中很好地发挥了合同外包这种合约方式的优势，为社区居民提供了更好的、更多的公共卫生服务。在这个案例中，从苏州市的具体情况来看，将社区公共卫生服务外包给社区卫生医疗机构是解决该区公共卫生服务问题的最好方法，因为苏州的社区卫生服务中心经过改革后，绝大多数已经属于民营机构，而提供公共卫生服务又是政府提供公共服务职能中的一项重要内容，如果政府大规模重新投资兴建社区卫生服务中心，势必会造成社会资源的巨大浪费，是完全不可取的。然而通过社会力量开办社区卫生服务中心，不仅可以节省一大笔财政资金和大量资源，也可以实现政府合同制治理这一治理方式的转变。如果加强管理和引导，尽量避免合同外包中的信息不对称和道德风险，合同外包完全可以为社区居民提供高质量的社区卫生服务。因此在社区采取这种模式是可行的，尤其是在那些社区卫生服务中心已经改制的城市。

三 县级政府购买公共服务——以凭单制为例[①]

（一）案例内容

2004年，重庆市为进一步深化农村卫生改革，探索政府购买公共卫生服务机制，在黔江区辖下的农村推行公共卫生服务券，计划到2010年基本建立起覆盖全市居民的公共卫生服务券制度。重庆市黔江区公共卫生服务券的主要做法是：（1）公共卫生服务券的类别。在农村主要推行四种公共卫生服务券：一是预防接种服务券，免费为7岁内儿童提供22次预防接种。二是孕妇产前检查服务券，免费为孕妇提供5次产前检查。三是孕妇产后访视服务券，免费为孕妇提供三次产后访视。四是儿童体检服务券，免费为6岁内儿童提供8次健康检查。实施公共卫生服务券制度后，农民接受服务不再缴纳劳务费、材料费等费用。（2）公共卫生服务券的发放对象：户口在该地区并参加新型农村合作医疗的儿童、老人，符合国家人口计划生育政策的农村孕产妇。（3）公共卫生服务券发放和回收程序：由乡镇人民政府、街道办事处对辖区的农村妇女、儿童、老人进行核对、造册、确定服务对象数量，并将登记造册情况报区卫生局合作医疗管理中心审定。公共卫生服务券由区卫生局合管中心按需印制。发放程序坚持"收发分离"的原则，由乡镇人民政府或街道办事处负责发放，由乡镇卫生院负责回收，"服务一次收回一券"。没有服务券的不提供免费服务。（4）公共卫生服务券的使用：服务对象可凭服务券带上身份证、合作医疗证及计划生育证到区内

[①] 朱吉鸽、张亮：《浅析"公共卫生服务券"的公平和效率》，《中国卫生事业管理》2006年第10期。

任何定点医疗机构接受相应的服务，如公立医院、职工医院、乡镇卫生院按照有关规定和规范提供服务。(5) 公共卫生服务券资金结算程序：公共卫生服务券的经费结算由区卫生局依据公共卫生服务券的回收数量和日常工作考核结果，结合服务对象的服务满意度，认真审核后报区财政局从新农合基金专户直接拨付到定点医疗机构。

(二) 案例分析

根据朱吉鸽和张亮对重庆市黔江区公共卫生服务券实施情况实地调查的研究结论，可以从以下三个方面来分析重庆市黔江区公共卫生服务券的实践意义。[①] 第一，以"服务券"形式补贴给农民，增强了农民自主权和可及性。农民可以在规定时间内持服务券去任何乡镇卫生院接受相应内容的公共卫生服务，不需要缴纳任何费用。这样农民不用花钱就可以享受服务，增强了他们接受服务的自主性和可及性。第二，以"服务券"的形式兑换公共卫生经费，对定点医疗机构有激励性和约束力。定点医疗机构凭借从服务对象那里收回的服务券从政府获得公共卫生经费，只有提供更多更好的服务，才能从农民那里获得更多的服务券，最后才能兑换更多的经费。第三，以"服务券"为手段，有利于政府对定点医疗机构的考核和监督。政府可以通过各定点机构收回的服务券来考核各个医疗机构的服务质量和效率，定点医疗机构只有提供了服务才会收到农民手中的服务券，所以服务券回收情况就等于服务提供情况，方便政府对定点医疗机构绩效的考核和监管。

但是，黔江区实行公共卫生服务券也存在一些问题，主要表现在以下三个方面。一是黔江区实行的服务券只是转变了公共卫生经费的投入方式，从供方投入转变为需方投入，从按人员工资支付转

[①] 朱吉鸽、张亮：《浅析"公共卫生服务券"的公平和效率》，《中国卫生事业管理》2006 年第 10 期。

变为按服务产出支付。在提供的主体和经费的测算上，仍保留原来的运作方式。没有真正做到政府购买公共服务的要求，即按成本核算，并在公共服务领域引入市场机制，允许多元化的主体进入公共服务提供市场。二是"服务券"本身设计不合理。由于发放的服务券是一张小纸片，容易出现丢失或去接受服务时忘记带服务券的情况，有大约67.40%的农民认为服务券保存不方便，容易丢失。三是"服务券"配套的业务管理和工作考核机制不完善。由于服务券的发放数量是由乡镇人民政府、街道办事处确定，可能会出现对服务对象摸底不清，导致一些农民没有服务券，从而享受不到免费的服务。

（三）案例总结

重庆市黔江区是国家级贫困县，地形主要以山区为主，主要是少数民族聚居地，农业人口占总人口的大多数，人民收入水平不高，公共卫生水平低，人民对公共卫生的关注也不高。在该地区实行"服务券"制度，有利于提高该地区的公共卫生服务水平，改善人民的生活质量。黔江区"公共卫生服务券"模式以最终服务产出来支付公共卫生费用，有利于对卫生机构产生激励和费用约束作用，有利于使公共卫生经费从流向其他地方到流向公共卫生服务项目的提供，有利于提高公共卫生经费的使用效率，有利于提高公共卫生服务的质量和农民对公共卫生服务的满意度，有利于提高农民的生活水平。只要政府对公共卫生服务重视程度足够、有整体服务功能较强的卫生机构、较完善的卫生管理体制和运行机制，黔江区的"公共卫生服务券"模式就可以在其他同类地区得到推广。

四 乡镇政府购买公共服务——以特许经营为例[①]

(一) 案例内容

安徽省舒城县干汊河镇在小城镇基础设施建设与运营方面采取了特许经营、合同承包、政府补助等方式，特别是在镇自来水厂建设与运营项目上发挥了特许经营的显著优势，在实践中取得了较好的绩效。长期以来，干汊河镇居民被"吃水难"问题所困扰，由于生活用水和工业用水存在着铁锰含量严重超标等问题，居民怨声载道，投资企业望而却步。为了改变现状，早在1990年的乡镇人代会上就通过了建设自来水厂的决议，但终因工程巨大、乡镇政府财力有限而搁浅。2001年，镇政府在招商引资的过程中，自来水又成了一大瓶颈，为了"筑巢引凤"，自来水厂的建设迫在眉睫。据测算，建设这个自来水厂，干汊河镇政府至少要投资220万—300万元，建成后如若政府直接运营还要承担每年4万—5万元的亏损，以经营20年为例，政府就要补贴80万—100万元，这对本就背负着沉重债务（2001年干汊河镇政府负债总额为1070万元）的镇政府来说无异于天方夜谭。

为了能在短期内兴建起一个投入少、运营成本低的自来水厂，乡镇有识之士想出了一个"他山之石，可以攻玉"的方法，即通过转让所有权或者经营权让民营资本参与自来水厂的建设与运营，并在一定期限后收回所有权，也就是特许经营中经常使用的BOT模式。2001年8月，干汊河镇政府发布公告，向社会公开招标建设自来水厂，招标合约规定政府扶持民营大户个人投资兴建自来水厂，政府负责征地（无偿奉送）和一次性补助一笔建设资金，办理一切

[①] 唐亚林：《小城镇公益事业民营化——对安徽省舒城县干汊河镇的调研报告》，《学术界》2004年第4期。

法律规定的相关证件，协调各部门之间的关系，协助收取国家物价部门规定的用户初装费，而投资方则负责厂房设备以及管道铺设工作。自来水厂建成后，经营权和资产所有权全部归投资方，自主经营，自负盈亏，政府只负责监管经营方的供水质量和监控自来水厂的水价。在公开招标中，某个体大户因竞价最低而获得特许经营。2002年8月正式供水，干汊河镇自此终于解决了自来水的问题。

（二）案例分析

干汊河镇政府在自来水厂的建设与运营上选择了特许经营（具体说是BOT模式）这一合约方式，取得了良好的绩效，减少了政府的直接投入成本，缓解了基层政府的财政压力。据测算，干汊河镇自来水厂建成之后，镇政府可节省直接建设与直接运营成本共240万—340万元，这一举措对于一个财政较困难的乡镇来说无疑是"雪中送炭"。更为重要的是，基层政府通过采取特许经营的方式，减少了政府管制（尤其是管制价格），引入竞争后政府"寻租""设租"的可能性也会大大减少，有助于廉政型、服务型政府建设。

但是，干汊河政府在经营权竞拍的过程中仍然存在一些困境和问题。首先，干汊河镇政府在向上级申请补贴时遭遇困难，"花了九牛二虎之力"才说服上级政府补贴给私营企业建设资金。其次，现行法律法规限制了基层政府的创新，干汊河镇将某些基础设施采取特许经营的方式委托给私人组织，很多做法虽然对农村基础设施建设来说极具效率，但却在某种程度上与现行法律法规相悖。最后，干汊河镇政府对自来水厂的监管力度不够，主要是法规与政策层面的缺乏导致对基础设施特许经营的程序缺乏有效的监督。

（三）案例总结

舒城县干汊河镇除了在自来水厂的建设中采取了特许经营的方式，后续又将其拓展到了镇卫生保洁、幼儿园和小学建设与运营、公祭堂建设与运营等项目中，不仅减轻了财政支出和负担，同时扩充了基础设施，提高了公共服务的质量。由干汉河镇自来水厂的具体实施效果可见，特许经营作为一种政府购买公共服务的合约方式，是一种极具吸引力和应用性的政策选择。该案例的政策效果为乡镇一级政府基础设施建设过程提供了借鉴。

第一，就小城镇基础设施建设而言，在竞标阶段保证充分的竞争，打破政府治理垄断，因地制宜地采取特许经营方式，创造性地为乡镇基础设施建设开辟新的融资模式，这既可以有效地吸引民间社会闲散资金，又可以为私营企业和私营经济的壮大拓展领域和空间。干汉河镇政府在授予自来水厂特许权之前，首先通过鼓励私人参与的竞争性投标方式，同时投标采取对自来水厂建设提出收取价格的形式，最后将特许经营权授予提出最低竞价的厂商。特许经营这一合约方式，不仅有利于激发市场活力，而且更有效地解决了乡镇政府公共基础设施建设性资金短缺和运营效率低的问题。

第二，特许经营作为政府购买公共服务的合约方式，亦即公私双方订立的承诺。因此特许经营固然在乡镇招商引资方面发挥重要作用，但是特许经营并不意味着政府责任的终结，相反政府应当更好地履行责任，保证合约的高效实现。近年来我国仍然存在不少公共服务特许经营失败的案例，如长春汇津污水处理厂项目、廉江中法供水厂项目均由于政府不履行或拒绝履行合约规定的责任和义务而导致失败。干汉河镇自来水厂项目的成功与乡镇政府职能及角色的转变是分不开的。在特许经营的过程中，政府转变角色尤其重要，从服务供给的直接投资者转向监管者，同时要注意扮演多种角色，如政策制定者、市场监管者、项目合作者，通过明晰政府在特许经营政策制定、项目实施和市场监管中的不同角色定位，乡镇政府将更多的精力投入到全面促进农村社会、经济、文化的发展中来。

第三，近年来我国政府为推进特许经营的顺利和健康发展，制定了不少特许经营的法规、规章和政策。2015年6月1日起施行的《基础设施和公用事业特许经营管理方法》从特许经营协议的订立、特许经营协议履行、特许经营协议变更和终止、监督管理和公共利益保障、争议解决、法律责任等方面对特许经营作出了专门规定。特许经营作为政府购买公共服务的一种合约方式，起步较晚，规范化程度较低，导致普遍存在双方信息不对称和道德风险问题，这就迫切需要建立健全监督机构、制定较为完备的特许经营法律法规体系和加强对特许经营行业的监督管理。特许经营的法律法规规范了合约关系主体的权利义务，厘清了政府在购买公共服务中有与社会资本协商合作的义务。此外规定了合约双方既有通过特许经营项目获取收益的权利，又承担公共利益的任务。由干汊河镇自来水厂等特许经营案例可以看出，若要规范特许经营活动，特许经营现行法律法规需要与实践接轨，实行行政监管与社会监管并重的监管体制。如此才能维护特许经营者合法的私人利益，也能维护公共利益，兼顾公私利益，遵循合作共赢的原则，由此实现"非零和博弈"。

第四章　政府购买公共服务机制设计的委托代理

政府购买公共服务能够在一定程度上改善公共服务的供给现状，但政府与承包商之间的委托代理关系不可避免地会带来信息不对称、道德风险、逆向选择等问题。本章探讨政府购买公共服务机制设计中的委托代理关系，分析委托代理的表现、成因与影响，提出委托代理问题规避路径，以期政府能够更好地为公众提供公共服务。

第一节　从经济领域到政治过程的委托代理理论

在传统企业中，企业的所有者兼任经营者，享有企业所有权及经营收入的同时，对企业债务负有无限责任，即企业责任、权力、利益三者融为一体。此时，则并不存在所谓的委托代理关系。然而，随着经济的发展，企业规模的扩大，股份所有者增多，组织结构日趋复杂，在企业的不同经营管理活动中，对专业人才的需求增强。受多种因素制约，企业所有者难以完全控制企业的所有活动，只能将公司的活动委任专人对其进行经营管理，同时给予其一定的资本使用权、处置权等方便其对企业进行管理，企业所有者仅执行监管职能。在这项活动中，企业所有者能够获得比自己经营时更高的效益，而经营者也能获得较之其从事其他活动更高的效益，即双方各自的效用最大化。委托代理的契约关系由此形成，企业所有者即委托人，经营者即代理人。①

(一) 经济领域中的委托代理关系

在经济学视域中，委托代理关系的形成存在四个假设前提：第一，委托人和代理人都是理性的，具有理性思考和行为的能力。委托人都能审时度势，分析利弊，作出对自己最有利的决策，并具有签订契约且明晰自己的权力、责任及利益的能力。这是委托代理关系形成的最基本前提。第二，委托人和代理人之间存在信息不对称问题。由于代理人直接控制企业，对企业信息、经营状况、市场行情等了解充分，委托人难以对经营行为进行充分监督。同时，代理人在专业知识及技能上较之委托人，往往也具有相对优势，这就使得委托人无法确定代理人的能力、条件是否能为其获得最大利润。另外，由于企业经营状况除代理人的影响外，还受许多其他不确定因素的制约，委托人就更加难以确定代理人的努力程度在其中发挥的作用。即，由于信息不对称，委托人不能充分认识代理人的条件禀赋，无法完全知悉其经营行为，造成无法有效监督的情况。第三，委托人和代理人目标函数不一致。委托人追求的必然是企业的利润最大化，而代理人所希望得到的，往往不止于金钱，可能还包括权力、社会地位、社会声誉等。因此，在一个问题上，当委托人与代理人可能发生目标不一致的情况时，若不充分约束代理人行为，则对委托人可能造成损失。第四，委托人和代理人的责任风险不同。虽然代理人拥有企业经营权，但若其决策失误，为之负责的却是委托人。代理人所失去的仅仅是社会声誉、职位等，而委托人

---

① 刘以安、陈海明：《委托代理理论与我国国有企业代理机制述评》，《江海学刊》2003年第3期。

作为企业所有者却将遭受直接经济损失。[①]

由于委托人和代理人存在上述内在矛盾，因此代理人意识到自己无须承担后果后，在经营过程中极可能为了自身利益最大化而利用自身的信息优势，采取机会主义行为，无视委托人意图，牺牲委托人利益，使委托人受无谓损失。企业的经营过程受多种不确定因素影响，而委托人无法全部事前知悉，故而无法与代理人签订完全契约来约束其行为，从而产生"逆向选择"及"道德风险"。逆向选择指在事前经济主体一方隐瞒或谎报信息，使委托人无法充分了解代理人的能力及各方面素质，不能准确衡量其工作，致使代理人以次充好，占据其能力所不能及的职位，谋取其本不应得到的利益。道德风险则指事后代理人利用自己的信息优势，通过多种机会主义行为影响组织效率，谋求自身利益，而造成委托人效用损失。如假公济私，利用组织资源牟取私利。[②]

委托代理关系的形成必然产生代理成本，代理成本大致可分为两类，一是对于委托人而言的最优决策所应获得的价值与代理人真正作出的最终决策所得的价值之差，二是委托人和代理人在委托代理关系的形成中所付出的各种其他成本。如何控制代理成本也是委托代理理论的一大难题。无疑道德风险和逆向选择会使委托人利益受到极大损害，但若委托人为杜绝道德风险和逆向选择问题而加强监督，加大监督力度，其代理成本必将增加，对其而言，获益与否还未可知。因此，委托人难以有效监督和约束代理人行为，无法真正解决委托代理问题。

在现实的经营活动中，只要形成了委托代理关系，委托代理问

[①] 张淑敏、刘军：《委托代理理论与中国国有企业改革模式构建》，《财经问题研究》2006 年第 6 期。

[②] 刘以安、陈海明：《委托代理理论与我国国有企业代理机制述评》，《江海学刊》2003 年第 3 期。

题就必然存在，无法从根本上杜绝逆向选择和道德风险问题。因此，委托代理理论认为需要建立有效的激励约束机制，来制约代理人行为，抑制其不良动机，减少逆向选择行为，降低道德风险，尽可能地使代理人按照委托人意愿行事，提高企业收益绩效，为委托人获取更高收益。

激励机制指将代理人的个人目标与企业目标相结合，或是转化为企业目标，以充分调动代理人的工作积极性，使企业利润最大化。可以通过建立最优报酬设计，将薪资、股票、奖金、福利、退休计划等多种形式的报酬进行组合，同时诱以职位、荣誉等，使代理人将企业利润最大化作为其个人追求目标，有效降低代理成本的同时，提高代理收益。[1]

约束机制指通过合同、协议、法律等内部或外部监督机制，控制并约束代理人行为，使其须为其不良行为负责任，承担后果。可以通过完善企业法人治理机构，使企业产权多元化，协调企业内部利益关系，权力间相互制约，进而从内部制衡，对代理人提出要求，进行监督。同时，引入市场竞争机制，形成潜在代理人市场，并依靠资本市场和产品市场，使代理人必须努力争取企业利润最大化，避免被市场淘汰。

如何建立有效的激励约束机制，充分监督代理人行为，使委托人收益最大化，同时代理人的个人效用也能够最大化地满足，一直是委托代理理论的一大研究问题。更重要的是，随着委托代理理论的深化发展，从原有的经济学领域逐渐向政治学领域渗透，政治过程中的委托代理问题日益得到学术界的关注，学者们认为政治过程中的委托代理较之经济领域更为复杂，委托代理也由此逐步发展出横向、纵向、多层等多种委托代理关系，其激励约束机制也更难制

---

[1] 张淑敏、刘军：《委托代理理论与中国国有企业改革模式构建》，《财经问题研究》2006年第6期。

定，最优合同更加难以达成。

(二) 政治过程中的委托代理关系

公民除私人权力外，还有一些置于公共领域的私人权力，而这些公共领域的权力该如何分配或实施以保证公民从中获利则是政治领域委托代理关系形成的直接诱因。公民将公共权力赋予国家，由其代为管理执行，以维护自身利益，如此便形成了一级委托代理关系。即公民与国家之间存在隐性契约，公民为委托人，国家为代理人，保障公民权益。然而，国家更多地只存在于象征意义上，并不能真正成为代理人，无法在真正意义上行使代理权，故而产生了政府组织，政府组织的公职人员才是真正行使公共权力的人。换言之，公民为委托人，政府组织的公职人员为代理人，拥有公共权力的终极代理权。

在具体运作过程中，政治过程中的委托代理关系会进一步复杂化。例如，我国的行政层级结构分为中央政府、省级政府、地市级政府、县（区）级政府和乡（镇）政府。虽然中央政府拥有绝对领导权，各级政府的权力来源于中央政府，但在实际过程中，地方政府作为辖区内的管理者是代理人，中央政府是委托人，纵向委托代理由此形成。同时，横向委托代理关系也存在于政府之中，如人大与地方政府之间的关系。这就构成了政府的多重委托代理网络。政府往往既是一级委托代理关系的委托人，又是另一级委托代理关系中的代理人，故而会出现多委托人、多代理人、多委托任务等多种复杂状况。①

政治过程中委托代理问题较经济领域更为复杂，一是政治过程中委托代理的合约形式——政策——的内容较经济合同更为模糊，在初级委托代理关系中，政府往往对政策等有较大的解释空间。二

---

① 刘寿明、陆维臣：《公共领域中的委托代理理论及其拓展》，《求索》2009 年第 4 期。

是契约主体不明确,在存在多个当事人的情况下,谁是谁的代理人,谁是谁的委托人模糊不清。三是代理人在政策形成前存在信息优势,并且可选择性地向委托人传递信号,造成逆向选择、成本披露等诸多问题。

政治过程中的委托代理关系形成后还会面临一些棘手的问题。第一,政策制定需要一定的强制机制,作为代理人的政府在拥有强制力后,是否会滥用权力以谋取自身利益?代理人行为由谁监督,如何保证这种强制力是服务于公共利益而非私人利益?此外,在政治契约——政策——中代理行为具有不可观察性,局外人无法核实代理人的信息,证明其真伪,代理人的信息优势会导致委托人与代理人本末倒置,代理人无视委托人利益,肆意采取机会主义行为,而不用承担应有风险,即道德风险。[①] 与此同时,在政治合同中,对于代理人的激励往往不足,在经济合同中,代理人可以从中获得货币和非货币的报酬,在政治过程中的代理人则更多地仅能获得非货币激励,如社会地位、社会声誉等。这对于代理人来说,可能会导致激励不足的情况。

那么,如何尽可能规制政治过程中委托代理问题的解决呢?首先,政治过程中复杂的委托代理关系,使得在该问题的解决中更多地依赖于承诺与约束。事后可能发生的机会主义行为需要一个事前的承诺加以限制。而承诺能够产生效用的前提是它清晰可观测且事后不可逆转,这些前提构成了承诺的可信度。然而,在可信度增强的情况下其操作灵活性必然降低。同时,在承诺中将所有情况都加以规定显然是不可行的,必然会出现一些不可预测的情况,灵活性的使用则可能会再次造成机会主义行为。因而需要考虑承诺的简单性与灵活性相结合的折中办法。即在相机状态下,政策在两种体制

---

① [美] 阿维纳什·迪克西特:《经济政策的制定:交易成本政治学的视角》,刘元春译,中国人民大学出版社2003年版,第103—131页。

之间的转换，并寻找相机性的最佳临界值。其次，可以将政治过程视为一个重复博弈的过程。在重复博弈的过程中，当委托代理关系链越长，参与者越有耐心，背离行为越能被准确地发现，且对最初的背离者的惩罚越大，即背离成本越高。而当这样的合作重复发生时，就会带来信誉。信誉可看作一种有价的固定资产，若将来合作时间越长，则越能抵制对放弃信誉而可能获得的短期收益。且如果重复博弈或是信誉的影响力足够大，甚至无须承诺工具来保证承诺的实施。[①] 最后，可以设计有效的激励机制。设计一个合理的激励机制对于政治委托代理关系至关重要。在政治过程中，就逆向选择问题而言，为获得代理人所掌握的信息，则须向代理人提供足够的租金，为促进信息公开，最优地利用信息，可适当建立信息与租金的联系以提供正确的边际激励；就道德风险问题而言，平衡风险与激励是解决问题的关键。可根据代理人的风险偏好，采取针对性的措施，来达到对其的最优激励。[②]

第二节 政府购买公共服务机制设计委托代理的表现

政府购买公共服务的过程是一个真实时间中的政治过程。政府是委托人，企业或社会组织是代理人，公共服务的购买合同是一个多重委托代理合同，这种多重性表现在两个方面，从纵向看，存在着公众、立法机构、政府机构、企业或社会之间的多重委托代理链条；从横向看，在政府购买公共服务之前，立法机构和行政机构构

[①] [美] 阿维纳什·迪克西特：《经济政策的制定：交易成本政治学的视角》，刘元春译，中国人民大学出版社2003年版，第157—171页。

[②] 同上书，第140—166页。

成横向委托代理关系,在政府购买公共服务之后与企业或社会组织形成委托代理关系。

一 纵向委托代理

在地方政府购买公共服务的过程中有多个主体,选民、立法机关、政府、企业或社会组织。政府购买公共服务就处于委托人与代理人的关系中,此外还处于几个监管机构的关系中。

(一) 第一层委托代理关系:选民和立法机构[①]

从政治学的视域来看,立法机关的权力来自选民的委托,而选民将公共权力委托给立法机关的目的在于凭借其权威实现公民个体力量所无法实现的公共利益,在选民与立法机关之间便形成了一种类似于契约但是以公共事务治理权限为对象的委托代理关系,并随之赋予立法机关维护社会秩序、保护选民权利、供给公共产品的公共服务责任。[②] 这一责任不仅是正式的道义责任,而且也是正式的政治责任和法律责任,它意味着立法机关制定法规必须及时回应选民的利益要求并积极采取有效措施公平、高效地加以满足,也意味着立法机关如未能完成对社会的服务责任,或者当其行为偏离了公共利益方面的整体方向时,必须承受道义、政治和法律方面的后果。在这一层面,选民是委托人,立法机关是代理人,他们之间构成第一层委托代理关系。

(二) 第二层委托代理关系:立法机构和政府

立法机关并不是执法者,其制定的法律法规要委托给相关政府

[①] 明燕飞、谭水平:《公共服务外包中委托代理关系链面临的风险及其防范》,《财经理论与实践》2012 年第 3 期。

[②] 王慧娟:《政府公共服务外包的法理分析与制度选择》,《行政与法》2012 年第 10 期。

机构去执行。在公共服务购买的委托代理链中，政府具有双重身份：它既是选民的代理人，又是购买服务的委托人。它既要回应公众需求，为实现公共利益不断提升公共服务质量和效率，又要积极监督代理人（公共服务供给者）的行动，对公共服务的结果进行评估和监督。"政府本质上是一个安排者或者提供者，是一种社会工具，用以决定什么应该通过集体去做，为谁而做，做到什么程度或什么水平，怎样付费等问题。"① 在政府内部也有多重委托代理关系，上级政府与下级政府之间是一种委托代理关系，下级政府面对着上级政府交给的多任务委托合同，例如扩大就业、保护环境、维护社会稳定等。②

（三）第三层委托代理关系：政府和企业或社会组织

在第三个层面上，政府成为委托人，企业或社会组织成为代理人。在公共服务购买中，政府负责确定公共服务的数量与质量，对公共服务的结果进行评估和监督。③ 委托代理关系存在于政府和企业或者社会组织之间，选民将公共服务供给及其所需资源委托给政府后，政府并不是亲自经营生产，而是将生产经营权再次委托给企业或社会组织，这时候政府给公众提供的公共服务，是由企业直接提供给公众的。此外，社会组织在公共服务提供中也发挥着重要作用，政府把提供公共服务的责任更多地让渡社会组织去承担，这样做的好处是比集权的机构拥有更多的灵活性、责任感及更高的效率。政府提供财政支持，社会组织具体提供公共服务，政府从公共

---

① ［美］E. S. 萨瓦斯：《民营化与公私部门的伙伴关系》，周志忍等译，中国人民大学出版社2003年版，第68页。

② 黄剑宇：《公共服务外包的逻辑思路与运作模式探析》，《经济管理》2014年第3期。

③ 汤汉林：《政府的公共服务外包：从成效到风险规制》，《公共行政》2013年第6期。

服务的直接提供者向资助人转变。

但是，并不是所有公共服务都可以以购买的方式提供，在确定了将哪些公共服务交由市场提供后，政府需要确定和选择服务供应商。以政府购买的合同外包方式为例，合同签订后，政府作为合同的发包方要具备对于服务供应商在履行合同和提供服务过程中的监督能力。在合同承包商提供公共服务之后，作为发包方的政府应对供应商的服务进行绩效评估与考核，以明确其合同的完成情况。具体的评判指标包括，所提供的服务的质量是否让公众满意，与之前双方签订的合同所规定的标准是否一致，服务成本和服务的效率是否达到之前的预期。[①] 换言之，就是合同承包商是否做到了在保证速度和效率的前提下，按照合同所规定的那样向政府和群众提供了价廉物美的服务。作为发包方的政府应按照上述评价指标和要求来对供应商的服务绩效进行评估，最后评估的结果将直接影响到此次合同的结算以及下一次是否同该供应商继续合作。政府可以将考核不合格的机构列入黑名单，名单上的企业以后将不被考虑入围政府的采购名单和范围。

政府购买公共服务的纵向委托代理关系存在着固有的缺陷，委托人关心的是结果，代理人关心的是自己付出的努力和得到的回报。[②] 无论是政府，还是政府官员、企业或是社会组织，都可能摆脱不了追求自身利益的倾向，同时在冗长的委托代理链条中存在信息不对称问题，信息优势方还可能因此损害信息劣势者的权益。

[①] 黄剑宇：《公共服务外包的逻辑思路与运作模式探析》，《经济管理》2014年第3期。

[②] 李慧、杨桦：《论政府公共服务外包的风险评估机制》，《江汉大学学报》（社会科学版）2014年第3期。

二 横向委托代理

在政府购买公共服务之前,立法机构和政府机构构成横向委托代理关系;政府购买公共服务之后,选民与企业或社会组织形成委托代理关系。

(一) 第一层委托代理:立法机构和政府机构

作为民意代表的立法机构相对于政府机构而言,可以更方便、更容易、更直接地收集、汇报选民的偏好信息,在通过多数票规则的公共选择后转换成社会偏好次序,据此形成委托人立法机构对代理人政府机构在特定任期内代理业务产出的明确目标。

由于时空因素、人际因素、信息搜寻及传递的通道便利和成本降低等因素,横向委托代理关系比纵向委托代理关系具有显著的社会成本优势,从而减少委托代理中的信息不对称及由此导致的机会主义卸责行为,使政府的决策最大限度地表达绝大多数社会成员的偏好,使政府唯公众的需要而不是上级的需要马首是瞻。[①] 如上海惠南镇的做法就很有代表性。该镇"实事工程项目"建设采取工程立项由代表确定、实施过程由代表监督、建设结果由代表评估的做法,即每年10月中旬,先由人大办公室和镇政府通过听证会、座谈会、问卷调查、个别访谈、政府网站等形式,征集各方意见,然后汇总,形成"年度政府实事工程征询表",然后交付人大代表按照轻重缓急等标准进行投票选择。最后,在预算总额内,排序靠前的项目优先入选。这一做法取得良好效果并在南汇区得到进一步推广。

---

① 黄剑宇:《公共服务外包的逻辑思路与运作模式探析》,《经济管理》2014年第3期。

(二) 第二层委托代理：选民与企业或社会组织

公共服务购买中有一层隐形的委托代理关系，即选民与企业或社会组织之间的委托代理关系。选民作为委托人，其与承包商之间的委托代理关系是隐形的，往往容易被忽视。两者之间的委托代理关系是横向的。即承包商提供公共服务的过程是选民可以直接接触的，选民也是公共服务的最终消费者，在这一层的委托代理关系中，选民在监督、评价承包商提供的公共服务质量方面具有信息量丰富与便捷的优势，因此确保政府购买公共服务的有效性，选民的参与是不可或缺的。

(三) 第三层委托代理：同级政府机构之间

横向多重委托代理的主要形式是两个或两个以上的政府机构共享对某一企业的规制权。① 横向委托代理本质上就是一个公共监督问题。当某一中标方胜出成为特定公共服务采购的供应商时，如果是单项金额较小的采购项目，那么由于这一采购流程较短且金额不大，往往被监督方所忽视而放松监督，则有可能存在公私合谋的行为。如果是采购金额较大的公共服务项目，就会出现更加难以监督的复杂交易行为，比如大型的政府采购活动会涉及供应商分包勘察、设计、材料与采购等复杂交易行为，以及其他次级承包商之间的多种交易行为。在这一过程中往往会关涉到土地、财政、税务等职能部门的关系和利益。因此，在横向委托代理中存在多个委托人、多个代理人横向交叉的利益关联。

横向委托代理形式下的政府（公共部门）往往存在目标方向不一致的情况，这是因为公共部门具有在几个委托人之间分权的特征，如果每个规制机构都是做好事的，那么这些规制机构的总目标

---

① 陈富良、王光新：《政府规制中的多重委托代理与道德风险》，《财贸经济》2004 年第 12 期。

是极大化社会福利。但是，从分散的角度来讲，每个规制机构都只有限的权力，比如环境保护部门的目标通常只是保护环境，而公共事业规制机构的主要目标则是控制企业的收益率、价格上限或者企业的价格结构。也就是说，每个规制机构都有自己特定的目标，因此它们很难超越自身局部利益，无法在社会整体福利层面有所改进。[1]

横向委托代理容易导致配置效率低下，与权力相对集中统一的机构相比，同级机构之间权力的分散会引起配置效率的低下。控制企业的政府机构的个数以及它们进行干预的时间会影响这种分权结构的管理效果。一般而言，控制某个企业的政府机构的数目越多，管理效率就越低。实际上，在控制权高度分散时，就会出现最极端的结果。例如，如果某个部门认为其他部门将会限制对某个项目的投资，那么不管这个项目的效率如何，这个部门都不会允许对这个项目进行投资，这个项目最终也就得不到投资。[2]

第三节 政府购买公共服务机制设计委托代理的问题

正是因为涉及多重复杂的委托代理关系，这些关系会导致政府购买公共服务实施中产生一系列问题。

（1）公共服务供给与公众期望不一致。当政府通过购买的方式将某项公共服务委托给某一代理方去具体执行或生产后，该项公共

---

[1] ［美］菲利普·库伯：《合同制治理——公共管理者面临的挑战与机遇》，竺乾威等译，复旦大学出版社2007年版，第87页。

[2] 陈富良、王光新：《政府规制中的多重委托代理与道德风险》，《财贸经济》2004年第12期。

服务实际上就是由代理方直接进行操作,并将它提供给公众的,而政府在这一过程中,往往只扮演着监督者和评估者的角色。在这种委托—代理关系中,往往会造成一个问题,即代理方最终所提供的公共服务,无论是从质量还是效率来看,都不能完全符合公众的期望,甚至出现代理方为了追求自己的利益而弃公共利益于不顾的现象。例如,武汉市政府 2009 年启动的公共自行车服务项目,虽然一开始代理企业鑫飞达提供的服务质量很高,一度受到公众称赞,然而四年后,该项目就陷入"车辆少、租车难"、部分站点瘫痪荒废的困境。这是由于鑫飞达企业在后期为追求企业利益,而将重心转向了房地产、传媒等行业,从而导致了这一项目的荒废。[①]

(2)逆向选择风险。逆向选择是委托—代理关系中典型的问题。由于在委托—代理的关系链中,委托人与代理人所掌握的信息往往是不一致的,即使作为委托方的政府想要尽可能获取更多的信息,但因为企业代理人的刻意隐瞒和本身获取信息成本较高的问题,政府在遴选最终代理人的时候就很容易导致甄选失误甚至出现逆向选择。而在这一过程中,企业代理人为了自身利益,经常隐瞒自己的真实信息,甚至将自己过分地包装,向政府提供虚假信息,骗取代理权,最终越是劣质的企业代理人就越容易成为公共服务外包的代理人,导致"劣币驱逐良币"的现象。与此同时还引致"行政伴生关系"[②],即政府与承接公共服务的第三方往往并不是平等的契约关系,而是一种依赖关系,因为代理方的许多资源都需要政府来进行提供,作为被动的一方,代理方一般会认可政府的介入,甚至会让政府官员的亲属参与管理,于是在相关的公共服务购

---

① 《武汉公共自行车投 3 亿打水漂,拟与鑫飞达终止合同》,http://hb.sina.com.cn/news/b/2014-04-15/0924159925.html。

② 杨柳:《政府购买公共服务中主体间互动关系风险探析》,《人民论坛》2015 年第 29 期。

买中会形成一个利益共同体，政府购买理应选择的一些首要因素，例如服务能力、服务质量、服务价格等会退居次位，企业管理者的身份反而成了政府选择的首要因素，从而形成逆向选择，导致一些真正有实力、有能力的企业落选，而那些服务质量较差、服务能力较弱的企业成功竞标。

（3）寻租与合谋行为的出现。政府购买公共服务意味着公共服务从政府单一的内部供给转向合同外包或者公私合作的供给模式，从内部合约转为市场合约，虽然这种转变改善了原有的内部腐败和效率低下，但也带来了公私主体之间的寻租问题。寻租是政府机关及公职人员利用公共权力寻求超额利润的活动，也称政府官员的败德行为。虽然公共服务购买本身是为了在一定程度上解决公共服务提供过程中的问题，但是由于委托—代理关系中缺乏有效的监督机制，就会导致寻租行为，如我国的"新红顶商人"现象，甚至在官员退休后，他们仍可以依靠之前在政府中建立的关系网来获得高额的灰色收入。[①] 由于政府可以垄断某项公共资源，同时还扮演着监管者、仲裁人和合同签约者的身份，因此政府会设置一定的进入壁垒，在这一过程中，如果政府官员有寻租动机，便会通过对市场的控制来设租、创租，这便导致了一种交易的默契循环。[②] 此外，还有一种行为也极易发生，即合约共谋现象。这种现象可以分为三种类型：1）政府官员内部的合谋行为；2）代理人的合谋行为；3）作为委托方的政府部门和代理方企业的合谋行为。其中，委托人与代理人的合谋行为最为常见，由于公共服务的多重委托代理和委托代理双方的信息不对称，加上政府选择和评估企业代理人

[①] 吕志奎：《政府合同治理的风险分析：委托—代理理论视角》，《武汉大学学报》（哲学社会科学版）2008年第5期。

[②] 逯进：《寻租、权力腐败与社会福利——基于公共品供给的视角》，《财经研究》2008年第9期。

的独断权，政府很可能与代理企业就某项外包竞标进行合谋，以谋取财政预算，各自分红。或者承包商在获得合约后，本着利益至上的原则，往往会抬高服务的价格或降低服务的质量，为了避开政府的审查，并使政府购买的某项公共服务的成果安全通过上级政府的考核，代理方便会在合约的后期阶段，向政府官员行贿，委托方和代理方双方会在对服务结果的评估中串通合作，使得其结果既符合政府绩效考核的需要，也符合企业合同的要求。这种共谋现象的出现，不仅会导致腐败现象的产生，也会导致激励机制和评估机制无效率。

（4）交易成本高昂。通俗地说，交易成本是交易各方之间完成一项交易需要花费的时间、精力、物力和财力。[①] 虽然政府购买公共服务是为了提高公共服务的质量和效率，并通过引入市场机制来降低总体花费。但实际上，交易成本作为一种经济系统运转所要付出的代价和费用，它类似于物理学中的摩擦力，是无法避免的。[②] 交易成本包括事前交易成本和事后交易成本，具体包括信息成本、谈判与决策成本、争议成本、监督成本、寻租成本、违约和转换成本等。[③] 当政府决定通过购买的方式供给公共服务时，相应的交易成本就会产生，并伴随着合约的整个过程，它不仅会影响委托—代理双方的选择，也会影响后续的评估与再谈判。

那么，从机制设计的角度看，政府购买公共服务产生这些问题的成因有哪些？

（1）委托人与代理人的目标不一致。政治领域中的委托代理关

---

① 刘大洪、田开友：《财政支出的制度革命——从交易成本视角看我国政府采购法》，《财贸研究》2003年第5期。

② [美] 奥列弗·威廉姆森：《资本主义经济制度》，段毅才、王伟译，商务印书馆2002年版，第45页。

③ 黄新华：《公共服务合同外包中的交易成本：构成、成因与治理》，《学习与实践》2003年第6期。

系往往比经济领域中的委托代理关系呈现出更为复杂的形态。由于政府身份的特殊性，其在委托代理关系中总是扮演着双重角色——它既是民众或上级政府的代理人，又是购买公共服务实际操作中的委托人。在这一过程中，政府既需要满足公众对于公共服务的需求，扮演公共服务的提供者，又需要同企业或社会组织进行合作，对其实际生产公共服务的过程和结果进行监督。相较于公众和企业，政府的角色更为复杂，作为委托人的政府的运营目标则涵盖社会目标、政治目标、经济目标和文化目标等方面。[①] 而作为公众的代理方，无论是哪一级政府，最大的目标都应该是满足公众的需求。此外，由于在横向委托—代理关系中，经常会遇到多委托人（多政府部门）、多委托代理关系等纵横相交的混合委托—代理关系，因而政府购买公共服务的目标变得更为多元化。而作为公共服务实际的生产者，企业或者社会组织所追求的往往是部门的经济利益，它只是根据与政府所签订的合约来为公众提供产品和服务。一旦环境发生变化，难保代理方会弃公众利益于不顾。因此在政府购买公共服务的委托—代理关系中，委托人与代理人的目标往往是不一致的，而且委托人和代理人的具体目标还有可能随着环境、制度等因素的变化而相应发生变化。

（2）信息不对称。信息不对称是委托—代理关系中的核心问题之一。由于存在时间、空间等诸多问题，信息的完全传递几乎成为一件不可能的事情。首先，代理人为了追求自己的利益，往往会发出不完全信息甚至虚假信息来蒙蔽委托人，甚至损害委托人的利益。如果是合约签订后的"一对一"委托代理关系，此问题可能会得到一定的改善，但如果是在"一对多"的委托代理关系中，尤其是在招标、竞标的阶段，代理人需要围绕有限的资源进行竞争时，

[①] 刘用铨：《政府治理与公司治理中委托代理问题比较及其启示》，《行政论坛》2007年第1期。

竞争越激烈，代理人之间的信任关系就越难培养，信息自然也就难以共享。在这种情况下，虽然企业想把完全完好的信息传递给地方政府，但其本身掌握的信息原本就是不完全的。其次，由于政府在购买公共服务时，其委托—代理链往往较长，而在这种信息传递链过长的情况下，即使下级委托人能获得真实信息，也会由于信息传递成本过高，而很难传递给上级的委托人，至于民众就更难获得完全的信息了。同时，由于委托—代理链条过长，信息本身就会发生累积的损耗，代理人在生产公共服务时的一些问题就更加难以被上级政府发现。再次，如果政府发现了代理方存在着背约行为，由于合同已经签订，政府在撤换代理方时，在程序上极为复杂，时间上也有许多限制，从而进一步导致交易成本升高的问题。最后，服务供给的评估环节，信息不对称也会影响到委托人在评估过程中很难观测检查到代理人的全部行为，这会导致监督和评估环节的失效。

（3）有限理性。有限理性最早由赫伯特·西蒙提出，他在其著作《行政行为：行政机构决策过程研究》中批评了"行政原则"，并指出虽然行政者都希望作出理性的最佳选择，但在实际操作中，会发生许多决策者预料之外的事情，而人的计算能力和搜集信息的能力都是有限的，因此他们不可能得出最佳选择。西蒙认为，在人的有限理性的影响下，无论是私人组织还是公共组织，都无法按照"效率最大化"和"最优化原则"来指导自己的行动。"理性是一个无法回避的现实问题。"正如威廉姆森所说，有限理性也是导致委托—代理关系中众多问题的原因之一。古典经济学假定经济活动的主体是理性的，但实际上，现实生活中人的理性是有限的。换句话说，由于要受到能力、信息、时间、知识等因素的制约，人们往往只能在力所能及的范围内进行行为决策。而在政府购买公共服务时，也是不可能出现完备的市场和完备的政府的，自然也不会出现全知全能且心地善良的"独裁者"，此外，政府官僚制组织的特性，反而还会加深组织认识的有限理性，因为在政府进行决策时，官员往往会为了达成某种目标而选择和利用符合其需要的信息,这一过程会扩大组织的局限性。① 因此在这种有限理性的影响下,人们所做出的方案不可能是最优的,只可能是次优的。② 在有限理性的影响下,交易双方往往不可能具有完全获得和辨识有效信息的能力,双方也不可能预见到所有可能的突发事件。因此,在政府购买公共服务时,委托方和代理方所签订的合同,即契约,往往是不完备的。有限理性是不可能消除的,必须正视为此付出的成本,包括计划成本、适应成本以及对交易实施监督的成本。③

(4)监督机制不完善。在政府购买公共服务这一环节中,实际上具有两个监督者。一是初始委托人——选民(公众),二是公共服务的安排者。由于初始委托人的弱势地位,往往并不能形成对于代理人的有效制约。实际上,在这一过程中,无论是从利益还是责任上来看,公众在很大程度上都是虚位的,只有所谓的象征意义。④ 同时,这种"公众—地方政府(上级—下级)—企业委托"代理链条的冗长,会加大公共权力的执行监督成本,即使公众具有监督动机,但却缺乏相关法律和体制的支持。而就算公众在监督过程中发现了问题,也没有"退出机制"可以解除自己与代理人之间的合约关系,也无法惩罚代理人的机会主义和不作为行为。在这种情况下,委托人的监督成本和收益是不对称的,集体行动的逻辑使公众寄希望于别人从事监督活动,而自己"搭便车"坐享其成,其结果

---

① 齐明山:《有限理性与政府决策》,《新视野》2005年第2期。
② [美]阿维纳什·迪克西特:《经济政策的制定:交易成本政治学的视角》,刘元春译,中国人民大学出版社2003年版,第89页。
③ [美]奥列弗·威廉姆森:《资本主义经济制度》,段毅才、王伟译,商务印书馆2002年版,第45页。
④ 高燕妮、周山:《论政府经济行为中的委托—代理关系》,《特区经济》2007年第9期。

是没有人或很少人去监督政府。[①] 此外，从我国政府实践的层面看，在我国，政府是由同级人大选举产生并接受其监督，但"对上级政府负责制"是我国行政管理体制最重要的特征之一[②]，下级政府为了应对上级政府的考核，通过扩大自己的绩效谋求晋升，即使监督中发现问题也具有隐瞒的动机。

（5）激励机制不足。在政府购买公共服务时，能够给予的激励除了项目本身的货币形式的利益之外，基本没有其他事物。经济学理论认为在委托—代理问题中解决代理人问题，需要做到激励相容，而达到激励相容的一个重要手段就是剩余索取权的分享。而在地方政府购买公共服务时，大部分资源都具有公共产权性，而公共产权具有剩余索取权的不可转让性，无论是委托方政府还是代理方企业，都不可能获得公共产权的剩余索取权，因此会造成激励不足的局面。因此在政府购买公共服务中，政府给予代理人的是约束，而不是激励，这就容易造成代理方的不作为或者应付了事的局面产生。在经济领域中，这种奖惩可能是货币性的，也可能是非货币性的（地位、权力和工作满意度）。而政治领域中，由于普遍存在着多委托人的局面，不同的委托人都想尽全力去影响代理人，从而导致博弈均衡后的低度激励。"激励的缺乏和限制的增加经常被认为是政府无效率的表现。代理人常常不得不拒绝代理，结果是任何事情都没有做，或至少经过很长时间拖延才能保证所有的限制条件被满足。"[③]

（6）资产专用性。资产专用性（asset specificity）与资产通用性（asset homogeneity）相对，指的是如果一项资产已被用于某项特

[①] 明燕飞、谭水平：《公共服务外包中委托代理关系链面临的风险及其防范》，《财经理论与实践》2012年第3期。

[②] 定明捷：《多委托代理视角下行政监察的组织困境及其消解》，《行政论坛》2014年第6期。

[③] ［美］阿维纳什·迪克西特：《经济政策的制定：交易成本政治学的视角》，刘元春译，中国人民大学出版社2003年版，第78页。

定用途，那么它就难以被调配到其他用途，就算能够重新分配，它的价值也会降低甚至消失。奥利弗·威廉姆森指出，资产专用性是一种程度，表现为路径依赖，这种程度是指一种资产能够被重新分配于其他备选用途并由其他使用者重新配置而不惜牺牲其生产性价值的程度。[①] 政府购买公共服务中的资产专用性指的是政府对某一个特定的外包关系进行的物质投资、人力资本投资、专项投资、场地投资等耐久性投资，如果将这些投资用于其他用途的话就可能会导致巨大的转换成本。而政府外包的这项公共服务一旦被中断，那么这些投资都将变为沉没成本，这会使政府和承包商都面临着巨大的经济损失。新制度经济学将流动性和可转换能力视为资产专用性的两种表现形式，专用性强的资产，其转换性和流动性就差。因此，在政府购买公共服务时，如果其中的某一方拥有较多的专用性资产，那么另一方就会以退出交易而进行威胁。[②] 同时，这一方就会利用这种优势进行讨价还价，从而可能产生合谋的风险。因此，这种购买中的资产在某种程度上代表了机会主义的范围，有时它不仅使政府难以从外包商处获取成本和服务质量的改善，而且还增加了对购买合约的监控成本。[③]

（7）不确定性。通常情况下，不确定性指的是事物属性、状态的不稳定性和可变性。政府在购买公共服务与代理方签订合约时，也面临着大量的不可控影响因素。奈特认为，不确定性和风险具有较大的差别，因为风险是可以预测其结果分布的，而"不确定性"的结果则是未知的。例如，在一项工程项目中，本身其价值量大、

---

① ［美］奥列弗·威廉姆森：《资本主义经济制度》，段毅才、王伟译，商务印书馆2002年版，第249页。

② 黄新华：《公共服务合同外包中的交易成本：构成、成因与治理》，《学习与实践》2003年第6期。

③ 徐姝：《政府公共服务外包中的风险管理研究》，《中国行政管理》2011年第6期。

周期长、建成后使用期长等特点已经使其变得极为复杂，而在此过程中还存在着大量的自然、社会、技术等不确定性，而工程的质量、造价、进度与承包合同规定之间的差异，则有可能是双方都无法控制的因素造成的，而结果是好的还是坏的，程度如何，基本都难以提前预知。因此，风险可以通过特定的技术进行防范，而不确定性则往往超出了理性的范围。具体而言，政府购买公共服务的不确定性分为以下几种：1）公众需求和偏好的可变性；2）信息不对称性；3）合同的不确定性；4）影响外部环境的各种可能性。同时加之人们有限理性的影响，这种不确定性往往会导致外包成本的增加，也使第三方的介入面临着困难，特别是在发生合同运行偏差时，就算要求监管机构或仲裁机构介入，也很难对这些问题进行测定和证实。

厘清政府购买公共服务机制设计委托代理问题的表现和成因后，有必要对这种委托代理关系进行详细的分析。

（1）公共服务质量低下。尽管在政府购买公共服务机制设计的合约中会规定服务的质量指标，但信息不对称、监管不到位、激励机制不足等原因，会导致逆向选择和道德风险等问题的产生，从而导致公共服务供给质量的低下。例如，若最终通过竞标成为代理方的企业实际上是缺乏社会责任感的主体，并在提供公共服务时追求自身利益最大化，那么它就很有可能为了节约成本而降低服务质量。

（2）公共服务责任缺失。对于政府来说，购买公共服务的主要目标是通过引入市场竞争机制解决政府内部运行效率低下的问题，以求最终有效地增进和维护社会公共利益。[1] 威廉姆森就曾指出，合同制是排斥政府责任的政治形式。[2] 在政府购买公共服务的实践

---

[1] 明燕飞、谭水平：《公共服务外包中委托代理关系链面临的风险及其防范》，《财经理论与实践》2012年第3期。

[2] ［美］奥列弗·威廉姆森：《资本主义经济制度》，段毅才、王伟译，商务印书馆2002年版，第249页。

中，政府通常认为只要合约签订了，工作就已经完成，从而导致对代理方的监督不足。同样，对于代理方来说，也存在着道德风险问题。尤其当存在着多代理方时，这种现象会更为严重，由于信息不对称和监管的缺失，政府没有办法对多个代理人都进行详细的评估与验证，此时代理方——企业往往会选择"搭便车"的方式，从而加剧公共服务供给责任的缺失。

（3）对政府信任程度下降。虽然公众在政府购买公共服务的委托—代理关系链中基本处于"虚位"状态，但一旦事情的发展超出公众的预期，并且深刻地损害了他们的利益时，公众就会降低对政府的信任程度。例如，2008年深圳市曾尝试购买城管服务，起初效果不错，并得到进一步推广。然而，由于缺乏有效监管，一些街道将城管业务交给民间组织后，往往追求效果而忽略过程，因此协管员欺上瞒下。平时小贩向协管员交费，当有小贩不从时，协管员直接砸摊。2012年，深圳南山警方通报的一起涉黑案件中，承接城管业务的某公司全体25人涉嫌收取保护费、寻衅滋事，这一事件的曝光极大地影响了公众对于城管的看法，也导致了市民对深圳市政府信任程度的下降。[①]

（4）公共资源浪费。在政府购买公共服务的过程中，由于种种问题会导致大量无效率或者低效率局面的产生，而政府的寻租行为、与企业之间的合谋，以及资产专用性、有限理性等深层次的原因，会使得某些公共资源被白白耗费，使一些本来可以用于生产性活动，或者可以创造出更大价值的资源，浪费在委托—代理的关系链条之中。例如，我国许多地方政府在购买养老服务时，往往一味模仿欧美国家，不顾老年人的现实需求与消费偏好，盲目追求机构养老，甚至一些企业或私人投资者假借提供养

---

① 《深圳城管业务外包或叫停，缺乏监管曾变身黑社会》，http://news.sohu.com/20120804/n349838987.shtmlhttp://news.sohu.com/20120804/n349838987.shtml。

老服务欺骗地方政府，获得廉价的土地等资源后另谋生财之道，造成了大量的土地资源浪费。根据统计，2014年末全国各类提供住宿的养老服务机构共有3.4万个、养老床位551.4万张，入住的老人却只有288.7万人，养老床位空置率高达48%，其中北京的床位空置率为40%—50%。[1]

（5）财政预算增加。政府购买公共服务的目的之一是提高效率降低成本，然而由于各种不确定性因素的影响以及资产专用性等原因，政府购买公共服务存在高昂的交易成本（见表4—1）。根据美国国际市县管理协会的调查，到目前为止，仍没有足够的数据可以表明，在公共服务提供方面，私营部门一定会比公共部门更有效率。[2] 换言之，政府购买公共服务机制设计中的交易成本，有可能导致公共服务的购买不仅没有降低成本，反而提高了预算支出。

表4—1　　政府购买公共服务机制设计委托代理的问题

问题的表现	问题的产生	问题的影响
公共服务供给与公众期望不一致	目标不一致、信息不对称 监督机制不完善、激励机制不足	公共服务质量低下 对政府信任程度下降
逆向选择风险	信息不对称、有限理性 不确定性	公共服务质量低下 公共资源浪费
寻租与合谋行为	目标不一致、信息不对称 监督机制不完善、资产专用性	对政府信任程度下降 公共服务责任缺失
高昂的交易成本	信息不对称、有限理性 资产专用性、不确定性	财政预算增加 公共资源浪费

---

[1] 《养老机构：一床难求还是床位空置率高》，http://epaper.gmw.cn/gmrb/html/2015-06/15/nw.D110000gmrb_20150615_1-11.htm。

[2] 句华：《美国地方政府公共服务合同外包的发展趋势及其启示》，《中国行政管理》2008年第7期。

第四节　政府购买公共服务机制设计委托代理的规制

政府购买公共服务时所出现的委托代理问题，究其根本是委托人与代理人利益的不一致，代理人难以自觉主动地追求委托人利益最大化。因此政府能否约束和控制代理人的行为，确保政府购买公共服务时不会损害公共利益，而给公众带来效用的最大化，关键在于政府能否制定一个完全合约——缔约双方都能完全预见契约期限内可能发生的重要事件，愿意遵守双方所签订的契约条款，当缔约方对契约条款产生争议时，第三方比如法院能够强制其执行。[①] 但完全合约是不可能存在的，局限于政府评估测量的水平有限和现实的难以预测，委托代理问题的完全解决是不可能的，不过政府仍可以从其他方面对委托代理关系的链条进行规制，使得政府购买公共服务带来效用的最大化。规制是市场经济体制中，政府为了弥补市场失灵，增进市场效率和社会福利，对微观经济主体进行的规范和制约。[②]

（一）价格规制

在市场经济条件下，市场价格能够反映资源的稀缺程度和市场供求情况，通过市场价格反映出的供需状况能使公共资源配置得到优化，提高运营效率。然而在利润驱使下，私人部门可能为牟取垄断利润制定垄断价格，这实质上剥夺了部分中低收入者享受公共服务的权利，违背了公平性，因此必须借助价格规制维护社会的分配

[①] ［美］科斯、哈特、斯蒂格利茨:《契约经济学》，李风圣等译，经济科学出版社1999年版，第14页。

[②] 黄新华:《公共部门经济学》，厦门大学出版社2010年版，第136页。

效率。因此政府实行价格规制——在自然垄断和信息不对称的情况下，政府为确保资源的有效配置和公共服务的公平供给，通过对价格水平与结构进行规制，以防止垄断企业形成垄断价格。[①]

报酬率规制和价格上限规制是两种主要的规制模式。报酬率规制允许被规制企业在收回总成本的基础上得到一个合理的资本回报率，也被称作投资回报率规制。价格上限规制是指企业产品（服务）价格的增长不能超过某个特定价格指数的增长减去 X。[②] 公共报酬率规制有利于鼓励企业投资，但由于其明显的成本加成性质，较难对企业起效率上的激励作用。价格上限规制可以在一定时期内固定价格上涨幅度，这时企业的实际效率高于合同规定的因子就可以获得额外利润，使得企业有动力通过优化生产组合提高生产效率。

除了传统的公共报酬率规制和价格上限规制等方式，设计一个科学合理的价格规制模型是进行价格规制的基础和关键。有学者将企业成本、利润率和质量纳入考量，综合固定投资回报价格规制模式和最高限价价格规制模型的形式，设计出中国城市公共服务价格规制模型（见图4—1）。[③] 通过此模型，政府可以促使企业自觉降低生产成本、提高生产效率，并且根据模型制定其他科学合理的价格规制手段，不因政府介入而影响整个市场的正常运作。对于消费者而言，成本的降低也将使其花费减少，进而社会整体福利增加。同时，由于规制价格与特定质量水平挂钩，单个经营者为获取正常收益就必然提供符合质量标准的公用产品。

[①] 彭向刚、周雪峰：《论新型政企关系下的政府规制：挑战与要求》，《学术研究》2016 年第 3 期。

[②] 郭庆、姜楠：《两种常用价格规制的比较及对我国的启示》，《山东经济》2006 年第 3 期。

[③] 付金存、龚军姣：《公私合作制下城市公用事业的政府规制》，《贵州社会科学》2016 年第 2 期。

$$P_{i=1} = \frac{C_i\ (1 + \alpha \times CPI + \beta \times PPI - X)}{1 - r} \times Q$$

图 4—1　中国城市公用产品价格规制模型

（二）质量规制

质量规制应从监管入手，它既包括对全过程的动态监管，又包括对结果的绩效评估。针对动态监管，地方政府应建立全面的动态监管办法：（1）对承包商实时的监控，关注整个公共服务供给的全过程，有效地收集承包商在提供公共服务时的信息，以降低委托代理双方的信息不对称。（2）健全信息和申诉处理机制，及时接收民众的反馈，针对服务外包过程中的违规行为及时追责并改正，强化监督效果。（3）建立委托代理双方的沟通渠道，将监督、评价结果以及违规行为的处理结果及时发布到政府各个层级、各个岗位以及社会组织和公众。针对绩效评估，政府在监管的基础上，发展绩效管理系统。一是对政府购买服务产出的评估，制定和运用一些量化指标进行评估，例如法国 2006 年通过的金融法律组织法，要求所有与国家紧密合作的卫生和社会服务组织计算出具体的服务有效性指数，这些指数并非严格量化的，但必须反映产出结果以及对客户或受益人的影响。[①] 二是对政府购买公共服务效果的评估，通过了解和调查公共服务消费者的满意度、认同度，测量政府公共服务所取得的实际效果。同时，要有效利用绩效评估的结果，一方面，要反馈给服务承接方，作为综合绩效评估的重要组成部分和内容，以利于其不断改善管理流程、改进服务方式、提高服务质量；另一方面，也应成为下一轮政府购买公共服务规划、调整的基本依据和参考，利于政府购买公共服务实践的经验总结和不断优化。

[①] 王浦劬、[美] 莱斯特·M. 萨拉蒙：《政府向社会组织购买公共服务研究》，北京大学出版社 2010 年版，第 87 页。

此外，政府应鼓励和支持第三方的监管机构加入到公共服务购买的监管当中，增加监管的多元化。建立健全由购买主体、服务对象及第三方组成的综合性评审机制，加强监管的专业性、独立性和公信力。"第三方"的独立性被认为是保证评估结果公正的起点，"第三方"的专业性和权威性则被认为是保证评估结果公正的基础，同时民众的参与可以有效地反馈顾客需求，而这些能够弥补政府监管的缺陷。"第三方"的综合性评审监督机制，能够对政府官员进行监管，以避免寻租腐败的出现。

（三）信息规制

政府购买公共服务过程中的信息不对称使得委托代理问题加深，因此政府部门应健全信息公开机制，构建公共服务购买信息平台，加强服务购买数据库的建设与共享，以减少服务购买与消费中的信息梗阻现象，为政府部门相关职责的履行创造条件。健全信息公开机制主要包括以下三个方面。一是创建政府部门共享的公共服务购买数据库。公共服务种类繁杂，政府部门可以构建共享数据库提高服务供给效率，如购买对象资格审查数据库、服务承接方资质评估与信用数据库、公共服务的社会需求与市场供给数据库等。二是构建信息公开互动机制。设置信息开放窗口，及时发布招投标需求、进度等信息，公开政府购买服务目录、资格预审信息、承接方选择标准、竞标过程和中标结果，增加服务购买流程的开放性与透明度，加强服务购买方、承接方与消费者之间的信息互动。三是对数据库进行动态化管理。公共服务购买中承接方的资质、消费者享受政府购买的资格等都会随着环境的变化而变化。为了体现服务购买的公平、公正以及提高服务购买的效率，政府部门应及时更新相关数据。

由于信息不对称的原因在于市场主体诚信的缺失，因此政府购买公共服务机制设计委托代理问题的规制，必须加强信誉机制的建设，因为信用和信誉是一种社会资本，其有利于合同的履行和交易成本的下降，能有效地避免委托代理中出现的问题。首先，政府应在内部建立信誉机制，建立诚信政府，加强廉政建设，增加政府的公信力。其次，在社会上建立信用档案、信用记录，提高违约成本，约束机会主义行为。最后，建立专业的信用评级机构，对评级机构的责任与权益作出明确规定，使得信用评级获得公信力和科学性。

（四）市场准入与退出规制

竞争会提升公共服务生产和供给的效率，但是不管是公共部门的垄断还是私人部门的垄断都会产生效率低下的问题。[1] 激烈的市场竞争可以促使代理人进一步公开自己所掌握的信息，在一定程度上改善委托人与代理人信息的不对称，委托人可以从众多承包商中选择最合适的代理人，以提高公共服务供给的效率。并且，竞争促使信息的公开化，可以节约监督的成本，减少政府预算。更为重要的是，市场竞争可以作为另一种方式的监督手段，当可选择的对象足够多的情况下，委托人可以根据代理人的绩效情况来判断是否选择继续合作。特德·盖布勒和戴维·奥斯本认为，如果承包商的质量下滑，政府可以通过终止合同的方式来保证公共服务供给的公共责任。约翰·多纳休也认为，如果公共机构能够明确规定希望做的事情，对承包工作实行竞争，对承包商的表现进行评估，撤换或惩罚那些未能取得预期成绩的承包商，那么该公共机构就会取得最佳效果。因此，即使是被选定的代理人也有潜在的被替换的风险，竞争促使其以委托人的利益为行为导向。但现实情况是，在政府选择公共服务购买的承包商时，可供选择的对象是有限的，不完全的竞争市场产生一系列的委托代理问题。因此，必须加快培育公共服务的卖方市场，鼓励社会组织加入公共服务承包的竞争市场。一是放

---

[1] Borcherding, Thomas E. Budgets and Bureaucrats: *The Sources of Governance Growth. Durham*, NC: Duke University Press, 1977: 101.

宽社会组织准入门槛，明确社会组织的法律地位，加大转移支付和补贴的力度，引导社会组织加入公共服务承包市场的竞争中，例如英国用能力构建者、未来构建者和基层资助三个项目来提高社会组织为公众提供服务的能力。① 二是建立具有承担购买服务事项资质的社会组织库和政府购买社会组织公共服务的项目库②，丰富政府选择公共服务承包商的范围，实现公共服务市场的充分竞争，提高资源的配置效率，例如在德国，一个以六家大型联合体为首的大规模社会组织网络"自由福利联合会"与政府一起共同提供社会福利服务，在各个领域都有大量的社会组织可以提供服务。充分的市场竞争还可以减少政府干预，打破行政壁垒，减少政府官员寻租、腐败、合谋的机会，这不仅使政府运作效率提高，还使得政府投入公共服务的预算资金的使用效率提高，降低交易成本。因此政府一方面要支持社会组织的发展，另一方面要吸引更多的企业、组织加入公共服务市场，通过竞争来调节委托代理问题。

（五）规制者规制

规制者规制，即政府内监管，被看作用一类公共机构对其他公共官僚机构的活动施加影响的各种方式，它是传统宪政制衡机制（法庭和立法机构成员）同官僚体系内部的直接命令关系链之间的一种手段：政府的某个机构被赋予了某种监管权力，以一种同被监管方保持距离的方式独立对其他政府机构实施监管。③ 克里斯托弗·胡德等在《监管政府：节俭、优质与廉政体制设置》一书中提

---

① 王浦劬、[美] 莱斯特·M. 萨拉蒙：《政府向社会组织购买公共服务研究》，北京大学出版社2010年版，第89页。

② 阮萌：《有序推进政府向社会组织购买公共服务》，《开放导报》2012年8月9日。

③ [英] 克里斯托弗·胡德等：《监管政府：节俭、优质与廉政体制设置》，陈伟译，生活·读书·新知三联书店2009年版，第8页。

出监管者的工具箱（见表4—2），列出政府内监管的十二种手段。

表4—2　　　　　　　　监管者的工具箱：十二种手段

控制的 社会基础	控制系统的分析要素		
	标准设定 （引导器）	信息收集 （检测器）	行为修正 （矫正器）
监督	（1）层次命令 例子：不容易更改的规则	（2）传票风格 例子：义不容辞的回应	（3）回应主管当局 例子：起诉或协商的能力／撤销执照或资格
竞争	（4）通过"自然选择"发展 例子：各种矛盾要求之间的张力	（5）激励风格 例子："标杆竞争"	（6）寻求或保持在积分表中的有利位置 例子：评级表或奖励名列前茅者
相互牵制	（7）参与式 例子：通过与监管者协商而达成一致标准	（8）网络风格 例子：业内人士之间的信息交流	（9）相互影响或劝说 例子：在争论或讨论中的说服情况
人为随机性	（10）无法预期的／无组织的 例子：变动的或无法观测的标准	（11）抓阄儿风格 例子：随机选择或突然检查	（12）奖励无法预期的行动 例子：通过确立关于未来体制或职业生涯去向的不确定性来限制机会主义

对规制者的规制可以从以下三个途径进行。首先是程序上的规制。行政程序是政府规制所必须予以遵守的，由相互衔接的先后阶段所组成的法律程序，通过行政程序制度的建设以达到"防止行政的专横行为，可以维持公民对行政机关的信任和良好关系，减少行政机关之间的摩擦，最大限度地提高行政效率"[①]。程序的规范需要

[①] 王名扬：《英国行政法》，中国政法大学出版社1987年版，第152页。

法律法规的框定，因此必须修改和完善《中华人民共和国政府采购法》，将公共服务纳入政府采购目录，规定公共服务购买的原则、标准和程序，对购买公共服务的每一阶段（决策、招标、监管）都明确操作细则，建立追责制度，构建政府购买公共服务制度化的体系。其次是权力上的规制。政府在购买公共服务时可能出现寻租、合谋等现象，需要通过法律法规对权力加以限制和约束，以明确的条文规定，抑制政府可能出现的违规行为。再次是信息公开规制。我国《宪法》规定："中华人民共和国的一切权力属于人民"，"人民依照法律规定，通过各种途径和形式管理国家事务"。信息公开是政府应承担的法定责任与义务，它是一种承认公民对国家拥有的信息有公开请求权，国家对这种信息公开的请求有回答义务的制度。[①] 必须构建规制信息公开制度，对政府购买服务的数量、质量、进程进行考核评价的公示，政府预算资金的运用明细要向公众告知，尽量让公众对整个公共服务外包的过程清楚了解。

[①] 黄新华：《论政府社会性规制职能的完善》，《政治学研究》2007年第2期。

第五章　政府购买公共服务机制设计的交易成本

奥利弗·E.威廉姆森认为,"任何一种关系,无论是经济关系还是其他关系,只要表现为或可以表述为契约的问题,就能根据交易成本经济学的概念做出评价"[①]。交易成本的思想最早来自罗纳德·科斯。1937年,科斯在《企业的性质》中指出,利用价格机制是有成本的。通过价格机制组织生产的最明显的成本就是所有发现相对价格的工作,市场上发生的每一笔交易的谈判签约的费用也必须考虑在内。[②] 科斯关注到经济交易成本,但并未提出交易成本的概念。第一个使用"交易成本"术语的是肯尼思·阿罗,"市场失灵并不是绝对的;最好能考虑一下更为广泛的范畴——交易成本的范畴,交易成本通常妨碍——在特殊情况下则阻止了市场的形成",这种成本就是"利用经济制度的成本"。[③] 奥利弗·威廉姆森将交易成本划分为事前和事后交易成本。[④] 马修斯提出一个较为流

[①] [美]奥利弗·威廉姆森:《资本主义经济制度》,段毅才、王伟译,商务印书馆2002年版,第31页。

[②] [美]罗纳德·哈里·科斯:《论生产的制度结构》,陈郁译,上海三联书店1994年版,第38页。

[③] [美]迈克尔·迪屈奇:《交易成本经济学》,王铁生、葛立成译,经济科学出版社1999年版,第25页。

[④] [美]奥利弗·威廉姆森:《资本主义经济制度》,段毅才、王伟译,商务印书馆2002年版,第31页。

行的交易成本定义,即"交易成本包括事前发生的为达成一项合同而发生的成本,以及事后发生的监督履行该项合同而发生的成本;它们区别于生产成本,即为执行合同本身而发生的成本"[①]。政府购买公共服务本质上是一种契约关系,分析政府购买公共服务机制设计的交易成本,探讨降低交易成本的治理机制,有助于推进和深化政府购买公共服务。

第一节 政府购买公共服务机制设计交易成本的构成

交易成本是指除直接生产公共服务产生的成本以外的成本,相当于政府购买公共服务产生的"摩擦力"。交易成本源于建立、使用、维持和改变机制设计涉及的成本,包括市场型交易成本、管理型交易成本和政治型交易成本,对于每一种交易成本而言,又都同时存在着两个变量:"固定的"交易成本,包括委托方和代理方为达成交易,建立制度安排所作出的具体投资;"可变的"交易成本,取决于交易中具体数目或规模的成本。[②]

一 市场型交易成本

市场型交易成本,指的是政府购买公共服务机制设计的过程中使用市场的成本。在实际生活中,交易双方的信息是不完全的,市

[①] R. Matthews. The Economics of Institutions and the Sources of Growth, *Economic Journal*, 1986, 96 (384): 903-918.

[②] [美] 埃里克·弗鲁博顿、[德] 鲁道夫·芮切特:《新制度经济学》,姜建强、罗长远译,上海三联书店2006年版,第59—67页。

场的不确定性到处存在。在政府购买公共服务的机制中，对于政府所要购买的公共服务，潜在的交易双方都不能够瞬时、自动地知晓谁愿意购买或者出售，以及在什么样的条件下愿意购买或者出售。潜在的交易者必须相互搜索对方，有时为了寻找最为合适的合作者，他们还必须搜寻更多的交易对象。在寻找到合适的交易对象后，双方需要进行协商以达成一个有效的交易关系，并敲定有关交易的详细条款，合同的履行也必须受到监督。同时，市场型交易成本还应包括由于机制设计本身存在的局限或交易偏离了交易方要求的一致性后而引起的不适应成本、为矫正事后不一致性而导致的契约再谈判成本、使承诺可信的保证费用等多种成本，甚至还包括运用该种机制所造成的效率损失。具体来讲，市场型交易成本主要包括合同的准备成本，即信息成本，决定签约的成本，即谈判与决策成本，监督与执行成本，争议与过失成本，违约与转换成本等。

一是信息成本。信息本身是一种稀缺资源，人们的信息接收能力又十分有限，因此，信息成本包括个体本身的投入和大量不可逆的资本设备投入。对于政府而言，信息成本包括搜寻、挑选以及传递与潜在承包商有关的信息时产生的成本、对所搜集信息作出客观分析与策划的成本、依据所得信息对潜在承包商进行评价并作出抉择所花费的成本等。确定哪些公共服务应该通过购买的方式进行供给，是政府购买公共服务机制设计的开始。在政府作出购买公共服务的决定后，必须搜寻愿意与之进行交易的承包商，在这一过程中，信息的收集、挑选和传递不可避免地会产生费用。为寻找适合的交易对象，政府必须搜寻和获得相关领域的信息，对具有资质条件的私人企业进行资质审查、验资。在这一过程中，政府对信息的收集、加工、分析、利用、转换同样会产生成本。此外，政府还可能通过顾问和咨询的方式寻求具体的公共服务的相关技术和市场信息，同样会产生相应的成本。在筛选出潜在承包商后，政府会以"公共部门比较值"作为参照物，与由潜在承包商提供的成本进行比较。① 这个过程中政府在计算时要考虑到可能遇到的全部风险，并预计由政府自行生产与供给的效率等因素。换言之，该环节就是寻找政府供给与政府购买公共服务供给的交易成本均衡点。如果政府供给成本更低就会选择政府供给机制，否则将选择购买公共服务机制的形式进行供给，这项成本由政府承担。对于承包商而言，因为提供公共服务而投资兴建需要大量的前期成本和沉没成本以及部分地涉及"资产专用性"问题，所以在基础设施建设与产品服务供给方面，承包商会通过顾问机构提前测算成本收益，这样就会增加承包商的咨询成本。由于政府购买公共服务项目的明确性，承包商会相应地节约搜寻的成本，所以对于承包商而言，预测成本是他的第一项交易成本。如果潜在承包商在争取公共服务承包权的竞争中失败，那么交易终止，该项成本也就失去了通过项目收回的可能。由于交易环境和行为主体均有不确定性，以及公共服务涉及的法律和社会环境复杂性的影响，测算的失误也会增加潜在承包商的交易成本。

二是谈判与决策成本。这一成本指的是政府购买公共服务机制中交易各方进行谈判以及形成决策的成本，是交易双方讨价还价、利益博弈所带来的成本。在信息收集工作完成后，政府必须筛选出潜在的合作对象进行接触和谈判，才能最终确定建立合作关系。在这一合作关系确立的过程中，双方为了达成交易共识所投入的人力、物力、财力和时间成本都属于谈判成本。关于这个阶段所发生的就合同条款谈判和协商所支付的交易成本，因所涉及的产品和服务的不同，而差异悬殊。一般而言，具体服务涉及的技术复杂性、

---

① 英国财政部工作组（1998）指导材料 2 号政策声明中把"公共部门比较值"定义为"假设通过传统资金开支获得资产，且采购方案承担重要管理责任和风险的成本估算"。公共部门比较值旨在反映政府通过传统出资交付项目的全部风险调整成本。

交易的不确定性及资产专用性越低，交易过程中的风险的可预测性越高，则双方支付的交易成本越低；反之，交易成本随之上升。城市清洁绿化服务和机场建设与运营的公共服务项目相比较，前者属于劳动密集型服务产业，对技术依赖性低，交易的风险和不确定性很低，如气象信息对所有人都是公开透明的，对公民素质的预估——素质高则较少有乱扔垃圾行为，反之则较多；不存在资产专用性问题或资产专用性很弱；而机场项目则位于另一个极端，其技术复杂性高，风险和不确定性高，资产专用性高，交易成本也随之上升。在交易双方谈判完成后，政府购买公共服务进入决策阶段。决策成本也即进行相关决策与签订合同所需的成本，包括合同的编制、撰写、人事协商、公共服务的转移成本等。在这一过程中，谈判成本的高低还受到参与谈判的承包商数量的影响。由于不同资质的承包商能够提供的公共服务的水平参差不齐，以及交易主体数量增加带来各方之间利益协调的难度增加，谈判成本与参与谈判的承包商数量呈现正相关关系。

三是监督与执行成本。政府为了防止交易过程中承包商发生机会主义行为，必然在机制设计的合同中保留相应的监管条件作为激励机制，保障承包商履行供给承诺。监督执行成本的产生是因为承包商提供公共服务给消费者或政府采购人时需要政府监督供给行为，执行监管过程的直接成本，包括主管机关因此增加的预算，也包括被监管的承包商所承担的成本，这些交易成本的高低与被监管企业的复杂性呈正相关关系。政府对承包商实施行为管制，主要有以下三个内容：投资回报率、价格上限和服务品质。政府监管最大的敌人就是承包商在生产管理过程中的机会主义行为，以及相对于政府的信息优势。作为公共服务承包商的社会组织有着天然的趋利性，总是追求自身利益的最大化。从契约关系的角度看，政府购买公共服务机制的本质是一种委托代理关系，与委托人相比，代理人有更大的信息优势，更有可能通过降低服务质量和提高服务价格来追求利润的最大化。为了限制代理人的行为偏差，委托人必须加强对代理人的监督，保证公共服务的质量，维护公共利益。当然这些还取决于整个社会是否存在良好的交易氛围，如果是诚实守信的交易氛围，就会降低监管成本，反之则高。

四是争议与过失成本。由于市场的不确定性、人的有限理性等多种因素的存在，争议与过失成本随之产生。这些争议和过失可能来自政府，也可能来自承包商。就政府方面而言，受复杂现实条件和有限认知能力的影响，购买公共服务的机制设计有可能不能适应不断发展变化着的经济与社会环境，对公共服务的供给产生反作用，进而影响全社会的福利水平。就承包商方面而言，竞标成功的承包商很可能拥有政府只有靠时间流逝才能发现的缺陷，这就会带来一定的效用损失，例如由于承包商公共服务供给的数量或质量出现问题而造成社会福利的损害，都是争议与过失成本的组成部分。而无论根源于政府还是承包商，争议与过失都会造成公共服务质量或效率的下降。为保证原先的公共服务质量或效率，双方必然会针对合同中约定产品或服务的质量、价格等进行谈判，这需要投入更多的人力、财力和时间成本。如此一来，争议与过失成本问题随之而产生。

五是违约与转换成本。在政府购买公共服务机制中，存在交易一方违反合同退出交易的风险。一旦承包商选择解约并退出外包，政府该如何处理和原来承包商的关系便成为要解决的首要问题。若与原承包商关系处理不当，则容易存在内部信息泄露等潜在风险，这必然影响项目后续的承包工作。另外由于市场的复杂性和多变性等特征，寻求下一个适宜的承包商还存在交易成本增加的风险。公共服务购买合同都有一定的年限，对于第一次进入的承包商来讲，它需要吸收员工、招聘人员、配备相应的功能设施，开始也需要一定的投入，如果服务年限过短，对承包商来讲则意味着投入越多利润越小，所以承包商会选择尽可能少地投入。所以从固定资产的投入和服务周期的长短上考虑，如果没有出现一些较大的事故，通常都是要执行到合同期满为止，一旦解约，公司和员工之间需要赔付。相对委托方而言，不仅需要和旧的代理方进行磋商，还需要和新的代理方进行磨合，成本和风险也大大增加。

二　管理型交易成本

管理型交易成本，可以理解为政府购买公共服务机制设计中，承包商为执行已经签订的合同所产生的成本。管理型交易成本主要通过以下形式体现：

一是组织设计与运行的成本。组织设计成本包括建立、维持或改变一个组织设计的成本，由此产生的人事管理、信息技术投入等方面的费用，属于典型的固定交易成本。潜在承包商们为了在竞争中获得优胜，往往会在合同签订前成立专门的信息机构，负责完成情报的收集分析和与政府部门的接洽游说工作。合同签订后，拥有了特许经营权的承包商还往往需要依据与政府部门签订的合同成立相应的办事机构，在这一过程中，进行组织设计、租用办公场地、招募专业人才、对人事进行管理等都需要投入大量的成本，由此产生的成本都属于管理型成本中的组织设计成本。组织运行成本，大致上可以分为两个子类。首先是信息成本——与制定决策、监管命令的执行、信息管理相关的成本等。换句话说，管理型交易成本中的信息成本是私营企业内部上情下达的成本。在与政府的合同正式生效以后，承包商为确保约定的产品和服务能够有效供给，而产生的包括物料流动的命令、执行和确认等在内的一系列维持组织正常运行、确保特定产品和服务有效供给的信息成本，称为组织运行成本中的信息成本。其次是与有形产品和服务在可分的技术界面之间转移有关的成本——比如半成品滞留的成本、产品在企业内运输的成本等。组织运行成本在本质上都属于"可变的"交易成本。

二是特许经营的交易成本。特许经营就是承包商在一定的经营期内，按照合同规定提供规定价格、质量与数量的公共产品或服务。尽管特许经营关系对于特许双方都有很大益处，但其所带来的风险和成本也是不言而喻的。对于特许人也就是政府而言，受许人也就是承包商的不良行为可能会影响到政府的声誉，对政府的威望与信誉造成负面影响。对于受许人而言，一旦发现自己不适应特许竞争关系，由于合约限制，无法即时退出合约关系或退出合约关系将面临难以承受的代价。在这种情形下，事实上的不适应又必然会产生包括公共物品供给效率降低等在内的一系列负面连锁反应，由此产生的成本均属于特许经营的交易成本。与此同时，特许经营的非竞争性还会导致承包商因缺乏外部激励因素而产生惰性，丧失改进效率和推进技术进步的动机，进而导致社会成本的增加或消费者福利水平的降低。

三 政治型交易成本

政治型交易成本指的是政府购买公共服务机制中，政治体制制度框架运行和调整所涉及的成本，是集体行动所产生的成本，包括建立、维持和改变政治制度的成本。利瓦伊在《统治与岁入》一书中，将政治型交易成本描述为"对服从活动进行度量、监督、建立和执行顺从的成本"[1]。政府购买公共服务机制设计中的政治型交易成本包含：规制俘虏的交易成本、利益表达的交易成本、利益综合的交易成本、强制执行与妥协的交易成本等。[2]

---

① [美] 冯格利特·利瓦伊：《统治与岁入》，周华军译，格致出版社 2010 年版，第 46 页。

② [美] 加布里埃尔·A. 阿尔蒙德、小 G. 宾厄姆·鲍威尔：《比较政治学：体系、过程和政策》，曹沛霖等译，东方出版社 2007 年版，第 179—198 页。

一是规制俘虏的交易成本。斯蒂格勒在《经济规制论》中指出，规制通常是产业集团自己争取的，规制的实施是为产业自身服务的，规制的真正动机是利益集团与规制机构谋求自身利益最大化的结果。① 如果规制与经济主体的理性行为是冲突的，那么绕开规制或者对规制实施主体贿赂会引起成本。② 但是"合谋理论"进一步指出，政府规制者容易被被规制者所俘虏。规制俘虏产生的交易成本主要有：第一，具体的受规制社会组织或若干社会组织联盟向政府及代理人赠予的政治献金，产生寻租腐败。各利益集团为取得决策者的支持信任，必定动用包括财物在内的一切资源为自身寻求好处。根据经济人假说，政府部门除了迫于压力而追求公共利益以外，还会运用职位权力影响政策制定以谋求自身利益最大化。这一过程可能发生在合约签订之前，社会组织为争取特许经营权向政府支付政治献金。同样也有可能发生在合约签订后，承包商为了寻求自身利益的最大化，以较低的成本输出公共服务，通过游说或政治献金等方式俘获政府。第二，规制俘虏所造成的社会公民净福利的损失。利益集团一方面会干扰政策的最优性，使政策的选择出现偏差，另一方面由于政策选择出现问题，会消耗有限的经济资源，造成社会净损失。特殊利益集团的寻租活动即使会使一部分人受益，也更有可能造成大部分人的损失。

二是利益表达的交易成本。利益表达就是特定集团或个人就某一问题提出政治要求的过程，利益表达可以由不同结构通过不同制度安排进行。政府购买公共服务机制设计中的利益表达，就是不同利益集团或个体围绕公共服务的公利或私利，向政府传递与自身和

---

① George J. Stigler. The Theory of Economic Regulation. *The Bell Journal of Economics and Management Science*, 1971（01）：3-21.

② 卢现祥：《转变制度供给方式，降低制度性交易成本》，《学术界》2017年第10期。

共同体利益直接相关的政治需求的过程,可以将利益表达的交易成本分为机制确立之前和机制设立之初两个阶段进行讨论。由于政府获取公共服务的手段多种多样,如何使得购买公共服务的机制设计在众多政府提供公共服务的选项中脱颖而出,是相关利益集团所需考虑的问题。为使得政府购买公共服务正式进入机制设计的议程,利益集团会千方百计地利用各种手段来表达自身意愿进而推动其进入启动程序,包括公开运动,如通过报纸、广播、电视等制造公共舆论,鼓动民意等。这一系列策略性行动显然都需要支付相当的成本。在政府购买公共服务机制设计的形式确立以后,同样存在着不同表现形式的交易成本。其一,大多数具有自然垄断属性的公共服务会因为人员膨胀、生产与管理效率低等原因造成成本过高,缺乏政治回应导致公民抗议的成本。其二,纯私人供给会因产权转移的具体形式不同带来不同的后果,如是所有权转移就是出售国有资产,所有权转移后与政府基本脱钩,会因原企业领导和员工抗议造成成本支出,而且脱钩后的企业与政府关系变成政府与市场关系,政府的最终供给责任基本消失,随之而来的是公民因恐惧私人经营缺失公共关怀进行的政治抗争而产生的成本。其三,政府购买公共服务的利益表达成本具有或然性,对于技术复杂性低、员工变动性不高、产生费用不高的公共服务,公民抗议的可能性小、内部员工抗议的可能性更小或不存在。因此,其利益表达的成本不高,一般是通过举办听证会的形式对于价格和服务质量进行谈判,私人企业或利益相关者会通过制度化或非制度化渠道向政府表达利益需求。反之,对于技术复杂性高、人员变动大、产生费用较高的公共服务,公民与内部员工抗议的可能性会随之升高。

三是利益综合的交易成本。利益综合就是把各种集团和个人的偏好转变成重大政策选择的过程。各种集团和个人的政治要求得到大量政治资源的支持，就会转变成重大的政策选择。① 由于政治要求涉及分散的行动者的利益，这些利益往往是相互冲突的，因此利益综合也是一种对多元利益作出的为各类行动者普遍接受的平衡的过程。政府购买公共服务机制设计中的利益综合，就是不同利益集团为获取公共资源、争取政府支持而展开的博弈形成的交易成本。政府作为人民意志的执行者和人民利益的捍卫者，对于涉及公共利益的公共服务供给形式应当充分征求民众的意见，政府必须花费一定的时间、精力了解大多数人的意向，其间对不合作的人说服教育的成本，以及为赢得理解支持所支付的各种形式的承诺成本等，都是政府购买公共服务机制设计过程中利益综合成本的重要组成部分。由于现实条件的复杂性和决策者的有限理性，政府购买公共服务的机制设计会为了对变化了的条件作出反应，必须及时应社会的要求对机制进行修正。这些对新的社会条件作出反应的活动实际上也是一种交易，机制创新、机制调整往往需要经过一系列的试错过程来实现，这需要承担巨大的风险成本。因为一旦决策者不能主动实现机制的调整和完善，那么利益受损者很有可能会采取各种措施进行反抗。

四是强制执行与妥协的交易成本。强制执行与妥协成本是为保证机制设计得以顺利制定和执行，最终达到合法化的标准而在宣传、保障等方面所支付的成本。在利益综合之后，涉及的就是政府的政治输出问题。无论是哪一种政治制度，为了使民众接受并遵守政策法律，都要采取一定的手段保障制度与组织的正常运转，采取民事的、行政的甚至刑事的惩罚手段。但是"为了实现'强制力的教化'或'有组织的暴力的垄断'必然要支付为数不少的交

---

① ［美］加布里埃尔·A. 阿尔蒙德、小 G. 宾厄姆·鲍威尔：《比较政治学：体系、过程和政策》，曹沛霖等译，东方出版社 2007 年版，第 209 页。

易成本。"① 由于强制执行往往会因利益冲突导致不可调和进而不可承受的交易成本，妥协就成为一种可能的选择，政府通过灵活的调解和协商，使对立各方的观点和态度相互接近，各种团体和公民通过公开和平等的对话达成共识。但是必须认识到的是，妥协是有着严格限制条件的，政府购买公共服务的机制设计涉及众多的行动者、法律关系、风险和不确定性、复杂的技术与专业知识，妥协的条件会因上述因素而复杂多变。在妥协降低交易成本的函数关系中，人、组织与制度是最核心的自变量，其他技术问题、风险问题可以通过理性且道德的行动者、开放的组织与弹性的制度予以消解。

第二节 政府购买公共服务机制设计交易成本的成因

政府购买公共服务机制设计中存在着市场型、政治型及管理型三大类交易成本，这些交易成本源于人性因素、信息不完全与不对称、合同不完备性、交易的性质、公共服务的特殊性、权力共享等方面。

一 人性因素

威廉姆森认为实际的人都是"契约人"，他们无不处于交易之中，并用明的或暗的合同来治理他们的交易。契约人的行为特征具体表现为有限理性和机会主义，这两种行为特征都在一定程度上造成了交易成本的上升。

---

① Levi Margaret. *Of Rule and Revenue*. London：University of California Press，1988，42.

一是有限理性。有限理性是指"主观上追求理性，但客观上只能有限地做到这一点"的行为特征。① 有限理性意味着人们不能收集完全的交易信息；只有有限的对环境的计算能力和认识能力；事先无法对出现的偶然事件作出准确的预测和判断。当一个具有有限理性的主体试图设计一个完备的购买机制并发挥其最大化效用时，他所花费在信息、决策、维护、监督等方面的成本必然会增加。政府购买公共服务机制设计的任何契约都受到有限理性的影响。由于有限理性，人们无法获取完全真实、全面的信息。市场环境错综复杂，政府对某些特定的公共服务领域的认知有限，难以准确把握其价格、质量及适用性等，使得机制设计需要为获得真实、精确、高质量的信息而付出高昂的成本来收集和传达信息。与此同时，人们只能获得有限的信息，处理信息的能力也是有限的，包括对环境的计算能力和认识能力，面对相同的信息，不同的人有可能会作出不同的决策。所以，即使面对完全信息，由于人自身的局限性也未必能设计出完美无缺的机制。另外，政府购买公共服务的机制设计也会遇到诸多的不确定性与风险，无法对其进行准确的预测与判断，因此不能在机制设计中做到预先规避风险，平衡多方主体力量。

二是机会主义。机会主义是指参与交易进行的各方，采取欺诈、说谎等不正当的途径来寻求自我利益的行为。政府购买公共服务合理的机制设计，应当是使供应商采取的行动能通过代理人的效用最大化行为来实现。但是在政府购买公共服务的机制设计中，机会主义行为引起的"道德风险"和"逆向选择"问题，资产专用性引起的"敲竹杠"问题，由偶然性或一次性交易引起的短期化行为，以及政府面临着体系内部人员的腐败、寻租而产生的额外规制成本，都会形成高昂的交易成本。具体而言，第一，在信息不完

---

① 费方域：《契约人假定和交易成本的决定因素——威廉姆森交易成本经济学述评之一》，《外国经济与管理》1996年第5期。

全、不对称的情况下,"道德风险"表现在潜在供给者可能为了获取合同而故意夸大自身能力,或隐瞒扭曲一些不利信息而签订利己的合同,或以较低的质量输出公共服务,加之公共服务绩效衡量困难,政府则无法鉴别。"逆向选择"则表现在,政府无法辨别公众的真实需求或潜在供给者的条件与禀赋,极端情况下,机会主义会导致"劣币驱逐良币"。为了尽量避免道德风险和逆向选择问题,政府需要花费大量的成本来获取与鉴别承包商的真实信息,并需要为此付出相应的监督成本,避免企业采取不正当的手段参与竞争。第二,威廉姆森认为"交易成本是一条随着资产专用性程度的增加较快上升的曲线"[①]。资产专用性会使得交易双方"捆绑"得更紧,因为它对交易关系的连续性和可控性提出了更高的要求,政府很可能因此受到承包商趁机提价的威胁而引起谈判成本的升高。第三,当交易为偶然性交易或一次性交易时,交易方采取机会主义行为的可能性更高,需要政府采取更多的措施来监督承包商。第四,政府购买公共服务就加深了政府与社会组织的联系。在机制设计过程中,指定供货商和采购价格,指定转包分包对象,擅自调整采购合同的数量、质量和价格,都是违法、违约行为,是公权力的滥用。潜在承包商为了获取合同,采取游说、贿赂等手段使自身利润最大化,而政府要对这些活动进行管制,双方的交易成本都会因此增加。

二 信息不完全与不对称

机制设计理论把机制定义为一个信息交换和信息博弈的过程,任何机制都需要信息的传递,而信息的传递本身是需要成本的,信

[①] Oliver E. Williamson. Transaction - Cost Economics: The Governance of Contractual Relations. *Journal of Law & Economics*, 1979, 22 (2): 233 - 261.

息生产、使用和传递的效率越高，信息成本越低。由于信息贯穿于整个机制设计过程中，其重要性不言而喻，而其不完全性和不对称性会直接影响到机制设计的质量，进而影响公共服务提供的公平性与有效性，也就意味着公共服务购买各环节投入的资源流失或浪费。

一是信息的不完全性。在完全信息的条件下，信息能够由交易双方完全可观察和可确证，成本将成为承担成本者的交易参与条件而被内生化于交易之中。[①] 然而现实中没有任何一个参与者可以同时拥有初始信息、阶段信息及终止信息。在政府购买公共服务机制设计中，不存在可以提供完全信息，或者收集到完全信息的参与者。政府通过自身提供或者采取购买的方式提供公共服务都是为了满足公众的需求，而通过机制设计满足这种需求是通过不同利益集团进行表达与互动之后进行利益综合的结果。但在实际操作过程中，了解并确定各个利益集团的利益选择、价值偏好需要投入相应的成本，而且由于公众偏好的不确定性与多变性的影响，为此而付出的信息成本将会是源源不断、实时更新的。此外，在政府购买公共服务机制中还存在一个重要的参与者，即承包商，政府作为委托人不完全知道承包商的信息，在机制设计中要分辨高质量和低质量或高效率和低效率的承包商，因此要为此付出搜寻信息的成本来辨认何种承包商适合纳入被购买的对象范围，此时承包商也要付出相应的传递信息的成本。事前信息是无法穷尽的——政府付出信息搜寻成本之后仍无法清晰地分辨承包商提供的产品质量与努力程度，这必然会带来事后交易的损害——一方面无法选出最适合的承包商，另一方面可能在执行过程中被承包商"钻空子"。另外，执行过程中的阶段性信息以及实施后的绩效结果信息也是不完全的，承

---

① 姚遂、陈卓淳：《不对称信息的交易成本分析》，《石家庄经济学院学报》2007年第5期。

包商很可能为追求自身利益最大化而采取机会主义行为，所以需要额外付出监督成本和规制成本。

二是信息的不对称性。"交易行为和攫取行为都需要知道各方拥有什么，然后才知道交易什么和攫取什么，个体需要信息以对行为结果或行为结果的分布进行评估。"[1] 而信息的不对称性体现在一方比另一方更为了解某些价值属性。这种信息的不对称性会使信息优势一方从中获得收益。按照交易主体会追求自身利益最大化的行为假定，当进行交换的一方进行欺骗、偷窃或说谎所获取的收益超过它所获得的可选机会的价值时，他就会这样做。[2] 在政府购买公共服务机制设计中，政府、社会团体、承包商都拥有彼此间不了解或不拥有的信息。信息不对称除了会导致形成前文所述的"道德风险"与"逆向选择"外，在社会组织进行利益表达过程中，利益相似的组织可能会组成"利益联盟"，形成信息优势，向政府当局施压或向特定人物给予政治献金，滋生寻租腐败的行为。一方面，政府比潜在承包商更为清楚招标的标准、购买资金等方面的信息，这些信息优势可能会导致政府寻租行为，如出卖招标信息给承包商、帮助某一个投标者以低价成功竞标从而获得非法的利益，政府与承包商"勾结"，寻租和监督等成本因此增加。另一方面，政府难以获得关于承包商自身的真实信息，如果不能够了解承包商的资质与能力，由于机会主义的存在，承包商很可能会选择隐藏甚至是夸大自身能力，导致逆向选择风险。"代理人运用自己所掌握的不对称信息，竟然提供了可能是一个官僚机构最佳规模两倍的物品和服务，而由于物品和服务过度供给所造成的配置无效率或损失，则

---

[1] [美] 约拉姆·巴泽尔：《国家理论：经济权利、法律权利与国家范围》，钱勇、曾咏梅译，上海财经大学出版社2006年版，第24页。

[2] [美] 道格拉斯·C. 诺斯：《制度、制度变迁与经济绩效》，刘守英译，上海三联书店1994年版，第41页。

由委托人来承担。"① 为了解决这些问题，必须在信息搜集、谈判和监督等方面投入大量的交易成本。除此以外，政府与公民之间的信息也是不对称的，一方面，政府无法完全收集公民的偏好，另一方面，如果机制设计过程中信息不公开、不透明，公民则无法了解机制设计中的信息，这种信息不对称会导致最终所设计的机制可能并不适用目标群体，或目标群体并不满意；即在机制设计之后，出现公民并不买账的可能性。

三 合同不完备性

政府购买公共服务机制设计中，需要明确双方的责任与义务，并对可预测的事件作出相关规定，除此以外，包括对实施过程的监督、对违约的惩罚措施等具体事项都要一一进行规范化。正式合同能够缩小风险的范围、提高抵抗风险的能力，但如何使合同内容较好地适应未来交易事项的变化是一个大难题。风险条件下合同的意外成本，由于任何人都无法预知未来的风险可能，因此完全合同是不存在的。②

首先，合同过程中涉及的事件是无穷尽的，在制定合同时要考虑所有可能发生的情况需要花费精力与成本，而且即使花费了这些精力和成本，也无法做到事无巨细。由于人的有限理性，鉴于机制设计人员的整体素质和知识结构，要预测每件事发生的概率过于复杂，加之公共服务具有特殊性，其目标和要求本身就难以言明。另外，交易双方为了避免违约行为的发生，会规定具体的惩罚措施，

---

① 詹国彬：《需求方缺陷、供给方缺陷与精明买家——政府购买公共服务的困境与破解之道》，《经济社会体制比较》2013 年第 5 期。

② 任洁：《内部性与政府规制的交易成本分析》，《中国海洋大学学报》（社会科学版）2014 年第 6 期。

但由于相关的法律措施不完善，导致对违约行为进行惩罚的成本太高，虚置的惩罚机制对双方的约束力都比较弱。所以，在合同不完备的情境下，政府与承包商签订的合同不一定能一次性生成，不可避免地会产生讨价还价的成本，如果先前的合同存在缺陷，就会在设计过程中出现摩擦，产生争议成本。合同的不完备性还体现在政府无法明确界定相关的责任，因为除了对公共服务目的和要求的规定，政府还需要在合同中构建相应的激励和惩罚措施，来引导承包商按要求执行，对承包商形成有效制约。但不完备的合同会成为承包商不良绩效的借口，从而引起监督、为纠正事后偏差而导致的讨价还价成本等。所以，为了尽可能完善合同内容，会不断地追加支出。

其次，合同的不完备性也为机制设计者和服务供应者牟取私利留下了空间，机制设计者会为了自身利益考虑，在合同中加入一些含糊不清的条款，作为解释合同的一方，完全有可能利用这些条款向供应者索取贿赂或达成"合谋"。对于供应者来说，他们很难通过合同就详细地了解政府所有的目的和要求，承包商按照自己的理解执行合同，很容易出现交易行为偏离合作方向的情况，从而引起争议成本。从理论上来说，如果承包商不能很好回应政府要求的目标，政府可以与其解除合同，或者根据合同中预先设定的相关条例对承包商进行惩罚，但是在实际的交易中，政府与承包商解除劳动合同需要付出违约成本，并因此增加了寻找新的承包商的成本，同时，由于资产专用性，承包商也要面对一系列的沉没成本。为了防止这种情况出现，就需要花费成本进行监督，从而减少后续合同执行过程中的损失。此外，因为合同的不完备性，必然会在执行过程中出现交易主体对合同内容解释与理解不一致的地方，就要专门为规制合同纠纷而设立治理机构以保证合同中的承诺都可以兑现，所以，还需要付出相应的设计和运行成本来建立、维持和运行这样一个机构。

四 交易的性质

奥利弗·威廉姆森提出了描述交易性质的三个维度，即资产专用性、不确定性和交易频率，它们是区别各种交易的主要标志，也是影响交易成本的主要因素。

一是资产专用性。资产专用性指"在不牺牲其生产价值的前提下，某项资产能够被重新配置于其他替代用途或是被替代使用者重新调配使用的程度，这与沉淀成本的概念有关。"[1] 它包括人力资本专用性、地点专用性、物质资产专用性及特殊资产专用性。不论是哪种形式的资产专用性，它都将交易双方捆绑在一起。

首先，公共服务涉及公众需求的满足，是对社会利益的保障，其机制设计要求专业的人才队伍，形成完整的知识体系，除了机制设计的一般理论以外，还需要特定的公共服务领域的专家予以指导与探讨。而且，人力资本的效能具有不确定性，体现在人力资本投入和产出之间的关系以及人力资本可能涉及的方方面面。一方面，相同的人力资本投入，其结果差异可能会很大，即人力资本能力的差异；另一方面，因为人力资本除了知识性与专业性以外，还包含着"社会的""道德的"等难以计量的模糊因素在内。

其次，在政府购买公共服务的机制设计中，地点专用性、物质资产专用性及特殊资产专用性都存在。承包商投入公共服务的生产，包括建立、维持和改变组织，并确保生产组织的正常运转，在这期间，必然会进行大量的专用性资产投入，包括相关的公共服务设施、具有相关专业知识的人力资源、信息技术等企业方面所投入的管理型成本。另外，由于政府进行了专用性投资，一旦政府决定

---

[1] [美] 奥利弗·威廉森：《治理机制》，王健、方世建等译，中国社会科学出版社 2001 年版，第 51 页。

提前结束合同，或者替换目前的承包商，承包商将会承担更大的损失，因为投资于资产上的成本难以回收或转换其使用用途。所以，政府通过购买公共服务将"生产者"的角色转移，要求任何一方使用几乎没有其他用途的资产即沉没资产的合同增加了机会主义行为发生的风险，那么，在机制设计中必然要说服供应者生产保质保量的公共服务，资产专用性又在一定程度上影响着交易双方的谈判力量，过高的资产专用性可能会引起谈判和违约成本的提高。

最后，资产专用性还会影响市场结构，形成和加强市场垄断。资产专用性使双方对彼此形成"依赖"，机制一旦建构，交易方会倾向于长期合作，这给同行竞争者的进入带来了阻力，不利于竞争机制发生作用。加上承包商在获得合同之后要进行许多专用性资产的投资，在将来与其他潜在供给者竞争时存在先发优势，恶化了竞争环境。政府购买不再依靠有效的市场竞争，而仅仅依赖于合作惯性，这又反过来加深了交易双方的捆绑程度，容易引发垄断高价、缺乏责任感等机会主义行为，甚至会引发政府为承包商所"俘获"的风险，提高监督成本。

二是不确定性。不确定性是"人们在交易过程面对的无法预计的不断变化调整的因素"[①]。制度经济学认为制度本身也是可变的，制度完全可以被设计得更加合理，以降低不确定性和交易成本，因为不确定性是导致交易成本上升的重要因素。政府购买公共服务机制设计的复杂程度越高，不确定性越高，交易成本也就越高。在政府购买公共服务机制设计中，不确定性包括：公民需求和偏好的不确定性、合同的不确定性、技术的不确定性、影响外部性的各种可能性等。这些不确定性一方面是由于信息低效与客观环境造成的，另一方面是由于主观的人的因素，即有限理性与机会主义的存在造

---

① 黄锦荣、叶林：《公共服务"逆向合同承包"的制度选择逻辑——以广州市环卫服务改革为例》，《公共行政评论》2011年第5期。

成的。更进一步说，政府购买公共服务是为了满足公民的需求，但是公民个性化的需求及消费偏好、价值取向存在着较大的差异，且会在不同的情境下有所变动，利益群体需要花费成本进行利益表达、传递需求，而政府需要对社会需求不断作出回应与变更，因此增加了交易成本。如前所述，在有限理性和信息不完全的约束下，合同是不完备的，但机制设计中仍然要投入资源设计合同，不是为了消除不确定性，而是使人们更好地运用理性。此外，技术的不确定性表现在技术的变革与创新会淘汰现有的技术，特别是双方资产专用性很高但激励不足的时候，需要谈判说服承包商耗费成本去改变现有技术，如果最终双方达成一致，承包商就需要更新技术，又会提高承包商的管理成本。另外，从世界形势的变化、国家政策的改变，到市场价格、产品质量、双方的决策变动等都会影响到机制设计的有效性，由于外部性的存在，一方面要投入成本监测这些变动，另一方面还要防止机制设计者受到现阶段政绩观和社会因素的影响，将"转变政府职能"变成了"完成政治性任务"。[①]

三是交易频率。交易频率是指"交易发生的次数，它并不会影响交易成本的绝对值，而只影响进行交易方式的相对成本。"[②] 交易成本与交易频率的关系可用图5—1来表示。图中，纵坐标C表示交易成本，横坐标N表示交易的频率，C_E是交易成本降低的极限，指在重复N次交易后，交易成本趋近于一个较低的常量C_E，而不会趋于零。

从交易频率上来看，交易可分为偶然性交易和重复性交易。以"囚徒困境"博弈为例，在一次性博弈中，交易方采取合作策略所

[①] 吴磊：《政府向社会组织购买公共服务的风险分析及其防范机制》，《开发研究》2014年第3期。

[②] 袁庆明、刘洋：《威廉姆森交易成本决定因素理论评析》，《财经理论与实践》2004年第5期。

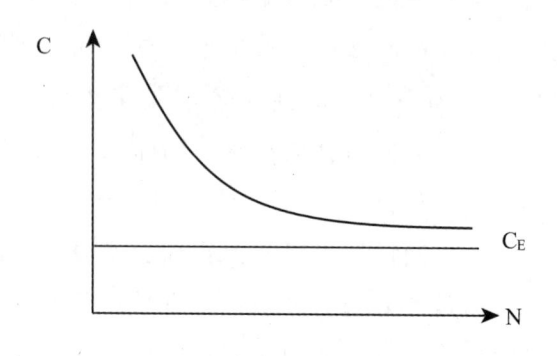

图 5—1　交易成本与交易频率的关系

带来的预期收益会减少甚至终止，那么交易主体就不会为了集体的利益而决策，而是更多地倾向于采取欺骗、说谎等不正当手段求得自身利益的最大化，即引发机会主义行为。偶然性交易包括一次性交易会提高谈判成本，并诱发承包商的机会主义行为；相反，当双方的交易频率比较高时，交易成本则会被分散到多次交易之中去，稳定的交易会减少交易方搜寻信息、谈判和签订合同的成本，最终交易成本会无限趋近于某一个较低的常量，但不会为零。相较于一次性交易需要一次性投入大量的人力、物力、时间等资源进行机制设计，在频率较高尤其是重复发生的公共服务交易中，双方都能得到维持关系的正向激励，达到互相的默契，实现专业的公共服务供给，也会缓解机制设计的成本压力，只需要在原有机制的基础上进行调整，并将机制设计的成本分摊到多次交易之中。一方面，政府能得到稳定的、持续的、质量相对过关的公共服务供应；另一方面，承包商能得到稳定的现金流，尤其是当供给者拥有较多的专用性资产时，重复发生的交易或者说长期延续的合同，能使承包商的管理型成本相对减少，在这种情况下，公共服务交易双方都会尽量避免机会主义行为。

五　公共服务的特殊性

政府购买公共服务的有效性依赖于政府与市场的配合程度，所以在机制设计的过程中，既要考虑市场与政府优势互补，也要认识到公共服务具有特殊性，控制政府购买公共服务的合理限度。公共服务的复杂程度及现有的竞争市场影响着机制设计的交易成本水平。

一是公共服务的复杂性。公共服务的复杂性表现在目标多样性、内容难确定、绩效难衡量，即唐纳德·凯特尔所说"需求方缺陷"——政府有时候不能明确定义所要购买的产品；政府无法判断所购买的产品和服务的质量。[①] 首先，机制设计的首要任务是界定各种目标，但公共服务的目标往往是多样的，政府将各种利益集团和个人的偏好进行综合，需要各方进行利益表达。而且，不同的目标间可能会产生冲突，不同的利益相关者之间会相互争论，因此带来了利益表达与综合的成本，甚至即使经过利益综合，最终也并不能得出一个清楚明晰的目标。在目标不明或目标多重的情况下，就会出现代理人无法理解公共服务的目标的情况，从而在公共服务供给中引起冲突，增加争议与谈判成本。况且，当激励不足的时候，委托人与代理人追求的目标也很可能不一致，委托人追求公共利益，而代理人更多地追求私人利润，因此出现利益分歧，催生机会主义行为。其次，不同的供给方式适用于不同的公共服务，诸如交通、教育、养老、卫生等产品具有专业性、动态性、无形性，要准确定义相关产品的具体内容及服务标准非常困难，需要花费成本雇用相关服务领域的技术专家，来获得公共服务相关产品及价格、服

---

① ［美］唐纳德·凯特尔：《权力共享：公共治理与私人市场》，孙迎春译，北京大学出版社2009年版，第27—29页。

务质量标准等方面的信息。由于这类的技术专家属于专用性很强的人力资本，所以一旦相关的技术专家离开政府服务领域，政府甚至可能失去独立判断商品和服务质量的能力，降低机制设计的有效性。最后，公共服务的绩效也很难衡量，因为公共服务的绩效是一种"非商品性产出"，它的特征是难以量化，且产出常常是无形的，加之有限理性和信息的不对称，要获取可靠的绩效数据也很困难；况且，不同的目标群体和受益者对绩效的感知不尽相同。而机制设计实质上是根据绩效不断调整的，当绩效衡量标准不明确、绩效信息难收集时，就为公权力的寻租腐败留下了空间。简言之，在政府购买公共服务机制设计中，要克服公共服务本身的特性是非常困难的，还会引发额外的交易成本。

二是公共服务市场供给的竞争性。政府购买公共服务的理想状态是，公共服务有公立和私营多个供给主体，不同供给主体之间保持相互竞争，政府可以在比较的前提下按照效率优先或公平优先的原则自由选购公共服务，以此提升公共服务的供给绩效。[①] 因为竞争性市场可以提高效率、降低成本，并引导潜在供给者提高产品质量，但是，公共服务具有特殊性，如国防、治安，很难从市场中自发产生，或者说非政府主体很难进入公共服务市场，以至于在政府购买公共服务中，在缺乏竞争市场的情况下，会迫使政府在仅有的几个社会组织中选择，甚至是只能选择定向购买公共服务，米杨格·拉姆斯和斯科特·拉姆斯在对佛罗里达州政府外包项目的历时比较中发现，外包的项目数量越来越少，而购买的金额却越来越大，这表明，合同越来越集中于大的供给者手中。[②] 在这样的低竞

[①] 孙荣、薛泽林：《政府购买公共服务多元供给主体培育机制探析》，《江苏行政学院学报》2016年第2期。

[②] Meeyoung, Lamothe, Scott, Lamothe. Beyond the Search for Competition in Social Service Contracting. *American Review of Public Administration*, 2009, 39 (02): 164-188.

争市场中，政府在谈判中将处于被动地位，供应商会以高于边际成本的价格提供服务，导致交易成本升高。在条件不成熟的情况下，盲目推进政府购买公共服务，很难设计合理的购买机制提高公共服务供给质量，公共服务供给质量的降低还可能进一步导致政府的公信力下降，引起公民不满，威胁社会稳定，导致利益表达的成本上升。

六 权力共享

在政府购买公共服务机制设计中，政府可能缺少相应的专业技术。唐纳德·凯特尔举了超级基金的案例：环保总局由于专业人才和技术的匮乏，导致在这一产业中，承包商们近乎介入了从决策制定到报告国会的超级基金项目年度报告的所有环节。[1] 在这种情况下，政府与承包商之间甚至已经不仅仅是一种"权力共享"的关系，而是对承包商的依赖。凯特尔指出，当政府部门把责任转移给私营企业时，政府在某种程度上也将自己的权力让渡出去，从而出现合同双方彼此之间的权力共享的局面。[2] 更进一步说，在政府购买公共服务的机制设计中，承包商会与政府共享权力，并因此拥有获取更大利润空间的可能性。政府购买公共服务会使得政府与承包商联系过于紧密，形成垄断，承包商可能会利用公共关系与游说活动来"俘获"政府。部门负责人与承包者之间的关系有的时候似乎呈现一种"相互错位"的状态。由于存在这样一种不寻常的关系，导致一些关键部门被整个系统所束缚。[3] 因为承包商会参与到机制

---

[1] [美] 唐纳德·凯特尔：《权力共享：公共治理与私人市场》，孙迎春译，北京大学出版社2009年版，第89页。

[2] 同上书，第30—32页。

[3] 黄锦荣、叶林：《公共服务"逆向合同承包"的制度选择逻辑——以广州市环卫服务改革为例》，《公共行政评论》2011年第5期。

设计之中来，或多或少地控制政府与公民之间的关系，这使公共事务的管理不再只是政府内部一项单独的职能，也成了承包商的一项活动。由于机会主义，这种权力共享很有可能成为承包商威胁政府的筹码，如承包商会对所提供的公共服务要求更高的价格，在没有其他竞争者的情况下，加上资产专用性的影响，承包商的谈判力量大大增强，政府很有可能在谈判中陷入被动的状态，因而增加了谈判成本。政府和承包商的目标可能不再是公共利益，而是追求自身利益的最大化，导致机会主义行为的发生，出现二者勾结的寻租行为，从机制设计中谋取私人利益最大化，也因此增加了寻租与监督成本。

第三节 政府购买公共服务机制设计交易成本的影响

机制设计的过程并非没有硝烟的战场，其中巨大的利益空间会使得各方在博弈的过程中产生各种各样的碰撞摩擦，不可避免地形成对生产效率具有负面影响的交易成本。具体而言，政府购买公共服务机制设计中的交易成本所产生的影响主要体现在以下几个方面。

一 违背预期目标

政府购买公共服务作为一种政策工具，最初是用来应对膨胀低效的政府部门和沉重的社会福利包袱的，政府将公共服务外包给各类社会组织，以期降低行政成本。但是，如果政府购买公共服务机制设计的交易成本过高，则会影响其有效性而使得这种目标不能达成。首先，很少有政府部门能真正准确把握政府购买公共服务机制设计的成本总量，在传统的政府预算中，只注重硬件设备、工资等显性的投入，许多灵活性的活动和隐性成本却不受重视，导致许多成本费用并没有纳入预算当中，尤其是知识、时间以及不同力量间的博弈与互动而产生的一系列成本。特别是在机制设计过于烦琐、交易成本特别高的时候，机制设计者的惰性或所谓的"节约成本"的考虑，导致了机制设计往往只是"完成政治性任务"，并使得所订立的合同、设定的目标也非常模糊，尤其是对社会组织和行政体系内部并未实施有效的监管。其次，交易成本的存在使得许多决策在作出的时候，为了节省人力、物力、财力及时间的投入，往往没有经过缜密的分析和对多重可能性的考虑，又反过来导致了实际购买交易中争议、监督、违约等交易成本的提升，因为机制设计的各个阶段是相互影响、相互依存的，每个环节的完善与否都会对后续环节产生重大的影响，一旦在机制设计中有了先例，那么就会在后续阶段波及开来，最终使得总成本超过由政府自身生产公共服务的成本，即使在有些公共服务领域内，总成本得到了有效控制，也有可能是以牺牲服务的质量和效率为代价的。最后，如果机制设计者与利益团体进行交易，那么就会导致社会公众对政府的不信任，使政府陷入信任危机，降低政府的公信力。机制设计如果不是以公共利益为导向而是以个人或小团体利益为导向，那么就会导致社会公众的反对、抵制和不合作，从而影响到公共服务提供的公平性、有效性及合法性。

二 加大交易风险

机制设计过程中的交易成本是不可避免的，尤其是谈判成本、信息成本、讨价还价成本、监督成本等都是机制设计者与利益相关者相互博弈的产物。但是，也有相当一部分交易成本不是在法律法规范围内和制度安排内（如寻租）公开地消耗的，那么这些交易成本就不是在合理范围内的，而这些交易成本又无法转化为机制设计过程的内在驱动力，反而增加了交易的风险。正确面对和处理这些交易成本是平衡各利益相关者之间利益关系的重要前提，是提高机制设计质量的关键。当然，在社会组织能以更高的效率生产出质量更高产品的情况下，政府可以通过购买来提供公共服务，但交易成本使服务的购买者陷入了困境。一方面希望通过购买来降低直接生产公共服务的成本，另一方面交易过程产生了大量新的隐性成本。只有当引入购买机制降低的成本大于交易成本时，才能真正节约开支，这种限制的存在，缩小了政府购买公共服务可选择的领域与范围。况且，交易成本是不确定的隐性成本，政府难以在事前对其进行准确的衡量，无法确定成本的高低，因此也无法判定采用何种方式提供和生产公共服务能够节约成本，政府作为决策者一旦决策失误，就会使得购买合同偏离预期，使政府购买公共服务交易失败，同时导致大量的沉没成本增加。换言之，在政府购买公共服务机制设计中，只要存在对公共利益的确定、公共服务范围的界定以及承包商的选择问题等，就都会产生机会成本，其中因主体的利益摩擦而产生的交易成本也就不可避免，这一点构成了市场经济运行的障碍，导致机制设计的边际成本大于边际收益。另外，寻租腐败等交易成本不仅对维护社会公平、健全公共服务体系等社会问题的解决毫无用处，而且会导致机制的效率缺损，形成资源配置的帕累托退化。过高的交易成本会降低交易双方的利益，从而阻碍公共服务购买的正常进行，弱化了交易主体主动寻求交易的激励，使政府购买公共服务成为不可能。

三 产生寻租腐败

政府购买公共服务机制本身并不必然导致腐败问题，但是大大提高了腐败在这一过程中出现的概率。首先，公共服务的供给方式多种多样,为了使购买公共服务成为机制设计的对象,利益相关者会通过各种手段、动用各种资源来对政府进行游说,行贿则是最常用的手段;在政府购买公共服务机制确立之后,社会组织为了获取特许经营权,有可能通过支付政治献金的方式对政府进行规制俘房。其次,根据公共选择理论,政府部门的管理者也是理性的"经济人",他们同样也会追求自身利益的最大化,因此在机制设计过程中就不可避免地掺杂了个人的政策偏好。在这样的背景下,出现寻租腐败的概率也就大大提高。以公共服务购买的公开招标为例,公开招标是为了通过引入市场竞争,择优选出实力与信誉等各方面具备良好条件的竞标者。从理论上来看,整个竞标过程必须具有公正性、公平性、公开性,并严格依照法定的程序开展,切实保障竞标者的合法权益。但在实际操作中却不尽如人意。首先,一些承包商会以提供赞助等多种方式或是直接向政府官员行贿从而影响政府决策。若其竞标成功,就极有可能产生投机行为。其次,有些地方政府"关起门"来拍板,不对外公布有关公共服务外包的信息,导致那些有能力且想参与投标的社会组织被"拒之门外"。一些官员甚至滥用职权进行寻租,与社会组织合谋,收取贿赂排斥其他潜在的竞争者。因此无论是政府还是社会组织,都存在利用政府购买公共服务牟取私利的风险。

四 监督机制失灵

政府购买公共服务实质上是一种多重委托代理机制,公众是公共服务的需求方,政府是公共服务的供给方,而政府将部分公共服务归入政府购买的范围,社会组织成为公共服务的直接生产商。因此,政府购买公共服务形成"公众—政府—社会组织—公众"委托代理链条。这种长链条加剧了交易成本的严重性,从而加大了委托代理失灵的可能性与复杂性。在委托代理失灵的情况下,代理人很可能通过降低服务质量或提高服务价格等方式追求自身利益最大化，与政府寻求公共利益最大化的目标背道而驰。这就是说，政府购买公共服务机制设计中的交易成本，加重了政府对公共服务供给的监管职责，但是在实践中，正是受到交易成本的影响，政府购买公共服务监督机制并不完备。一是监督人员不足、多元监督主体缺失。随着政府购买公共服务增多，人员短缺造成部分项目处于无人监管的真空地带，滋长了寻租腐败的空间。另外合同执行阶段可能需要增加编外人员投入项目监管过程，额外增加了交易成本，造成了监管过程的不连续性，无法客观地评价和审视购买服务过程。目前对于政府购买公共服务的监督主要来自政府，缺乏社会多元主体参与。公众缺乏参与监督的渠道与途径，难以得知政府购买的完整信息；公共服务使用过程中存在"搭便车"现象，使公众参与监督的积极性降低。此外，媒体对政府购买公共服务的监督不足，缺乏监督导向，未能充分发挥政府与公众的沟通桥梁的作用。二是监管力度不足、监督惩罚方式单一。有些承包商为了降低成本获取更高利润，可能会降低公共服务的质量或提高价格。加上政府购买公共服务的市场还不够成熟，政府的监督经验不足，尚未形成成熟有效的监督机制，还未能对政府购买公共服务进行全面有效的监督，存在监管不到位、惩罚强度不足等问题，使部分承包商存在侥幸心理，不利于提高公共服务的质量。此外，政府通常采用自上而下的监督方式，监督效果十分有限。惩戒方式主要采取物质惩罚，方式单一且力度不大，甚至很少对承包商采取惩戒措施，对承包商的震慑作用有限。三是监督意识薄弱、尚未形成联动监督机制。有些政府部门监督意识薄弱，认为向社会购买公共服务相当于把监督责任也转嫁到承包商身上，公共服务质量的好坏只与承包商有关，监督意识落后。并且，政府机构部门之间也存在条块分割、各自为政的问题，降低政府内部的监督效率，无法形成政府内部协调一致的高效监督机制。此外，对于公共服务供给的监督只停留在政府或承包商层面，没有联合及调动公民、媒体等社会层面的监督力量，尚未形成多方联动的监督机制。

第四节　政府购买公共服务机制设计交易成本的治理

在政府购买公共服务机制设计的过程中，诸如谈判成本、监督成本等属于机制设计过程中的常规费用，对于机制的完善有一定的积极作用，但仍存在诸如寻租等大量对社会资源造成严重浪费的交易成本，会损害公众利益，对政府信誉造成负面影响。因此必须通过有效的机制设计来对交易成本进行抑制，对违规行为进行预防和惩罚。

一　承诺机制

阿维那什·迪克西特指出："尽管委托代理双方可在信息和制度允许的效率水平上，或通过有效率的合同来分享他们的共同利益，但代理人一定会在合同许可的范围内表现出机会主义行为，追求自身的利益。"[1] 为保障公共服务质量，维护社会公民利益，政府可以采取事前承诺的方法来对合同签订后代理方的事后行为进行限制，以此降低机制设计过程中可能发生的监督、违约等成本。由于承诺机制本身就具有一定的风险和成本——它是以牺牲灵活性为代价的，因此为了避免承诺机制带来的成本抵消其自身收益，交易双方在作出承诺时须留有余地，以便对不可预测的环境作出反应。

---

[1]　[美]阿维那什·迪克西特：《经济政策的制定：交易成本政治学的视角》，刘元春译，中国人民大学出版社2003年版，第20页。

但是必须指出的是，只有可信的承诺才能降低交易成本。因为可信的承诺作为具有减少社会交往复杂性功能的社会心理机制，在机制设计中起着不可或缺的作用。由于政府购买公共服务这一机制设计是政府与利益相关群体，包括公共服务提供者和公共服务消费者之间的一种互动活动，机制的设计和运行都需要各方的相互信任，需要政府在事前作出可靠有效的承诺，从而增强各方的认同感，降低监督、过失等交易成本。具体方法是健全政府购买公共服务的合同管理规范。一方面，引入结果导向的管理模式，在事前即对时限、绩效、违约责任等作出具体详细的规定，并以此为标准对承包商的劳动绩效进行衡量。例如设立绩效保证书，在对绩效作出承诺的同时设立一定数目的保证金，如果在约定时限内达不到承诺的绩效，则保证金不予返还。另一方面，明确政府购买公共服务流程，形成流程管理实施细则。强化合同本身管理，明确合同的有效期、公共服务绩效标准以及交易双方的违约赔偿责任，对于环境的不确定性影响而暂时不能详细规定的部分可在附件中加以说明，从而减少由于环境的不确定性而修订合同所引发的争议成本。

二　竞争机制

一般而言，市场竞争越激烈，政府越能花费较低的交易成本找到最合适的承包商。在政府购买公共服务的机制设计中，良好的市场竞争机制能抑制机会主义行为，降低交易成本。正如阿维纳什·迪克西特（Avinash K. Dixit）所言，如果有几个代理人要完成同样的任务，并面临同样的风险，那么为了更好地评估代理人所作出的难以直接测量的努力和技能，可以将每一个代理人的业绩与其他代理人的业绩进行比较，通过竞争来衡量不同代理人的绩效标准，可以获取公共服务的最佳卖主。[①] 竞争机制培育的重点是承包商之间的竞争程度，使得公共服务的生产可以从一个生产者转移到更好的生产者手里，保证公共服务不受私人垄断的控制。竞争的存在一定程度上保证了公共服务生产者更多地采用高效的方式、新兴的技术来提供高质量的公共服务。更进一步说，促进竞争可以有效地减少寻租、勾结等机会主义行为，降低机制设计的交易成本。那么如何促进竞争机制的形成呢？首先，要确定政府购买公共服务的领域，如果一项公共服务的资产专用性过高或很容易形成自然垄断，购买的交易成本远远高于政府自己生产的成本，就应当慎重考虑是否要向市场主体或社会组织购买。其次，政府应当营造公平的竞争环境，确立公开、公平招标的法律、制度等依据，推进信息公开，减少行政性干预，并加强监督，防止寻租和垄断的产生。最后，政府需要出台优惠政策，培育公共服务市场，在竞争性的公共服务领域降低或取消准入门槛，简化招投标的程序，最大限度地允许社会组织的进入，保证政府在决定公共服务承包商的时候有足够多的选择。如果现有的承包商采取了机会主义行为，政府也可以很快从市场上找到替代者，从而降低违约与转换成本。

三 激励机制

政府购买公共服务机制的信息不对称容易出现承包商的道德风险和逆向选择问题，激励不足是导致问题的重要原因之一。设计合理有效的激励机制，既能控制承包商的消极有害的行为偏差，也能鼓励其积极履约的合意行为。激励机制具体涵盖物质激励和风险防范两方面。物质激励层面包括物质奖励与违约惩罚。为解决逆向选

---

① ［美］阿维那什·迪克西特：《经济政策的制定：交易成本政治学的视角》，刘元春译，中国人民大学出版社 2003 年版，第 105 页。

择问题，使承包商公开其掌握的信息，必须向承包商支付足够的租金，并且建立租金与信息之间的联系，提供正确的边际激励，比如将政府购买公共服务的价格与承包商资质、公共服务质量等挂钩，促进承包商直接或间接地告知政府自身信息，降低机制设计的交易成本。对于政府而言，支付给承包商的租金是一种成本，但给予承包商保留其提供优质的公共服务而获得的部分经济剩余，可以减少政府购买中的问题，为改善公共服务质量提供物质基础。解决道德风险方面，需要平衡风险与激励，将适度投入与风险承担联系在一起。只有承包商投入公共服务的边际收入等于边际成本时，才能给予承包商一定的租金作为对代理人的回报。建立政府购买公共服务的风险防范机制，有利于规避风险，减少交易成本。

建立道德风险防范机制主要包括四个方面。一是完善法律法规，通过制度规范交易双方行为，约束承包商的机会主义行为，降低交易成本，提高资源配置效率。二是建立风险预警机制，政府购买公共服务之前，要进行可行性分析，关注购买中可能存在的风险与评估结果，实现前馈控制，尽量减少风险损失。三是建立风险动态监控机制，对政府购买公共服务全过程进行动态监管，加强现场控制降低风险，及时评估公共服务供给结果，避免政府购买公共服务过程的寻租腐败行为。四是建立符合双方利益、平衡风险与激励的风险分担机制。根据风险控制力、控制风险成本分配相应风险承担责任，所承担风险程度与所得回报相适应。政府主要承担国家政策、法律、通货膨胀风险等，承包商主要承担运营、建设、评估风险等，双方均无法有效控制的风险，应由双方共同承担。总的来说，风险分担方案可以分为政府与承包商独立承担、优先承担、共同承担和具体分析等多种方案。风险分担的分配规则必须写入购买合同中，界定双方责任和利益分配，明确相应责任主体。需要注意的是，向公民提供公共服务是政府的固有责任，所有公共服务购买的风险最终都归结于政府，政府不仅应该以平等市场地位与承包商共担项目风险,当承包商无法承受相应风险时,政府应该承担公共服务的有效供给。

四 监督机制

监督成本是不可避免的,有效的监督有助于弱化由监督不足带来的交易成本。监督机制的核心问题是要建立起良好的信息透明度机制。"透明度越大,信息就越精确,也就越具有对称性,因此能减少交易成本,甚至使一些交易成本消失。"[1]搭建信息公开平台进行事前披露和事后证明,来保证参与者掌握信息的对称性和可确证性,使私人信息变为公共信息。监督机制可分为内部监督和外部监督,其中内部监督应当从以下两个层面强化:首先,要培养监督人员的责任意识,既要提高监督的主动性,避免人浮于事、无人监管的情况,并在监督过程中保持公平、公正,又要防止政府职能越位,遏制滥用自身权力进行贪污腐败的行为。其次,要加强监督力度,对政府购买公共服务机制设计进行全面有效的监督,这其中还包括对行政体系内部的监督,杜绝体系内部的寻租行为,并以此提高机制设计主体的责任意识,建立起问责制度,由因失职导致交易成本增加的主体承担相应责任。此外,还要引入第三方监督机构,加强对机制设计有效性的评估,它们具有专业性、技术性、客观中立等特点,能有效弥补政府监督的不足,保证监督的客观性和公正性。最后,要充分利用媒体以及公民来对机制设计进行监督,社会公民监督是各种监督的基础,而媒体的监督则是社会公民监督的放大,利用大众传播媒介所形成的社会舆论,及时揭露事实真相,对机制设计成本过高的行为实施压力,形成良好的交易氛围;公众参

---

[1] [美]阿维那什·迪克西特:《经济政策的制定:交易成本政治学的视角》,刘元春译,中国人民大学出版社2003年版,第55—56页。

与则有助于提高机制设计决策程度，同时也可以有效减少政府由于机会主义而设计偏离公众利益机制的行为，控制并降低交易成本。

五　授权机制

授权是"一种取消某人未来行动自由的措施，将采取该种行动的权力给予其他不会受到机会主义诱惑的人。"[①] 公共政策制定的授权指政策制定者依据实际工作的需要，通过各种形式授予下级行政主体的组织或个人一定权力，并监督被授权主体在规定范围内独立自主完成某些如信息收集等工作的行为。授权机制包括指派工作、授予权力、追踪监督、担负责任四个方面，是权力分配与责任分担的统一，合理的授权机制是抑制交易成本的有效措施。规范政府购买公共服务的承诺机制通过控制机会主义减少交易成本，但一定程度上牺牲了灵活性，这同样带来了成本。在规范承诺机制的前提下，适当地建立授权机制有利于权衡承诺与灵活性问题。授权机制把政府购买公共服务的决策权授予不同偏好的决策者，一方面使政府得以集中精力与资源把控公共服务供给全局性的重大问题，减少资源浪费；另一方面能够释放能量，激发承包商的积极性，避免相互推诿责任，提高公共服务供给效率。通过合理授权赋予承包商选择政策的自由度，降低政府购买公共服务决策过程的交易成本，提高承包商履行承诺的能力，完善政府购买公共服务的机制设计。

建立合理的授权机制主要包括三个方面的内容。一是明确政府购买公共服务的授权边界。边界的目的是确立在有关什么是适宜的决策和行动方面给被授权者即承包商提供指导，降低不确定性的潜在危害。政府购买的授权允许承包商有决定采取何种方式承担自身

[①] [美] 阿维那什·迪克西特：《经济政策的制定：交易成本政治学的视角》，刘元春译，中国人民大学出版社 2003 年版，第 47 页。

责任的自由，并明确其自由行动的限制。限制行动主要包括确定承包商的权力区域即决策空间和规定自主处置权的幅度。确定授权边界，规定承包商提供公共服务过程中处置问题、自主决策的幅度；给予承包商、公民表达自身利益诉求的相应权利，设定授权边界有助于传递明确的信息，减少政府与承包商之间的冲突，降低政府购买公共服务协商过程中谈判、讨价还价的交易成本。二是权责一致，明确各自责任是授权的前提，也是授权反馈与控制的前提。政府必须向承包商明确授权事项的目标和范围，确定承包商的权利和义务责任。承包商在授权范围内拥有自主行动权，比如生产方式等，同时应当承担相应责任，比如公共服务的生产、质量等责任。控权机制下的权责一致本质是委托—代理承诺，把模棱两可的交易关系转化为明确的目标与后果，承包商能够根据预期采用有效的生产方式提供公共服务。权力与责任具有一致性，政府不仅要授予承包商权力，还要求承包商的自主权不可超出授权的规定界限。如果承包商行动超出界限即违反购买合同，政府应该要求承包商承担相应的违约责任及追究法律责任。三是建立相应的控权机制，这也是授权机制的重要内容。授权与控权是不可分割的，政府应该及时跟踪与监控承包商，将承包商自主行为控制在授权范围内，防止出现寻租腐败行为，保障公共服务提供达到预期目标。因此，有效的反馈系统是授权成功的关键因素，必须强化反馈机制，疏通承包商及时反馈信息的沟通渠道，简化反馈程序，提高反馈效率。有效的控权方式包括政府、社会等主体的监督，承包商的定期汇报等。授权机制涵盖控权机制，授权与控权共同作用有助于完善政府购买公共服务的机制设计，减少其中的交易成本。此外，要防止过多的政治干预影响承包商生产提供公共服务的自主决策，降低授权的质量，反而增加交易成本。授权机制的这三个层面是有机联系的整体，相辅相成、互相促进。只有完善授权机制，才能使其发挥整体效能，协调政府与承包商之间的利益冲突，降低交易成本。

六 信誉机制

信誉是在交易各方不断理性博弈的过程中产生的,也就是说,只有当重复博弈的机会存在时,信誉才有形成的条件。相较于一次性交易而言,在持续交易过程中,政府丧失信誉的损失会更大些。在政府购买公共服务的机制设计过程中,信誉既存在于政府和公众之间,也存在于政府和承包商之间。政府与公众的信誉关系主要体现在机制设计的博弈过程中,如果政府没有随意侵犯公共利益,则将因此获得信誉,获得更多支持力量。政府购买公共服务这一机制设计的本意在于提高公共服务供给效率,增进社会公共福利,一旦政府基于机会主义的原则做出背信弃义的行为,则会降低其信誉,引发公众的质疑和反抗,导致交易成本提升。因此政府应当建立和完善公共政策制定的信息传递机制,来强化信誉机制,从而促进公众与政府间的信任与合作。

政府与承包商的信誉关系主要体现在机制运行的过程中,可以理解为对交易双方未来行动的预期问题。如果承包商信誉不佳,则可能会提高潜在的违约与转换成本,以及引发公民由于未能享受约定的公共服务而不满抗议,利益表达成本随之提升。信誉缺失会导致交易成本的提升,因此我们将建立良好的信誉作为降低政府购买公共服务机制设计中交易成本的一种制度安排。由于信誉是在交易双方的重复博弈中逐渐形成的,长期稳定的合作关系显得尤为重要。一方面,长期合作关系能减少合作中的不确定性,特别是减少在信息搜集、合同谈判以及签约等方面的交易成本;另一方面,长期稳定的合作也能够防止承包商的机会主义行为,使交易双方结成利益共同体,避免讨价还价,从而保证合同得以顺利履行。进而言之,人们对某一对象信誉的认识往往建立在对其过往行为的了解之上,我们会依据该对象在某一类型活动中的习惯,去预测其未来在同一类型活动中所采取的行为。因此，在政府购买公共服务机制设计过程中，还可以通过建立和完善诚信档案的方式，公开承包商的诚信记录。政府部门可以通过对承包商过去行为的了解，获得对其信誉程度大概的判断和掌握，从而筛选出信誉良好的合作对象，降低潜在的违约成本。这一措施同时也会对承包商起到威慑和督促作用，降低其违约行为发生的概率，从而达到降低政府购买公共服务机制设计中的交易成本的目的。

第六章 政府购买公共服务机制设计的实践应用

政府购买公共服务的交易双方之间是一种多层次博弈的"委托—代理"关系，机制设计寻求的是公共服务购买成本最小化、收益最大化的合约，实现政府与承包商在公共服务供给中的"激励相容"。从市场经济发达国家看，机制设计理论在政府购买公共服务的实践中得到相当程度的应用和发展。从我国政府购买公共服务的进展上看，机制设计理论的应用也反映出一些亟待解决的问题，必须采取进一步优化政府购买公共服务的机制设计。

第一节 政府购买公共服务机制设计实践应用的现实需求

在推进国家治理现代化的进程中，人民群众对美好生活的追求使得社会对于公共服务的需求日益增长并趋向多样化，依靠政府力量单独供给公共服务的模式，与社会日益增长的需求之间的矛盾愈来愈突出，创新政府公共服务供给方式迫在眉睫。实践经验表明，推进公共服务改革，在公共服务供给中引入竞争机制，推行政府购买公共服务,是创新政府公共服务途径的重大突破口。① 政府购买公共服务通过引入竞争机制,把市场手段、方法、技术引入公共服务之中,实现了公共服务的提供与生产的分开,政府的职责在于确定购买公共服务的范围、数量、标准以及选择公共服务承办方(出售方)、监督公共服务生产过程、评估公共服务的效果。②

(一)趋势——国内外掀起政府购买公共服务的热潮

公共服务供给改革是一个全球性的问题,创新公共服务提供机制与方式是政府治理变革的核心内容。20 世纪 70 年代末以来,政府购买公共服务形成了一股席卷全球的潮流。英国于 20 世纪 70 年代末率先开展的公共服务改革运动取得了显著成效。通过政府立法和政策引导、构建多层次的购买服务管理体制、采用多种形式的购买、注重绩效评估和责任、听取社会的意见等,英国的公共服务供给模式呈现出从政府垄断供给—市场垄断供给—公私合作与政府购买竞争的过程。当前,英国的政府购买服务主要采取公私合作模式,政府以合约方式购买服务,私人部门或非营利机构以投标方式参与竞争。美国政府购买服务有着悠久的历史。早在 1861 年通过的一项联邦法案就规定超过一定金额的联邦政府采购,必须使用公开招标的程序,以统一的单据和格式实行规范化操作管理。通过完善法制、严格采购程序、实施透明化操作、维护采购信誉、杜绝腐败行为、严格财政预算、提高效率、实现信息化管理、鼓励中小企业及弱势群体参与等,美国政府购买公共服务经历了立法先行、联邦政府率先实践和各级政府全面铺开的发展过程。当前,美国政府购买公共服务主要采取合同外包和公私合作的模式,这种模式有利于充分发挥政府和非政府组织的比较优势,通过竞争提升公私部门的

---

① 魏中龙:《政府购买服务的理论与实践研究》,中国人民大学出版社 2014 年版,第 3 页。

② 王春婷:《政府购买公共服务研究综述》,《社会主义研究》2012 年第 2 期。

效率。日本政府购买公共服务的实践始于20世纪80年代末，通过政府和民间企业平等竞标的方式，委托给在成本和服务质量方面都具有优势的中标者经营。从1996年开始，日本开始推行公共服务供给民营化，将公用事业、公共服务转移给供给效率更高的民间机构。从2003年开始，通过借鉴欧美政府购买服务的经验，日本政府和民间力量合力推进，政府购买公共服务不断发展。

我国政府购买公共服务的实践处于探索过程中。2013年9月国务院办公厅颁布了《关于政府向社会力量购买服务的指导意见》（以下简称《意见》），《意见》对政府购买公共服务的重要性、指导原则、基本思想、购买主体、承接主体、购买内容、购买机制、竞争原则、资金使用、评估体系、组织发展等方面作了详细的界定，这是我国第一次在国家战略层面提出政府购买公共服务的改革任务，政府购买公共服务开始迈向制度化，经过几年的发展，已初步形成了政府主导、社会参与、公私合作并举的公共服务购买方式。

(二) 问题——政府购买公共服务实践中的缺陷

由于政府购买公共服务以合同外包为主要方式，在政府购买公共服务的过程中，供应方与生产方之间、上级政府与下级政府之间，存在着复杂的委托代理关系。公众是公共服务的需求者，也是初始委托人，公众将公共服务委托给各级政府，政府部门又将其委托给社会组织。社会组织是公共服务的提供者，也是最终代理人。[1] 政府购买活动中的委托代理关系主要有两种：一是政府与其服务的承担者，在委托合同管理中存在委托—代理问题；二是政府与公众之间存在的委托—代理问题，即政府与公共服务供给者进行合谋，导致公共服务缺乏应有的公共性。

---

[1] 吕志奎：《政府合同治理的风险分析：委托—代理理论视角》，《武汉大学学报》（哲学社会科学版）2008年第5期。

如前所述，政府购买公共服务的委托代理问题是由信息不对称引起的，采用合同外包的方式提供公共服务，在平行的协商模式中信息的传递容易失真以及扭曲。[①] 具体来说，政府购买公共服务的委托代理问题表现为，事前信息不对称导致的逆向选择，以及事后信息不对称导致的道德风险。[②]

一是逆向选择。在信息不对称的条件下，一方隐藏自己的真实信息，并借助于提供不真实的信息来追求自身利益最大化，这种行为会损害另一方的利益。一般来说，政府购买公共服务合同的顺利实施，首先取决于作为委托人的政府对作为代理人的公共服务供给者（承包商）的信任，其次是政府（委托人）信任代理人的能力，能有效履行委托人课以的代理义务。如果代理人讲诚信，认真履行委托责任，诚实且成功地履行委托—代理合约，获得委托人的持续信任，那么委托—代理关系就能够继续存在和发展。[③] 但是在选择代理人的时候，政府不可能掌握所有供应商的全部信息。在这种情况下，作为委托人的政府所掌握的代理人的信息是不对称的，容易导致错误选择，甚至出现"劣币驱逐良币"现象。换言之，在政府购买公共服务的实践中，公共服务的代理人常常基于利益最大化的考量，倾向于隐藏谈判和缔约的真实信息而提供虚假信息，逆向选择最终会导致政府购买公共服务的失败。

二是道德风险。道德风险是指自利的个人受某种因素的引诱，会违反有关诚实和可靠的一般准则，因为环境允许他们这样做而不

---

① [美] E. S. 萨瓦斯：《民营化与公私部门的伙伴关系》，周志忍等译，中国人民大学出版社2003年版，第68页。

② 周耀东：《合约理论的分析方法和基本思路》，《制度经济学研究》2004年第2期。

③ 吕志奎：《政府合同治理的风险分析：委托—代理理论视角》，《武汉大学学报》（哲学社会科学版）2008年第5期。

受惩罚。[1] 在政府购买公共服务实践中，在信息不对称的情况下，委托和代理双方都可能出现道德风险，这是因为委托代理双方的效用函数并不一致，委托人追求代理效果大于代理费用，强调自身投入资本的增值，代理人则期望通过代理获得更多自身利益，追求自身效用最大化。这种道德风险集中体现在两个方面：一是在代理人对委托的事项不能清晰掌控的情况下，委托人有可能故意降低对于产出的评估，将本应该支付给代理人的报酬占为己有，引发委托人的道德风险问题。二是当代理人在参与代理人资格选拔以及承担代理任务时，极有可能利用委托人所掌握不到的信息（政府信息劣势与有限理性、未来风险的不可预测性等原因），利用协议的漏洞、违反道德准则、采取机会主义损害委托人利益，促使自身效用最大化降低公共服务的质量或谎报供给成本抬高公共服务的价格，迫使政府和公众以较高购买成本获得不对等的公共服务。

（三）办法——在政府购买公共服务中引入机制设计

在经济学理论中，机制设计理论得到普遍认可，显示原理表明一个机制的任何均衡结果都能通过一个直接激励机制来实现，这就允许直接简化设立一个激励机制模型对政府购买活动进行优化。机制设计理论的合理应用，以激励约束为核心解决购买合约方式中出现的一系列问题，有助于政府购买公共服务走向高效、透明、公平、竞争的制度化道路。

简·莱恩认为，政府购买公共服务过程有三大要素，即合同、购买者和供应者、招标与竞标过程。合同围绕购买者和供给者而订立，招标与竞标过程是购买者确定供给者的过程，三大要素始终以购买者和供应者的关系为核心。进一步来说，政府合同治理的成效在很大程度上取决于政府选择"优秀的"首席执行官的能力，即政

---

[1] ［德］史漫飞、柯武刚：《制度经济学》，韩朝华译，商务印书馆2000年版，第116—117页。

府如何选择一个好的供给者,并指挥他按照预定的方式去有效地履行合同。[①] 在信息经济学中,机制设计就是探讨非对称信息情况下的最优交易契约,其研究模型可以简化为两类,即委托—代理模型和逆向选择模型。[②] 探讨政府购买公共服务的机制设计问题时,可以从政府购买公共服务过程中政府与供给者之间出现的委托代理问题入手,分析如何通过激励约束机制来解决和改善政府购买公共服务实践中的问题。

机制设计理论认为,市场的参与主体具有追逐利益最大化的天性,所以委托—代理问题无法单凭市场机制自发调节而解决,必须引入其他方法或机制形成协同激励或协同约束。显示原理表明,在政府购买的过程中可以建立一定的激励约束机制来解决委托代理的过程中存在的核心问题——逆向选择与道德风险。政府购买公共服务的机制设计具体可以延伸为竞争机制、激励机制和约束机制。一是竞争机制。如果信息是连续的变量,必须建立租金与信息之间的联系,以提供正确的边际激励。政府购买公共服务机制设计的竞争机制通过促使代理人公开其掌握的信息,向代理人提供足够的租金有助于解决逆向选择问题。二是激励机制。通过设计一个合理的激励机制来控制由于利益不一致所带来的代理人行为偏差,使代理人的行为尽可能被限制在委托人设计的框架之内,从而在委托人和代理人之间形成合理的利益分配,促使代理人在实现自身效用最大化的同时,达到委托人期望达到的具体目标。三是约束机制。激励和约束是一个问题的两个方面,二者缺一不可,构建激励机制就必须建立相应的约束机制。就道德风险而言,需要平衡风险与激励,将

[①] [英]简·莱恩:《新公共管理》,赵成根等译,中国青年出版社2004年版,第254—256页。

[②] 赵晨:《基于委托—代理理论的企业激励机制的模型分析》,《企业研究》2007年第6期。

适度的投入与风险承担联系在一起。只有当代理人投入的边际投入等于边际成本时，作为代理人投入的回报，才能给予代理人一定的租金。政府购买机制设计的约束机制是针对代理人隐蔽信息而面临的逆向选择问题，使代理人自觉显示其私人信息或真实偏好；是针对代理人的隐蔽行动而可能面临的道德风险问题，使代理人自觉地显示自己的真实行动，而不会采取道德风险行动。

第二节　政府购买公共服务机制设计实践应用的西方探索

20世纪80年代末以来，在新公共管理运动的潮流中，市场经济发达国家的政府治理变革中，应对实践发展的需要，各国政府购买公共服务中，为优化合约治理，机制设计理论得到广泛的应用。

（一）英国

英国政府购买公共服务大致经历了撒切尔夫人时代、布莱尔时代和卡梅伦时代三个阶段。通过政府立法和政策引导、构建多层次的购买服务管理体制、采用多种形式的购买、注重绩效评估和责任、注重听取社会的意见等，英国的公共服务供给模式呈现出一个从政府垄断供给—市场垄断供给—公私合作、政府购买、提倡竞争的过程。当前英国政府购买公共服务主要采取公私合作模式，即政府以合约方式购买服务，私人部门或非营利机构以投标方式参与竞争。

第一阶段——撒切尔夫人时代。20世纪70年代，英国长期实行的福利国家政策给政府财政带来极大压力，政府大包大揽公共服务供给导致了一系列弊端。为应对政府的财政危机，撒切尔夫人开启了以经济和效率为目标的公共服务改革，在公共服务领域引入市场竞争机制，通过合同出租、公私合作、一般使用者付费等方式将公共服务委托给市场组织和社会组织。1968年的《西蒙报告》建议地方政府运用合同方式购买服务。1970年英国开始实施《地方政府公共服务法案》，20世纪80年代，英国公共服务部门开始进行一系列的改革，正式引入市场机制，中央政府首先从公共服务部门中直接服务提供者的角色中撤退，进而渐渐转移到公共服务委员会、志愿服务提供者及私人部门。撒切尔夫人推行的改革一直持续到20世纪90年代，为世界各国公共服务的改革提供了借鉴。

第二阶段——布莱尔时代。20世纪90年代以来，随着英国经济社会的发展，英国社会结构开始发生变化，需求多元化推动人们对公共服务质量要求提高且品种呈现多元化。在此情况下，提高公共服务质量、提升公众满意度成为英国公共服务改革的主要目标，在公共服务供给方面采取强制性竞标的方式运作，通过由地方政府扮演采购者，将公共服务带入一种"准市场"的运作模式。1997年布莱尔政府上台后，在总结撒切尔政府工作的基础上，向公众作出了"更好地制定政策、更好地回应公民需求、更好地提供公共服务"的承诺，强调要利用社会各种力量实现公共服务质量和效率的提升，主张政府与市场组织以及社会组织结成合作伙伴关系，共同向社会提供公共产品，推行多元化的公共服务供给模式。

第三阶段——卡梅伦时代。这一时期，英国的公共服务逐渐从强制性竞标朝向一种强调绩效、品质以及重视改善服务品质与全面性管理的"最佳价值"的目标迈进。2010年卡梅伦政府提出了"大社会"计划，主张"还政于民"，培育以志愿服务、博爱和社会行动为宗旨的公共服务文化，改变公众任何问题都依靠政府解决的思维。在这种背景下，英国政府积极转变治理方式，将越来越多的公共服务职能下放到民间，交由相应的社会组织承担，政府购买公共服务也从以往的贫困、环保、弱势群体扶持等传统的领域扩展到社会治安、医疗卫生、教育、关怀、文化遗产保护及城镇规划与重建等领域。

(二) 美国

20世纪70年代末以来,随着政府治理变革席卷全球,世界上许多国家的公共部门都经历了重大的变革,美国也不例外。在这场变革中,公共服务提供机制的市场化改革十分引人注目,而将公共服务项目承包给私营机构,也就是合同外包,便是其中最为重要的制度安排之一。① 通过此类措施引入竞争机制,以达到减轻财政负担、提高服务质量的目的。经过40余年的发展,美国政府购买公共服务在购买范围、购买方式、运作机制等方面形成了较为健全的制度。政府与承包商(民间机构)之间通过机制设计签订合约,将政府的某项公共服务职能转移给民间机构,由政府提供经费并实施监管,由民间机构履行合同约定的事项。

相比较而言,美国有着以私营部门提供公共服务的传统,但地方政府大规模的市场化改革也是从20世纪80年代开始的。在这一过程中,政府购买公共服务开始变得十分的流行。但是相关调查显示,在全美范围内政府购买公共服务并没有成为地方政府服务提供的最主要方式。这主要是因为虽然政府购买公共服务得到了前所未有的欢迎,但是在开始的机制设计上并没有成熟的经验可以借鉴,这个阶段处于政府购买公共服务的初始探索阶段。根据美国联邦采购政策局(Officeof Federal Procurement Policy,OFPP)的文件,倾向以"政府固有职能"(Inherently Government Functions)作为辨别标准,禁止将政府固有职能委托民间办理。换言之,通过增加外部的约束机制,使政府购买公共服务在法律和制度的框架内运行,规范购买服务的内容和程序。② 这个阶段颁布的法律文件有《联邦财产和行政

---

① 句华:《美国地方政府公共服务合同外包的发展趋势及其启示》,《中国行政管理》2007年第8期。

② 常江:《美国政府购买服务制度及其启示》,《政治与法律》2014年第1期。

服务法》、《联邦采购规定》、《合同竞争法》、《服务获取改革法》。这些法律规定对于政府签订公共合同的基本要求是必须通过全面、公开的竞争程序。随着新公共管理运动的风起云涌，美国很多地方政府尝试将新的理论用于实践，开始改革主要由政府提供公共服务的传统方式，通过引入市场机制形成了多种替代性服务提供方式。[1]

从 1997 年到 21 世纪初，美国政府购买公共服务呈现出先下降后上升的趋势。1997 年出现了地方政府合同外包逆向发展，逆向合同外包说明公共服务提供的复杂性和动态性，由于机制设计不完善，导致政府购买公共服务中存在各种问题，如逆向选择、道德风险、政府空心化、搭便车现象等。1997 年后美国政府通过机制设计理论的应用，进一步完善了政府购买公共服务的合约安排，政府购买公共服务的数量开始逐年上升。

(三) 日本

日本政府购买公共服务肇始于 20 世纪 90 年代，是规制改革的产物，是在"市场化试验"基础上发展起来的公共服务供给模式。这种模式在实践中的表现形式是政府委托民间部门提供公共服务。日本政府购买公共服务实践过程中，日本学者提出的"市场增进论"对于政府购买公共服务的实践具有重要的影响，其强调政府的职能在于促进或补充民间部门的协调功能，而不是将政府和市场仅仅视为相互排斥的替代物。[2]

日本政府购买公共服务有专门的法律依据和严格的执行程序，由强而有力的"第三方机构"组织实施。这种模式不是完全将公共服务推向市场，而是有目的地引入市场成分，政府并没有从公共服

---

[1] 句华：《美国地方政府公共服务合同外包的发展趋势及其启示》，《中国行政管理》2007 年第 8 期。

[2] ［日］青木昌彦等：《政府在东亚经济发展中的作用：比较制度分析》，肖梦译，中国经济出版社 1998 年版，第 9 页。

务中脱身,而是继续投入和支持公共服务事业,保留政府很强的干预能力,如果发现一个失败的服务,政府可以采取诸如重新实施或关闭失灵的服务机构等措施。[①] 对于公共服务供给是否以购买的方式进行,日本政府制定了严格的筛选程序和操作步骤:包括对公共服务项目进行统计,研讨哪些应进行改革;考虑是否直接民营化,如果不能民营化,考虑进行政府购买;在与相关业务部门充分协商的基础上,内阁府制定"市场化"方案;召开业务说明会,准备竞标工作;进入公平竞标程序,选出提供公共服务的民间部门;对民间部门的"业务运营"情况进行监管。在这一过程中,第三方机构"官民竞标监理委员会"拥有较高的权力和职能,这一机构的设立对于保证竞标过程的透明、中立和公正发挥了重要的作用。

进入21世纪后,日本政府加快了规制改革步伐。2004年3月,小泉内阁通过了"推进规制改革、民间开放3年计划",将"推进民间开放(市场化试验)"的观点引入规制改革中,并将改革的重点由经济性规制转向社会性规制。从2005年"市场化试验"正式展开,小泉内阁把职业培训、国民年金保险的征收业务等8项公共服务作为示范型事业的对象,通过竞标委托给民间经营。这种在"市场化试验"中由政府委托民间部门提供公共服务的行为即是政府购买公共服务的活动,后来这一活动在专门的法律规范下和专门的机构组织下运行,遵循严格的程序,逐渐形成了政府购买公共服务的制度。

2006年后,日本政府购买公共服务的范围进一步扩大,政府专门出台了《关于导入竞争机制改革公共服务的法律》,规范了引入竞争机制提供公共服务的宗旨、方针以及政府行政机构的职责、公共团体的职责以及民间部门的职责等。该法律制定了公共服务改革的基本方针,明确了改革的目标和意义,规范了官民竞争投标及民

---

① 魏中龙:《政府购买服务的运作与效率评估研究》,博士学位论文,武汉理工大学,2011年。

间竞争投标的程序,包括参加竞争投标者的资格、招募及确定等事项,并规定了中标民间部门实施公共服务的必要措施,包括合同的签订和解除以及关于实施过程中的监督事项等。

日本政府除了设置健全的执行、监督机构,制定专门的法律制度外,还制定了严密的操作步骤。第一,统计公共服务业务及研讨是否有改革的必要。第二,如需改革,先考虑民营化,如果不能民营化,则考虑"市场化试验"。第三,与相关业务的主管部门充分协商,并由内阁府制定"市场化"方案。第四,召开公共服务"业务说明会",准备竞标工作。第五,通过公平竞标,选出新的经营者。第六,相关部门对此后"业务运营"情况进行监管。

第三节 政府购买公共服务机制设计实践应用的中国问题

21世纪末以来,政府购买公共服务在我国迅速发展,但是由于政府购买公共服务过程中对于机制设计理论的理解和应用不当,出现了大量的委托代理问题,这些问题降低了政府购买公共服务的质量,一些地方甚至出现了逆向合同承包的改革。

(一)委托代理产生的问题

在政府购买公共服务的委托代理链条中,政府具有双重身份,既是社会公众的代理人,又是企业或者第三部门的委托人。如果政府作为公众代理人夹杂不同的目标利益,不能准确地判定委托给哪家企业或者第三部门,不能有效监控代理人的行为,不能正确评估公共服务的绩效,或是广泛地将服务性的职能外包,模糊责任性边界将会导致一系列问题,这些问题集中表现在五个方面。

一是逆向选择问题。逆向选择是因为信息不对称所造成的资源配置扭曲现象。政府自行提供公共服务的条件下，信息的传递是单向和线性的，等级制下的权威机制是保障信息逐级传递的重要机制。[①]而在采用合约方式提供公共服务的条件下，在平行的协商中信息的传递容易失真以及扭曲。在选择代理人的时候，如果作为委托人的政府所掌握的与代理人相关的信息是有限的甚至是非对称的，容易导致错误选择，甚至出现"劣币驱逐良币"现象。如广州市环卫服务领域的市场化改革始于1995年，经历10多年的发展历程，过去由政府大包大揽的作业模式基本上被企业生产服务、政府与居民负责监督的运作模式取代。然而，由于垄断的存续与演化，这一模式出现了逆向选择问题。一方面，对于环卫企业的机械化水平、垃圾处理和污染防治的技术水平、从业人员文化的技术能力、环卫企业的管理水平，政府往往难以获知全面而有效的信息。另一方面，在"低价中标"的情形下环卫企业往往通过隐瞒真实成本报低价取得竞标成功，再依靠中标以后更改合同谋求高利润回报。更进一步说，信息不对称不仅会影响对于承包商的选择，也会影响对承包商绩效的监控。环卫企业不仅会想办法"报喜不报忧"，还会以不应干涉企业内部管理运作为理由阻止委托人对其运行的监控。尽管在合同中设计了相关的激励约束条款保障企业反馈真实的信息，如是否投入了足够的人力资源、是否严格履行了合同约定的保洁时间。但在信息不对称的情况下，政府往往难以执行有实际意义的惩罚措施，处罚条款的执行力相当弱；就算作出惩罚，环卫企业也会在今后的工作中以各种理由寻求"补偿"。

二是道德风险问题。在任何一种合同关系中，委托人的管理目标都是"引出一个好像能将'委托人'福利最大化的'代理人'"，

---

① [美] E. S. 萨瓦斯：《民营化与公私部门的伙伴关系》，周志忍等译，中国人民大学出版社2003年版，第68页。

政府购买公共服务的合约也不能例外。[①] 在政府购买公共服务中，政府是委托人，服务承包商是代理人，从理论上看委托—代理关系的核心要件在于完备的合同关系，通过合同充分翔实地阐述委托人以及代理人的权利义务关系，使代理人清晰准确地完成委托人交代的工作任务，同时委托人向代理人支付与其付出程度相符的合理回报。但是机制设计的实践中，即使预先设计完美无缺的合同，其本身也并不会自动履行。在信息不对称状态下，如果合同的一方拥有优于另一方的更多的信息，就可能引发非合作博弈，这一方就会利用另一方的信息匮乏劣势而将其置于不利状态。道德风险意味着自利的个体或者组织受到某种因素的引诱会违反诚实守信的基本准则，因为环境允许他们这样做而不会受到惩罚。由于合同的不完全性和有限理性，道德风险往往难以规避。需要指出的是，人们往往会关注代理人的耍赖投机、虚报成本、拖延周期以及消极怠工等行为，而事实上委托人和代理人双方都可能出现道德风险。委托人的目标与代理人的目标存在着明显的偏差，即双方的效用函数并不一致。委托人追求代理效果大于代理费用，强调自身投入资本的增值，代理人则期望通过代理获得更多自身利益，追求自身效用最大化。同时，委托人与代理人对相关信息的掌握并不完全一致。在委托—代理关系中，由于对代理人的绩效测量往往存在较大的主观随意性，在代理人对委托的事项不能清晰掌控的情况下，就有可能出现委托人的道德风险问题：根据合同规则，如果产出高于预期，委托人就应该支付给代理人更高的报酬；但是委托人有可能故意降低对于产出的评估，将本应该支付给代理人的报酬占为己有。而当代理人占据信息优势时就会产生代理人道德风险，即代理人在参与代理人资格选拔以及承担代理任务时，有可能利用委托人所掌握不到

[①] 明燕飞、谭水平：《公共服务外包中委托代理关系链面临的风险及其防范》，《财经理论与实践》2012 年第 3 期。

的信息采取机会主义损害委托人利益，促使自身效用最大化。可以说，代理人与委托人的目标不一致是代理人道德风险产生的根源，而代理人信息优势则加剧了这种风险产生的可能性。政府购买公共服务中代理人的道德风险主要体现在，承包商为了获得公共服务代理权有意隐藏不利于自己的信息或夸大有利于自己的信息，致使政府选择产生盲目性。在得到公共服务代理权后，凭借自身信息优势以及具有一定的决策权而出现降低公共服务数量和质量等行为。

三是寻租风险问题。在政府购买公共服务的过程中，一部分公共服务的经营权将逐步由政府手中转移到企业或社会组织手中，这种权力所带来的收益极易成为寻租的目标。在公共服务市场发育不完全、监管不规范的情况下，不论是作为委托人的政府还是作为代理人的企业或者社会组织，它们都可能获得创设寻租行为的条件，都可能通过寻租行为满足其自身利益：公共部门的官员可以通过人为地设置各类障碍以营造获得各类非生产性利润的环境与条件，达到设租的目的[①]；私人部门的生产商可以利用各种合法的或者非法的手段获得供应特权从而达到寻租的目标。目前政府在涉及重大工程和服务招标方面存在的腐败问题，包括形形色色的操纵投标过程、贿赂和回扣现象，就是源于监督不力，一些单位或个人会为了自身利益把公开、公正、透明的政府采购制度变成暗箱操作，为获取私利与个别投标商在幕后达成协议，干预招标竞争使其以较低的价格、较好的让利及政策优惠取得某些服务的经营权。在这些非正常的政府采购过程中，投标商往往会以高于正常的代价取得经营权，这样在履约过程中为了收回成本，他们就会抬高服务价格或者降低服务质量，最终使公众利益受损。可见公共服务购买中的寻租风险可能发生在各个环节，包括服务需求确定、评标定标、外包方

---

① 明燕飞、谭水平：《公共服务外包中委托代理关系链面临的风险及其防范》，《财经理论与实践》2012年第3期。

式选择、信息发布、履约验收等,委托人和代理人勾结以牟取私利产生的风险都将转接到公共服务的最终承接方——公民身上,损害公民的权利和利益。

四是公平风险问题。政府购买公共服务如果缺乏科学规范的制度设计和精明负责的监管人员,企业和社会组织追求自身利益最大化的动机会使其在获得生产经营权以后唯利是图,忽略公共利益与基本公平,出现所谓的"撇脂现象":在可以部分实现排他消费的领域,对于盈利空间大的项目,生产者就会按照市场竞争的法则积极争取大量供应;但是对于那些盈利空间小却又不得不提供的服务,则有可能消极供给或不愿意供给。这就会导致部分弱势群体在消费公共服务的数量和质量上受到不良影响,甚至享受不到基本的公共服务。如社区卫生服务中心在签约后往往过分追求经济效益、淡化其公益性质,在经营中常常通过选择性地履行社区卫生服务功能以降低服务成本、增加服务收益。一方面积极推动有偿医疗服务、选择完成健康档案登记等容易量化的服务项目;另一方面对于健康教育、疾病预防等社区卫生服务就消极供应。由此可见,对于那些有偿供应的医疗服务项目,市场化确实增加了公众的选择权;而对于那些免费供应或者低偿供应的服务项目,市场化反而限制了公众的选择权。这实际上使得很多低收入群体在非自愿的状况下因为消费规则而被剥夺了选择权,在公共服务购买的过程中遭遇不公正的待遇。

五是政府空心化问题。随着政府购买公共服务领域的持续扩散,一个令人担忧的现象是私人部门正在以始料未及的速度介入政府固有的职能领域中,政府对私人部门的依赖性持续地增加,而政府正在逐渐退出许多公共服务的生产领域,实现着"从划桨到掌舵"的转变,这固然为政府职能的转变以及专注于公共服务的规划、管理与评估工作创造了条件,但不可避免地可能导致政府空心化问题,加剧了政府的责任危机。政府购买公共服务的"合同外包导致了'空心国家',使得公共组织自身丧失了提供公共服务的能力,并致使责任问题蔓延。"[1] 如果政府越来越多地倚重于私人力量提供公共服务,其结果必然会削弱或降低自身提供公共服务的能力。此外,政府空心化还会导致政府将公共权力分享给市场主体,从而形成市场与政府的不对称权力,这将严重降低政府的谈判能力,导致政府管理能力的流失,官僚机构及其人员越来越远离公共服务生产,这种"疏远"必然会削弱政府对于公共服务专业化知识的获取与积累,为糟糕的合同以及监管失灵的出现埋下了隐患,而官僚的"自利动机"更是加剧了此种情况发生的可能性,所以应该推行适度的政府购买公共服务策略,通过有效的机制设计以规避政府空心化陷阱,从而减少改革之于政府行动能力和公共价值的损害。

(二) 其他延伸性问题

政府购买公共服务不仅会由于机制设计不到位存在一系列的委托代理问题,在实践过程中,政府购买公共服务还有一些延伸性的问题,这些问题成为制约政府购买公共服务发展的瓶颈。

一是政府认识不到位,职能转变进程缓慢。长期以来,政府将公共服务视为公益性事业,归属政府投资和管理,对公共服务大包大揽,不仅导致了政府职能越位、机构臃肿、财政资金运行低效和浪费严重、公共服务质量低下,还造成其他社会主体,如私营部门、社会组织等参与提供公共服务的机制不畅,市场准入难度大,从而不利于提高公共服务的质量。推进政府购买公共服务,要求转变政府职能,打破政府独家垄断公共服务供给的格局,将一些公

---

[1] 齐海丽:《我国地方政府购买社会组织公共服务的问题与对策分析》,《桂海论丛》2012 年第 4 期。

服务项目移交给社会组织或企业，引入竞争机制。[①] 但是一些政府部门职能转变进程缓慢，职能转变不到位。究其原因，一方面是对政府购买服务认识不足，忽视了企业或社会组织在公共服务供给中的重要性，担心改革会造成权力资源的减少，另一方面是对自身职责认识不清，缺乏统一的公共服务项目转移标准，对哪些公共服务可以交给社会组织与市场解决，哪些公共服务可以通过政府购买认识模糊，提不出切实可行的转变方案。

二是缺乏相应的法律保障。政府购买服务是公共服务供给机制的改革与创新，需要得到法律的有力支持，我国目前相关法律体系建设严重滞后，政府购买公共服务的法律法规不健全。现有法律法规没有明确规定社会组织具备提供公共服务的主体资质。一些地方政府为推进社会组织参与公共服务提供，出台了相关的措施，在一定程度上促进了社会组织提供公共服务的制度建设。然而，这种制度建设多数通过红头文件方式进行。红头文件的出台与否，与当地领导重视程度相关，使得这种制度建设不仅效力较低，而且随意性很大，不利于制度建设的持续性推进。

三是社会组织发育不成熟。相关研究表明，社会组织发展所面临的问题按照严重程度进行排序，依次是缺资金、缺人才、缺设施、缺少政府政策支持、法律法规不健全、组织内部管理差、缺项目支持、缺少社会支持。[②] 其中，人才和资金问题是制约社会组织发挥作用的最主要原因，导致社会组织缺乏独立性，进而产生服务能力不足的功能性缺陷。不少社会组织提供的公共服务的质量较差，不能满足社会大众的基本需求；一些社会组织受资金和管理人

[①] 郑苏晋：《政府购买公共服务：以公益性非营利组织为重要合作伙伴》，《中国行政管理》2009年第6期。

[②] 王枫云、林志聪：《我国城市基层政府的公共服务购买探讨》，《思想战线》2012年第2期。

才等方面的限制，缺乏发展规划，其生存和发展的周期一般只有5年左右；甚至有些社会组织以社会服务的名义谋利，产生的根本动力是为谋取利润而不是为了社会的需求。社会组织只有发展和普及到一定程度，才能形成彼此之间的良性竞争，真正使公共服务的质量达到社会要求。

四是购买公共服务的类型和规模难界定。公共服务中哪些是由政府提供，哪些可由社会组织提供，社会组织能够提供什么样的公共服务，必须要有一个清晰的界定，只有合理界定社会组织可提供的公共服务的类型和数量，才能使企业或社会组织充分发挥作用。在公共服务市场上，政府和社会组织应该是平等的市场主体，社会组织应该有独立的运作流程。[①] 但在购买过程中，社会组织往往缺乏独立性，其决策行为受到政府的强烈影响。合同制的购买方式作为最基本的购买方式，其使用范围之广与招投标方式使用之微弱形成强烈对比。这种过于单一的公共服务购买模式必然造成公共服务供给规模较小、覆盖面窄的局面。事实上，文化与传统保护、就业促进、环境和政策咨询等不常见但属于公共需求的项目，均可纳入公共服务购买的目录。

五是缺乏购买的规范化标准。政府购买公共服务的种类、方式、评估等一系列重要问题都缺乏制度化的规范机制。一是在服务内容与服务标准上，社会所需要的服务种类繁多，既包括由政府提供的公共服务，又包含由市场提供的私人服务。政府提供的公共服务又可以分为纯公共服务和准公共服务两大类型。然而在现实中，不同类型的公共服务的区分标准和界限并非十分明确，哪些公共服务可以作为购买内容，哪些不应该，不同地方政府的理解和做法迥异，有些地方政府甚至将私人服务也纳入了购买内

---

① 王浦劬、[美] 莱斯特·萨拉蒙：《政府向社会组织购买公共服务研究：中国和全球经验分析》，北京大学出版社2010年版，第27页。

容中。服务内容确定后,公共服务标准的制定也非常重要。在政府购买公共服务中,政府是出资方,标准过高,政府财力跟不上;标准过低,不能满足公众需求。交给社会组织和企业提供的服务事项,政府也应该负责标准的制定,以便于进行监管,保障服务供给的数量与质量。但在实践中,公共服务标准的制定一直是个难题。二是在资金来源上,政府购买公共服务的资金来源多样,有财政预算资金、专项业务资金、预算外资金、福彩公益金和由政府支配的社会捐助等。绝大多数政府没有将购买公共服务资金纳入公共财政体制。三是在购买程序上,政府购买公共服务的程序应当具有公开性、竞争性以及明确的选择标准,但是在公开性方面,尽管名义上是公开招标,但一些地方政府通常是私底下与一些社会组织谈,然后选择合适的社会组织;或者是通过定向购买方式把公共服务项目交给某个社会组织。在竞争性方面,由于定向购买、社会组织资质不够等原因,参加竞标的社会组织通常数量很有限,一些社会组织实力较弱,没有能够形成相互竞争的局面,一个不充分竞争的市场容易存在机会主义、供应商垄断等风险。在选择标准方面,没有制定详细与合理的标准,选择的随意性较大。四是在评估机制上,要全面获知政府购买公共服务的效果和问题,需要有专业的评估机制,但是评估机制还远不够成熟,没有形成比较系统和详细的评估标准,主要以听取汇报和检查为主,这些方式不可避免具有主观性。五是在监督机制上,缺少独立的第三方监督机制,监督主要体现在购买服务的内部监督上。公共服务领域的资金回报率的确定、成本的核算、价格的确定、服务质量的标准等具有较强的专业性,经营者与消费者之间、经营者与监督管理者之间存在着信息不对称,需要独立的监督机构评估信息的真实性和保证竞争的公正性。

第四节 政府购买公共服务机制设计
实践应用的优化路径

委托代理关系的本质是一种契约关系。契约的基本内容是规定代理人为了委托人的利益应采取何种行动，委托人应相应地向代理人支付何种报酬。委托人与代理人的关系之所以成为一个问题，是因为代理人的目标函数并不总是和委托人相一致，因此代理问题的要点就在于，委托人如何通过一套激励机制促使代理人采取适当的行动，最大限度地增进委托人的利益。实现这些目标的途径就是机制设计，借助机制设计理论人们可以确定最佳和最有效的资源配置方式。机制设计理论起源于对于市场经济机制与计划经济机制的考察，这一理论的推进与社会选择、公共服务供给、双边交易、拍卖等问题紧密联系在一起。[①]

（一）委托代理问题的优化策略

一是建立强制信息披露机制，打破信息不对称。避免逆向选择对政府购买公共服务具有十分重要的意义。当政府面临不完全信息、无法获知企业真实的生产能力水平和观察企业的控制成本努力程度时，如何设计才能使企业选择揭示自身特征，在满足企业保留效用约束的基础上实现社会福利最大化的合同是一个十分重要的问题。[②] 在逆向选择问题中，委托人在签订合同时不知道代理人的类型，但能够观察到代理人的行为，委托人的任务是设

[①] 龚强：《机制设计理论与中国经济改革》，《商业时代》2008 年第 9 期。

[②] 吴彦皓：《道德风险和逆向选择共存时的激励机制设计》，《安徽农业科学》2007 年第 4 期。

计出一个获取代理人信息的有效合同。由于委托人与代理人签订合同之前存在信息不对称，消除逆向选择的关键在于解决委托人和代理人之间的信息不对称。但是单纯依靠市场或政府都不能消除逆向选择问题，必须把市场与政府行为有机地结合起来，才能从根本上解决此类问题。首先，应当适度提高市场的集中度，保证公共服务的承包商（企业或社会组织）能够提供优质的公共服务，保证政府对承包商能够进行有效的监管。其次，大数据时代互联网、物联网的发展为解决逆向选择问题提供了一种新的且成本低廉的方略，通过建立网络信息平台，征集用户对承包商产品、服务的评价，将承包商划分为不同等级，建立质量信用信息共享数据库，这种信息沟通对解决逆向选择是一个巨大推动。最后，行业协会的发展能够保障该行业产品的质量，降低政府监管的成本。行业协会控制行业服务质量是一种更加接近内生化的结果，应把那些不该由政府管的事情，交给行业协会并赋予其充分的权力，让行业协会形成一整套行之有效的管理机制，对于保障市场良性发展可起到重要作用。[①]

二是进行有选择性激励，完善法律机制。道德风险作为一种社会现象最早是在保险业中被发现的，它是指一个人购买保险之后，就会产生一种依赖心理或思想上的麻痹，以至于降低了防范风险发生的努力，反而给保险企业带来了更大的风险（损失或危害）。[②]经济学家把涉及契约或合同的其他经济领域中本质相同的问题称为"道德风险"，即"从事经济活动的人在最大限度地增进自身效用

[①] 孙江超：《市场与政府解决逆向选择问题的机制》，《改革新论》2009年第3期。

[②] 郝文清：《道德风险的防范与化解》，《社会科学家》2011年第5期。

的同时做出不利于他人的行动。"① 简言之，道德风险就是当签约一方不完全承担风险后果时所采取的自身效用最大化的自私行为。化解地方政府购买公共服务机制设计中存在的道德风险，应从两个方面着手。第一，由于道德风险因人们的道德因素产生，因此提高公共服务相关主体的道德素养是解决政府购买公共服务机制设计中道德风险的根本之策。在政府购买公共服务的过程中使各个主体之间的信任度达到一个相当的高度，就可以有效地降低道德风险的概率。这需要政府与社会的共同努力，营造一个崇尚道德的社会环境。第二，加强对道德风险外在制度和法律以及舆论的约束。培育和完善制度和法律，加大道德风险的惩处力度，有助于对政府购买公共服务中的行为主体形成强有力的外在约束，从而形成人人自觉规避道德风险的氛围。与此同时，必须建立和完善道德回报机制，鼓励道德行为，惩罚不道德行为，增加违背道德的成本。② 只有建立个体内在的道德意识同时完善外部的制度和法律保障，才能把道德风险降到最低水平。

三是简政放权，培育第三方监督机制。政府购买公共服务产生寻租的主要根源在于公共服务合同外包程序的公开性和竞争性不强，审批程序不规范且审批权力高度集中，独立监管机构缺失，绩效评估和问责机制流于形式。建立独立的第三方监管机构，实现签约者与监管者相对分离，维持监管者的自主性，需要设计一个可以规避政府公共服务购买合约寻租风险的制度，防范和打破合约共谋。一要完善政府购买公共服务合约的绩效评估和问责机制，确保公共服务购买合同绩效评估的独立性、公正性和真实性。二要建立政府购买公共服务合约的法律程序，正当的法

---

① [美] 约翰·伊特韦尔等：《新帕尔格雷夫经济学大辞典》（第三卷），经济科学出版社1992年版，第588页。

② 郝文清：《道德风险的防范与化解》，《社会科学家》2011年第5期。

律程序是遏制腐败的重要屏障和确保社会公平正义实现的重要手段。三要推进政府购买公共服务合约审批制度改革，简政放权，减少权力寻租空间。① 四要建立多元供给方式，减少对私人部门的过度依赖，降低政府购买服务中的各种风险。可以通过一个流程图来反映机制设计所呈现的运行状态如何降低政府购买公共服务中的寻租风险（图6—1）。通过激励、竞争、监管、评估等机制建设，明确多元主体职责分工、实现信息对称、推进互动合作、避免运作风险，从而为民众提供更加优质的公共服务，最终实现社会效益最大化目标。②

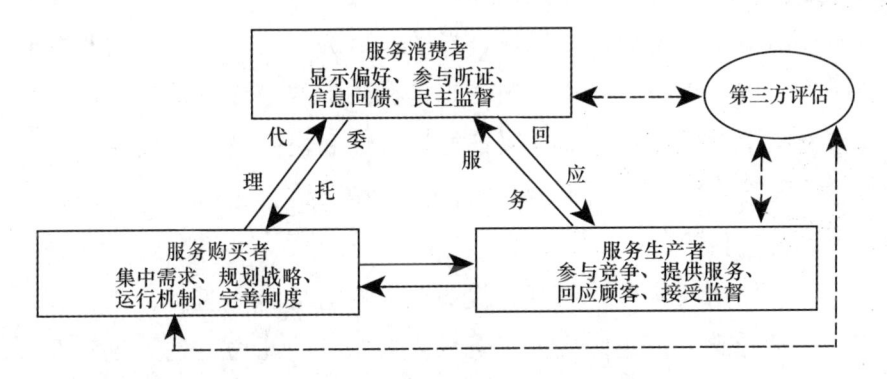

图6—1 政府购买服务的多元主体协作网络

资料来源：常敏、朱明芬：《购买公共服务的机制比较及其优化研究》，《上海行政学院学报》2013年第6期。

四是建立风险预警机制，防范公平风险。公共性是公共服务的本质属性，在效率与公平的权衡中，只有把公平置于首位才能体现公共服务的公共性，以效率作为政府购买的衡量标准偏离了公共服

---

① 周伟、李和中：《政府公共服务合同外包中的寻租与治理》，《理论探索》2014年第6期。
② 常敏、朱明芬：《政府购买公共服务的机制比较及其优化研究——以长三角城市居家养老服务为例》，《上海行政学院学报》2013年第6期。

务的本质属性。政府购买公共服务会给承包商带来更多的商业机会，但承包商追逐的是利润最大化，而公共部门追求的是社会公益最大化，其目标之间存在很大的偏差。承包商获得公共服务的生产权后将会把商业精神与原则引入其中，对利润的追求必然会在服务供给过程中表现出来，弱势居民在消费公共服务的数量和质量上容易受到影响，公共服务的不公平将由此产生。[①] 如何有效规避公平的风险应当强化机制设计。一是政府要坚持全过程的监管和动态的调整，随时发现公共服务过程中存在的问题。政府购买公共服务合约的成功有赖于有效的实施过程，包括合同的制定、招标与遴选、绩效监督、风险防范等，公共部门必须进行全程监控，合理掌控公共服务的提供，做到保质保量。当承包商的行为不符合公共利益时及时采取应对措施，终止合同。二是在决策的过程中要广泛听取群众和专家学者的意见，保证决策的科学性和民主性，从而保证决策方案代表最广大人民的根本利益，真正做到讲公平讲效率，即公平与效率的有机统一。

五是优化人才培养机制，提高政府管理合同的能力。"空心国家"可能导致公共组织丧失了提供公共服务的能力，这是政府购买公共服务机制设计应当给予极大关注的问题。空心化是一个权力分解的过程，但是这一权力分解不是没有条件的，这些条件至少包括制度条件和经济条件。"政府空心化"的政治前提是政治体系的高度制度化，它是确保因权力分解而引起的权威过度流失、国家控制资源能力的急剧下降、政治不稳定等恶性结果的关键性因素。"政府空心化"现象实际上隐含着这样一个命题：权力在经济领域、政治领域和"第三部门"的合理分配可以形成对三个主体都有利的格局，从而实现权力总量的增量发展的结果。但是如果政府过度地卸

[①] 詹国彬：《公共服务合同外包的理论逻辑与风险控制》，《经济社会体制比较》2011年第5期。

除职能或者过度地回收权力,都会带来另外两个领域不健康的发展,从而影响整个社会的发展。因此,政府购买公共服务必须区分公共服务的性质,纯公共服务必须由政府生产和供给,混合公共服务则可以考虑以合约的方式购买供给。但更重要的是,政府购买公共服务的机制设计中,要强化政府公共责任意识,建立专业人才培养机制,提高政府的合同管理能力,使政府既是公共利益的维护者又是精明的购买者。只有做到提高了专业性工作人员所占全部工作人员的比例,才能有充足的人力资源为政府购买公共服务合约的开展提供保障,才能有效地降低或消除政府合同管理中可能出现的风险和问题。

(二)延伸性问题的补充性策略

一是深化改革,加快政府职能的转变。政府要努力做到管少管好,把自己该做的事情做好,能够由企业或者第三部门提供的服务交由其提供,从而实现从管制型政府向服务型政府转变,不断提升公共服务供给能力和水平。

二是加快制度建设,为政府购买公共服务提供保障。必须加强政府购买公共服务的法律建设,建立完备的法律和制度才能为政府购买公共服务提供良好的法律和制度支撑,让政府购买公共服务有法可依,也只有这样才能保障各方面的合法权益。

三是发展社会组织,增强政府购买服务的承接能力。第一,加快培育和发展公益类、慈善类、服务类社会组织,促进公共服务供给社会化、多元化和市场化。为此必须改革社会组织管理体制,降低社会组织准入门槛,给予社会组织必要的支持,同时保持其相对的民间性和独立性。第二,加强社会组织规范管理。第三,加强社会工作人才培养。第四,保持社会组织的独立性。

四是要强化信息公开,建立多元监督评价体系。竞争性的购买如果没有绩效评估和信息公开,不一定能保证服务效果。政府购买公共服务必须形成考核评估服务效果的具体措施和办法，建立考核购买服务效果的评估体系，并将其置于严格的社会监督之下，建立多元监督评价体系，对财政购买资金、购买服务的质量和数量进行有效监督。

结语　基于合约治理的政府购买公共服务研究[*]

合约治理（合同治理）是一种新型的政府治理模式，是契约主义理论在新公共管理运动中的实践产物。目前学界对于政府购买公共服务的研究较多，但是把合约治理引入政府购买公共服务的相关研究较少。E.S.萨瓦斯认为政府购买公共服务就是政府通过与第三方签订契约的方式，将公共服务的生产和供给外包出去。[①] 因此，基于合约治理的政府购买公共服务研究，必须阐明什么是合约与合约治理，厘清为什么说政府购买公共服务的本质是一种契约（合约）关系，合约治理在政府购买公共服务中的作用以及可能存在的问题。

一　什么是合约与合约治理

合约也被理解为合同或契约，现代意义上的合约来源于法学上的概念，"一般意义上的合约是指市场交易过程中，交易双方交易主体自愿、平等地达成的某种协定"[②]，"是对交易行为一种经常性、重复性与习惯性的思想达成，表现出交易主体之间某些权利的

---

[*] 本文由黄新华指导，发表在《中共福建省委党校学报》2015 年第 6 期，署名何雷、田贺、李俊霖。

[①] [美] E.S. 萨瓦斯：《民营化与公私部门的伙伴关系》，周志忍等译，中国人民大学出版社 2003 年版，第 70 页。

[②] 傅静坤：《契约冲突论》，法律出版社 1999 年版，第 29 页。

让渡关系。"① 现代合约理论以新制度经济学为开端,罗纳德·哈利·科斯通过引入交易成本对企业的合约性质进行了分析,开创了现代合约理论微观分析的先河。科斯认为,企业出现的根本原因在于利用价格机制是有成本的,企业内部组织交易可能比市场形式的交易成本更低,因为一系列的合约被一个合约所代替了,从而节约了与签约有关的成本。② 但是,科斯的理论提出之后,在相当长的时间内并没有受到重视。

20 世纪 70 年代以后,伴随着信息经济学、博弈论和机制设计理论的发展,合约分析开始逐渐渗透到公共选择理论、产业组织理论和福利经济学等领域,依据研究的侧重点不同,可以将合约理论分为交易成本理论和代理理论,"前者重点研究企业与市场的关系;后者侧重分析企业内部组织结构。"③ 作为合约理论的集大成者,奥利弗·威廉姆森在科斯的基础上进一步探究了交易成本的来源,将交易成本区分为事前交易成本和事后交易成本。通过引入资产专用性的概念,威廉姆森认为普遍存在机会主义倾向使得合约双方的专用性投资不可能达到最优水平,合约的谈判和执行由此变得更加困难。当专用投资在交易中具有重要作用时,就会产生纵向一体化代替现货市场的交易。但是由于当事人的有限理性和环境的不确定性,事前不可能签订面面俱到的合约,事后的治理结构和制度安排就显得非常重要。④

---

① 周耀东:《合约理论的分析方法和基本思路》,《制度经济学研究》2004 年第 2 期。

② [美] 罗纳德·科斯:《论生产的制度结构》,陈郁译,上海三联书店 1994 年版,第 5—6 页。

③ 马力:《不完全合约理论述评》,《哈尔滨工业大学学报》(社会科学版) 2004 年第 6 期。

④ [美] 奥利弗·威廉姆森:《资本主义经济制度》,段毅才、王伟译,商务印书馆 2002 年版,第 16—50 页。

基于有限理性和不确定性的影响，学者们对不完全合约进行了深入研究。不完全合约是指合约无法在事前规定当事人在未来所有可能承担的权利和义务，或者不存在一个公正的第三方可以无成本地保证契约得以执行。由于不能规定各种或然状态下当事人的权利和责任，所以不完全合约理论强调合约的重心在于对事前的权利（包括再谈判权利）进行机制设计或制度安排。[1] 让·梯若尔分析了不完全合约产生的原因：一是当事人的有限理性，不可能预见到所有的或然状态；二是即使当事人可以预见到或然状态，以一种双方没有争议的语言写入契约也很困难或者成本太高；三是关于契约的重要信息是双方可观察的，但对第三方是不可证实的。[2] 由于签订合约的交易双方（委托人和代理人）在信息不对称的情况下存在逆向选择和道德风险的问题，因此，需要设计激励机制即签订激励性合约控制代理人的行为偏差。

从合约过程看，合约从形成到完成包括了合约签订、设计、再谈判和达成等阶段，其中合约设计和执行是合约理论讨论的主要问题。因为在不完全信息和有限理性下，交易双方可能会因为追求自身利益最大化而出现机会主义行为，如何降低和减少机会主义行为就成为合约设计和执行的关键。合约理论的研究由此开始关注合约治理问题。

合约治理理论强调，由于信息不对称以及人的有限理性，如不完美审视、小数目谈判、议价成本、私人信息、过程信息和质量检查成本等，未来交易是不确定的，价格不能完全显示给定交易的所有维度，因此市场出清不是没有成本的。为使合约可以得到有效的履行，学者们提出了不同的合约治理理论。有代表性的理论包括：（1）承诺理论。承诺规定了在未来偶然事件中所要采取的确切行

---

[1] 罗必良：《合约理论的多重境界与现实演绎》，《区域经济》2012 年第 5 期。
[2] Jean Tirole. Incomplete Contracts：Where Do We Stand? *Econometrica*，1999，67（4）.

为，但是"如果一个承诺要起到预期的效果，它必须是可信的。相应地，一个承诺要具有可信性，它必须事前十分清晰并可观测和事后不可逆转。"① （2）激励理论。就逆向选择而言，要有效约束代理人的行为，必须给予代理人足够的信息租金。如果信息是连续的变量，必须建立租金与信息之间的联系，以提供正确的边际激励。就道德风险而言，需要平衡风险与激励，将适度的投入与风险承担联系在一起。只有当代理人投入的边际收入等于边际成本时，作为对代理人投入的回报，才能给予代理人一定的租金。（3）监督理论。委托代理中监督的关键是要建立信息透明度制度消除代理人的机会主义，促使委托人能够了解代理人正在干什么，将要干什么，迫使代理人按照委托人的利益行事。（4）信誉理论。信誉降低了未来交易的不确定性，信誉一旦建立起来，对一个社会来说就成了一种有价值的社会资本。"信誉及类似的价值观、忠诚、讲真话等都是商品，它们具有真正的经济价值。"② 但是，信誉的形成取决于重复博弈，也取决于文化道德观念和历史传统。

二 政府购买公共服务的本质是一种合约关系

在政府购买公共服务中，政府是委托人，公共服务的供给者（企业和社会组织）是代理人，通过合约的方式，委托人和代理人之间确立了权利义务和责任分担。理论上说，在一个竞争充分的市场结构中，政府购买公共服务就能获得预期中的效率优势。③ 由此

---

① ［美］阿维纳什·迪克西特：《经济政策的制定：交易成本政治学的视角》，刘元春译，中国人民大学出版社 2003 年版，第 45 页。
② Kenneth J. Arrow. *American Economic Review*, Vol. 64. No. 1, March. 1974.
③ 叶托：《超越民营化：多元视角下的政府购买公共服务》，《中国行政管理》2014 年第 4 期。

不难看出政府购买公共服务的本质就是一种合约行为。

（1）政府购买公共服务的方式——交易。不管是诉诸市场主体，还是社会主体，政府购买公共服务就是通过交易方式实现服务供给的市场化或社会化。政府以货币、社会荣誉等作为允诺，外部主体以公共服务来换取其所需的价值，如市场主体把经济利益作为追求的主要价值，而社会组织更加珍视政府所给予的荣誉，这样交易就得以实现。双方交易的完成都有赖于双方承诺的互相认可，这种认可由某种有形合约来加以建立。合约之所以能够在政府购买公共服务中建立双方的认可，是因为合约的承诺交易过程中，交易主体能够自愿、平等地达成某种协定，形成交易双方之间权利的让渡关系，这种让渡体现出人与人之间对物的未来所有权的转让与取得。就政府购买公共服务来说，合约约定双方的权利和义务、政府的支付水平、供给主体的努力程度，进而规范双方的交易关系。因此，政府的交易行为恰恰可以通过合约的交易本质得以实现。

（2）政府购买公共服务的工具——合约。政府购买公共服务必须依赖一定的工具才能实现，这个工具就是双方基于权利与义务签订的合约。政府作为公共服务的安排者所签订的合同具有双重意义。一方面，合约的签订使交易得以实现。政府需要购买公共服务以满足公众的需求，市场和社会通过供给公共服务谋求自我利益。在这样的条件下，交易双方就存在达成合约的可能。合约确立后生产者根据条款规定提供约定数量的公共服务，作为安排者的政府按照合同约定提供购买公共服务的经费。另一方面，合约的签订使政府职能得以履行。虽然公共服务的生产环节实现了从政府部门向非政府部门转移，但政府移交的只是公共服务的生产，而不是公共服务责任。政府在决策、财政和监督方面的职责并没有减轻。政府购买公共服务只意味着政府职责内在结构的调整，以及履行该职责方式的转变,并不是政府责任的市场化。① 政府的责任与之前相比,不是更少了,而是更多了。通过合同的签订,政府需要保证合同的履行没有出现寻租与腐败,合同的产出有利于公共利益,资源的投入没有浪费等。

(3) 政府购买公共服务的约束——条文。在政府购买公共服务的过程中,政府作为委托人,企业和社会组织作为代理人,委托代理之间可能存在不可预期的冲突,因此对交易双方的约束是十分必要的,这种约束规定的是当一方违反约定后是否施加处罚以及处罚的标准等问题。当交易双方就约束达成共识时,合约也就以条文的形式得以具体化。从法律意义上来说,合约对于交易双方具有约束力,一方如果违约就要受到对等的惩罚以补偿另一方的损失。② 合约因此体现了权利让渡过程中的争端解决机制,对于交易双方具备约束力的条文在合约中得以明晰化,表明交易双方对未来交易中不确定性处理原则的共识,从而使合同能够得以有效执行。因此,作为合约本身一部分的约束条文,使政府购买公共服务从法律意义上也体现着合约关系。

(4) 政府购买公共服务的目的——合作。政府购买公共服务中的合约不仅是一种经济合约,是政府将公共服务供给责任委托给代理人,双方在权力与责任方面达成的协议与合意共识,更是一种社会合约,通过合约建构政府与社会的合作关系,使二者共同承担实现公共利益最大化的义务和职责。③ 合约是政府与社会基于地位平等达成的互动的合作治理,在设计、生产和供给公共服务中,必须充分考虑企业和社会组织的需求,尊重其契约主体地位,在公私合

---

① 叶响裙:《基于政府购买公共服务实践的思考》,《新视野》2013年第2期。
② 王军:《美国合同法》,中国政法大学出版社1996年版,第1—8页。
③ 彭少峰、张昱:《政府购买公共服务:研究传统及新取向》,《学习与实践》2013年第6期。

作的伙伴关系中，双方为了实现有效治理而达成契约，因此不仅是在公共服务供给中引入市场主体和社会主体，而且是在公共服务生产供给中建立的合作关系。

三 合约治理在政府购买公共服务中的作用

如果政府购买公共服务的本质是合约关系，那么合约治理必然要求委托代理设计最佳的合同，为合约双方提供制度支持，降低购买公共服务的交易成本，达到交易双方互惠双赢的目的。

（1）合约治理可以为政府购买公共服务提供制度支持。合约是一种制度安排，"是涉及关于组织细节的，主要是经济单位间的安排。其功能在于通过治理这些单位合作或者竞争的方式，能够为其成员提供一个可以合作或影响法律、产权变迁的机制。"[1] 合约的制度支持体现在两个方面：一是进一步明晰产权。合约可以确定在交易之前产权的归属问题以及处理方式，合约治理对产权的确认也正是其制度功能的体现，依靠制度确认和保障产权奠定了市场交易活动的基础，明确产权才能使交易顺利进行，对社会资源及其衍生的利益的分配格局产生几乎是决定性的影响。[2] 二是确定经济交易规则。产权固然是资源进行配置的前提，但是经济交易规则也是不可缺少的，现代经济的效能依赖于各种经济交易规则，这些规则也就是制度，制度就是现代经济效能所依赖的基本规则。作为合约的制度能够确定经济交易规则，使社会按照某一特定的规则运行，发挥规则的激励与约束作用，为经济交易主体提供较为稳定的预期，保

---

[1] 周耀东：《合约理论的分析方法和基本思路》，《制度经济学研究》2004 年第 2 期。

[2] 汪洪涛：《制度经济学——制度及制度变迁性质解释》，复旦大学出版社 2003 年版，第 10 页。

障资源有效配置的实现，从而预防契约行为中可能出现的复杂情况，提高经济交易行为的可信度，为当事人的交易安全、自由契约提供保障。

（2）合约治理可以为政府购买公共服务营造良性竞争环境。在竞争的市场条件下，政府购买公共服务可以降低财政支出成本，因为无论是内部合约还是市场合约，政府购买公共服务都要在众多潜在的合作者中寻找最优的合作者，但是当合约不完善时，政府购买公共服务可能存在特权垄断、腐败寻租以及恶性竞争。然而通过合约治理，按照公开、公平、公正原则，给投标商以充分的信息和准备时间，公共服务购买的公开招标可以营造良性竞争环境，使投标人提供最好的产品和服务，降低政府采购的价格，在竞争过程中有助于降低公共服务的生产成本，因为通过竞争决定价格会刺激生产经营者挖掘潜力，提高劳动生产率，进而促进生产力的提高。

（3）合约治理可以为政府购买公共服务提供监管评估体系。政府购买公共服务的合约签订后，政府难以对合同的具体履行情况进行实时追踪和对公共服务作出有效的评价与监督，评价监督不完善会影响政府购买公共服务的效果。因此，政府购买公共服务必须建立完善的评价和监督机制。合约治理可以提供良好的评价监督机制。在评价机制设计上，合约治理可以引入公众参与，公众评价结果反馈给政府和企业后，企业必须加强改进服务，否则就有可能失去下一轮投标资格。在监督机制设计中，可以引入第三方评估，实现签约者与监督者的分离，维持监督者的自主性，避免公共权力和企业代理人的干预，通过第三方评估的公开、公平、公正实现政府购买公共服务的高效、优质，防止寻租和腐败等无效率的现象产生。

（4）合约治理可以降低政府购买公共服务的交易成本。政府购买公共服务面临着高昂的交易成本，这些成本包括一切不直接发生在物质生产过程中的运行成本，如搜寻信息成本、谈判成本、拟定与实施成本、界定与控制产权成本、监督管理成本与结构变化成本等。① 存在交易成本会影响公共服务资源配置效率,而制度的主要功能就是降低交易成本。作为一种制度安排,政府购买公共服务签订的合约可以降低交易成本,合约所确立的权利义务规则提供交易的信任度,从而促进谈判的进行和合同的履行。

四 政府购买公共服务合约治理可能的问题

作为关于未来交易的承诺,政府购买公共服务的合约是不完全合约,不完全合约引致政府购买公共服务中的合约治理面临着一系列现实的问题。

(1) 政府购买公共服务的最优选择问题。政府购买公共服务基于一个预设前提,市场合约与内部合约相比将极大地降低成本提高效率。但这样的假设并不一定成立,因为市场存在交易成本,当公共服务通过政府与私营部门签订市场合约实现供给时,虽然可以节省政府内部供给的管理与组织成本,但却由此带来其他的交易成本,如信息成本、谈判成本、签约成本、监督成本、代理成本等,因此在选择公共服务的供给机制时,需要衡量政府与市场供给的成本。由于公共服务是一种特殊性的服务,许多成本和收益难以进行量化,这也使得政府在抉择时容易陷入困难。此外,选择公共服务的供给方式后还面临着合作者的选择,政府购买公共服务存在着私营部门与志愿组织不同的供给主体,是选择技术性强、以营利为目的的私营部门,还是选择公益性强、以社会福利为宗旨的志愿组织,取决于政府设立的不同选择标准。因此政府对合约方式的选择需要考虑多种因素,包括合约的成本、政府的管理能力、法规和制

---

① [美] 约翰·伊特韦尔等:《新帕尔格雷夫经济学大辞典》(第三卷),经济科学出版社 1992 年版,第 58 页。

度的允许程度、资金的供需、产品和市场的特征、消费者群体的特征、合作中的不确定性等，对这些问题的妥善处理也是进行合约治理的前提。

（2）政府购买公共服务的委托代理问题。政府购买公共服务是一种典型的委托代理关系。委托代理关系的关键是解决协作的问题，使代理人按照能使委托人福利最大化的方式行为的问题。[1] 它包含的第一个问题是委托人对代理人的激励问题，虽然合约可以规定委托人和代理人的义务和责任，即委托人承诺以特定价格购买服务，而代理人承诺在该价格上提供特定服务。但是合同本身是不完全的，它不足以实现委托人与代理人利益的一致化，代理人仍然可以最大化其自身利益，因此如何设计有效的激励机制成为政府购买公共服务中的重要问题。委托代理关系导致的第二个问题是道德风险问题，信息不对称容易导致政府在寻找合作伙伴时可能与不合格或利益冲突较大的机构签订合同，而政府的信息揭示努力可能导致代理人采取进一步的博弈行为。

（3）政府购买公共服务的寻租问题。政府购买公共服务意味着公共服务从政府单一的内部垂直供给转向公私合作供给模式，从内部合约转向市场合约，虽然这种转变减少了内部腐败和效率低现象，但也可能带来公私主体之间的寻租问题，腐败容易在公共部门和私营部门的边界发生。[2] 寻租问题产生的原因是，作为服务购买者的政府和作为服务供给者的企业或社会组织的地位不平等，由于政府自身行政权力和市场的不完全，政府在合约谈判和签订中处于强势地位，而服务供给者则处于弱势，为了获得供给合同，寻租问题在所难免，因此如何规范合约双方的地位和谈判签约过程也是合

---

[1] 刘有贵、蒋年云：《委托代理理论述评》，《学术界》2006年第1期。
[2] ［美］E. S. 萨瓦斯：《民营化与公私部门的伙伴关系》，周志忍等译，中国人民大学出版社2003年版，第324页。

约治理中的一个问题。

（4）政府购买公共服务的结果测量问题。政府购买公共服务的合同履行后，需要对合同结果进行测量，以反映实际效果与预期目标之间的关系，能否有效地测量结果是施加激励和实施问责的必要前提。但对于合约履行的结果测量来说，首先面对的是一个政治问题而非技术问题，偏好不同的决策者对同一公共服务目标有不同解读，因此大部分合约都对公共服务供给的结果进行模糊表述，从而给测量带来了难题。测量存在的第二个难题就是技术问题，结果测量需要对所测量对象进行概念操作化，但概念量化技术难度很大，测量难度的实质性差异会导致组织更重视过程而非结果，从而使整个组织活动偏离预设的目标。此外，还需要考虑公共服务的特殊性，作为公共服务购买者，政府在技术性较强的公共服务中，由于社会分工的差异，导致政府对购买结果的测定容易流于形式。

五　余论

合约治理是在解决社会问题和寻求政府变革中的一次深刻认识与制度变迁的结果，如果政府购买公共服务的本质是一种合约关系，那么合约治理问题理应得到重视。虽然有效的合约治理可以推进政府购买公共服务的发展，但是合约治理中面临的问题也表明，政府购买公共服务的合约治理仍然处在探索过程中，如何建立健全合约治理中的争端解决机制、激励约束机制、合约管理机制、权利责任机制、第三方评估机制、信息公开机制等，都是在推进政府购买公共服务的实践进程中亟待解决和研究的问题。

参考文献

万长松、吴盼晴：《我国公共服务领域 PPP 模式研究综述》，《唐山学院学报》2018 年第 1 期。

黄费连、王文华：《影响政府采购交易成本的主要因素》，《招标与投标》2018 年第 1 期。

杨成来、郭劲光：《选择性政策执行：地方政府行动逻辑诠释及路径构建》，《东北财经大学学报》2018 年第 1 期。

何兰萍、周西蓓、李雪：《公共服务供给模式比较研究——基于典型城市案例分析》，《天津大学学报》（社会科学版）2017 年第 5 期。

崔焯城：《政府购买公共服务的问题及对策》，《经营与管理》2017 年第 8 期。

李文俊：《机制设计理论的产生发展与理论现实意义》，《学术界》2017 年第 7 期。

于安：《论政府特许经营协议》，《行政法学研究》2017 年第 6 期。

陈振明：《合约制治理研究论纲》，《厦门大学学报》（哲学社会科学版）2017 年第 4 期。

王玉龙：《新时期政府购买公共服务的现实困境与机制创新》，《前沿》2017 年第 4 期。

句华：《政府购买公共服务的方式与主体相关问题辨析》，《经济社会体制比较》2017 年第 4 期。

张晓红、王向：《政府购买公共服务监管风险的诱导因素分析与预警监控》,《财政监督》2017年第4期。

何振峰:《美国:政府购买服务的经验》,《中国社会工作》2017年第2期。

崔光胜:《政府购买公共服务中的利益博弈与风险防控》,《湖北社会科学》2017年第2期。

孙荣、季恒:《政府购买公共服务流程的价值链分析》,《行政论坛》2017年第1期。

兰旭凌:《政府购买公共服务的风险防范研究》,《中国特色社会主义研究》2017年第1期。

张利涛、苏雪芹:《继承与超越:从新公共管理到新公共服务》,《决策与信息》2016年第12期。

陈旭东、田国强:《新古典经济学的创新与超越何以可能》,《探索与争鸣》2017年第12期。

黄利文、沈辉:《政府购买公共服务中的市场失灵》,《福建论坛》(人文社会科学版)2016年第11期。

王丛虎:《合同式治理:一个治理工具的概念性探索》,《公共管理与政策评论》2016年第1期。

姜晓萍、王朝兵:《近五年国内政府购买公共服务:一个文献述评》,《经济问题探索》2016年第3期。

李珠:《政府公共服务购买的合同制治理机制探讨》,《中国行政管理》2016年第2期。

陈振明:《简政放权与职能转变》,《福建行政学院学报》2016年第1期。

张琦:《公共物品理论的分歧与融合》,《经济学动态》2015年第11期。

董杨、刘银喜:《政府购买公共服务研究综述》,《内蒙古大学学报》(哲学社会科学版)2015年第6期。

王玉明:《城市群环境共同体:概念、特征及形成逻辑》,《北京行政学院学报》2015年第5期。

李文钊:《环境管理体制演进轨迹及其新型设计》,《改革》2015年第4期。

李一宁、金世斌、吴国玖:《推进政府购买公共服务的路径选择》,《中国行政管理》2015年第2期。

许燕:《国外政府购买公共服务范围及特点比较分析》,《价格理论与实践》2015年第2期。

张璇:《政府购买公共服务绩效审计评价体系研究》,《审计月刊》2015年第2期。

谢启秦:《政府购买公共服务的"公地悲剧"及其治理之道》,《行政论坛》2017年第5期。

谢启秦:《政府购买公共服务的成本效益分析》,《经济社会体制比较》2017年第4期。

郭其友、李宝良:《机制设计理论:资源最优配置机制性质的解释与应用》,《外国经济与管理》2008年第11期。

冯振:《合约视角下的政府预算:理论分析与制度改进》,《现代管理科学》2014年第12期。

张博:《政府购买公共服务的风险及其防治》,《理论探讨》2016年第3期。

闫海、唐屾:《论政府购买教育服务的制度建设》,《地方财政研究》2014年第4期。

万晓榆、龙宇、蒋婷:《政府信息服务合同外包激励机制研究——基于公众评价视角》,《情报杂志》2017年第8期。

马海涛、孙丽、王东伟:《完善我国政府购买公共服务制度的思考》,《中国政府采购》2014年第4期。

高玉贵:《新公共服务视角下的服务型政府建设研究》,《行政与法》2014年第3期。

财政部科研所课题组:《政府购买公共服务的理论与边界分析》,

《财政研究》2014 年第 3 期。

徐家良、赵挺：《政府购买公共服务的现实困境与路径创新：上海的实践》，《中国行政管理》2013 年第 8 期。

彭少峰、张昱：《政府购买公共服务：研究传统及新取向》，《学习与实践》2013 年第 6 期。

高海虹：《政府购买社会组织服务的利益相关者分析》，《理论探讨》2014 年第 1 期。

何寿奎、胡明洋、莫云波：《政府购买公共服务的路径选择与治理机制》，《经济体制改革》2015 年第 2 期。

魏娜、刘昌乾：《政府购买公共服务的边界及实现机制研究》，《中国行政管理》2015 年第 1 期。

李军鹏：《政府购买公共服务的学理因由、典型模式与推进策略》，《改革》2013 年第 12 期。

徐家良：《政府购买社会组织公共服务制度化建设若干问题研究》，《国家行政学院学报》2016 年第 1 期。

唐任伍、赵国钦：《公共服务跨界合作：碎片化服务的整合》，《中国行政管理》2012 年第 8 期。

方燕、张昕竹：《机制设计理论综述》，《当代财经》2012 年第 7 期。

武静、周俊：《政府购买公共服务：研究进路与展望》，《中共浙江省委党校学报》2012 年第 6 期。

罗必良：《合约理论的多重境界与现实演绎》，《区域经济》2012 年第 5 期。

袁维勤：《公法、私法区分与政府购买公共服务三维关系的法律性质研究》，《法律科学》2012 年第 4 期。

徐姝：《政府公共服务外包中的风险管理研究》，《中国行政管理》2011 年第 6 期。

黄锦荣、叶林：《公共服务"逆向合同承包"的制度选择逻辑——

以广州市环卫服务改革为例》，《公共行政评论》2011 年第 5 期。

王春婷：《政府购买公共服务研究综述》，《社会主义研究》2012 年第 2 期。

苏明、贾西津、孙洁等：《中国政府购买公共服务研究》，《财政研究》2010 年第 1 期。

王力达、方宁：《我国政府向社会力量购买服务问题研究》，《中国行政管理》2014 年第 9 期。

刘以安、陈海明：《委托代理理论与我国国有企业代理机制述评》，《江海学刊》2003 年第 3 期。

许光建、吴岩：《政府购买公共服务的实践探索及发展导向——以北京市为例》，《中国行政管理》2015 年第 9 期。

刘伟红：《多中心理论视野下的社区发展路径分析》，《广东行政学院学报》2011 年第 2 期。

吴帆、周镇忠、刘叶：《政府购买服务的美国经验及其对中国的借鉴意义——基于对一个公共服务个案的观察》，《公共行政评论》2016 年第 4 期。

句华：《公共服务合同外包的适用范围：理论与实践的反差》，《中国行政管理》2010 年第 4 期。

邹焕聪：《政府购买公共服务的责任分配与行政实体规制——基于公私协力视角的探究》，《行政论坛》2017 年第 6 期。

高轩、朱满良：《埃莉诺·奥斯特罗姆的自主治理理论述评》，《行政论坛》2010 年第 2 期。

张汝立、祝阳：《适度合作与中国政府购买公共服务中的政社关系——一个公众视角的分析》，《河南社会科学》2017 年第 9 期。

王丛虎：《政府购买公共服务的底线及分析框架的构建》，《国家行政学院学报》2015 年第 1 期。

邱询旻、冉祥勇：《机制设计理论辨析》，《吉林工商学院学报》2009 年第 4 期。

蓝剑平、詹国彬：《公共服务合同外包中的交易成本及其治理》，《东南学术》2016年第1期。

王才章：《政府购买公共服务中政府与社会组织的关系——一个组织社会学的新制度主义视角》，《学术论坛》2016年第3期。

韩巍：《开放性视野下的政府购买公共服务：现实挑战和理论反思》，《学习与实践》2016年第6期。

蔡乐渭：《公共服务的发展与行政法的新任务》，《中国行政管理》2008年第6期。

何光辉、陈俊君、杨咸月：《机制设计理论及其突破性应用——2007年诺贝尔经济学奖得主的重大贡献》，《经济评论》2008年第1期。

陈天祥、郑佳斯：《双重委托代理下的政社关系：政府购买社会服务的新解释框架》，《公共管理学报》2016年第3期。

朱慧：《机制设计理论——2007年诺贝尔经济学奖得主理论评介》，《浙江社会科学》2007年第6期。

陈振明、贺珍：《合约制政府的理论与实践》，《东南学术》2007年第3期。

何雷、韩兆柱：《基于交易成本分析的行政审批制度改革研究》，《行政论坛》2017年第1期。

卢现祥：《共享经济：交易成本最小化、制度变革与制度供给》，《社会科学战线》2016年第9期。

刘锡田：《制度创新中的交易成本理论及其发展》，《当代财经》2006年第1期。

彭真善、宋德勇：《交易成本理论的现实意义》，《财经理论与实践》2006年第2期。

周春平：《民营经济发展的交易成本约束——兼论交易成本视角的市场经济中政府职能》，《现代经济探讨》2005年第6期。

马庆钰：《关于"公共服务"的解读》，《中国行政管理》2005年第 2 期。

刘炯、王芳：《多中心体制：解决农村公共产品供给困境的合理选择》，《农村经济》2005 年第 1 期。

王兴伦：《多中心治理：一种新的公共管理理论》，《江苏行政学院学报》2005 年第 1 期。

王玉珍：《理性只是对自利最大化的追求吗》，《经济学家》2004 年第 6 期。

马力、李胜楠：《不完全合约理论述评》，《哈尔滨工业大学学报》（社会科学版）2004 年第 6 期。

刘明慧、常晋：《政府购买公共服务主体：职责界定、制约因素与政策建议》，《宏观经济研究》2015 年第 11 期。

邹俊、徐传谌：《交易成本、资产专用性与公民政策参与绩效提升》，《行政论坛》2015 年第 6 期。

宁国良、黄侣蕾、廖靖军：《交易成本的视角：大数据时代政府治理成本的控制》，《湘潭大学学报》（哲学社会科学版）2015 年第 5 期。

王明益、戚建梅、杨春艳：《资本集聚、交易成本与均衡稳定性》，《经济与管理评论》2015 年第 5 期。

周耀东：《合约理论的分析方法和基本思路》，《制度经济学研究》2004 年第 2 期。

杨其静：《从完全合同理论到不完全合同理论》，《教学与研究》2003 年第 7 期。

田国强：《经济机制理论：信息效率与激励理论》，《经济学》（季刊）2003 年第 2 期。

崔光胜：《政府购买公共服务中的利益博弈与风险防控》，《湖北社会科学》2017 年第 2 期。

周义程、蔡英辉：《公共服务合同制购买的运作风险及其防范策略》，《行政论坛》2016 年第 1 期。

余佶：《政府向社会组织购买公共服务的风险管理——基于委托代理视角及其超越》，《马克思主义与现实》2016 年第 3 期。

孙玉霞：《信息非对称视角下政府购买服务的风险及其规避》，《宏观经济研究》2016 年第 5 期。

詹国彬：《需求方缺陷、供给方缺陷与精明买家——政府购买公共服务的困境与破解之道》，《经济社会体制比较》2013 年第 5 期。

刘舒杨、王浦劬：《政府购买公共服务中的风险与防范》，《四川大学学报》（哲学社会科学版）2016 年第 5 期。

陈伟：《政府购买公共服务标准化的基本要素、现实困境与实现策略》，《中国行政管理》2016 年第 12 期。

陈书洁、张汝立：《政府购买服务发展的障碍——一个"嵌入"视角的分析》，《北京师范大学学报》（社会科学版）2016 年第 6 期。

湛中林、严强：《交易成本视角下政策工具失灵的根源与对策》，《南京社会科学》2015 年第 8 期。

汤吉军：《科斯定理、沉淀成本与政府反垄断》，《经济与管理研究》2015 年第 9 期。

汤吉军：《公用事业的经济效率及交易成本最小化问题》，《社会科学研究》2015 年第 5 期。

蔡长昆：《从"大政府"到"精明政府"：中国政府职能转变的逻辑——交易成本政治学的视角》，《公共行政评论》2015 年第 2 期。

张五常：《科斯与我的和而不同处》，《社会科学战线》2014 年第 7 期。

任洁：《内部性与政府规制的交易成本分析》，《中国海洋大学学报》（社会科学版）2014 年第 6 期。

叶托：《超越民营化：多元视角下的政府购买公共服务》，《中国行政管理》2014 年第 4 期。

项显生：《我国政府购买公共服务监督机制研究》，《福建论坛》（人文社会科学版）2014年第1期。

张汝立、陈书洁：《西方发达国家政府购买社会公共服务的经验与教训》，《中国行政管理》2010年第11期。

聂辉华：《交易成本经济学：过去、现在和未来》，《管理世界》2004年第12期。

明燕飞、谭水平：《公共服务外包中委托代理关系链面临的风险及其防范》，《财经理论与实践》2012年第2期。

王桢桢：《公共服务合同外包的风险与治理》，《广州大学学报》（社会科学版）2013年第6期。

贺夏蓉：《机制设计理论视角下"一把手"监督的制度设计理念分析》，《中国地质大学学报》（社会科学版）2014年第6期。

邓国胜：《公共服务提供的组织形态及其选择》，《中国行政管理》2009年第9期。

李慧、杨桦：《论政府公共服务外包的风险评估机制》，《法学研究》2014年第3期。

陈富良、王光新：《政府规制中的多重委托代理与道德风险》，《财贸经济》2004年第6期。

刘用铨：《政府治理与公司治理中委托代理问题比较及其启示》，《行政论坛》2007年第1期。

高燕妮、周山：《论政府经济行为中的委托—代理关系》，《特区经济》2007年第9期。

定明捷：《委托代理视角下行政监察的组织困境及其消解》，《行政论坛》2014年第6期。

郑旭辉：《政府公共服务委托外包的风险及其规制》，《中南大学学报》（社会科学版）2013年第3期。

周伟、李和中：《政府公共服务合同外包中的寻租与治理》，《理论探索》2014年第6期。

沈满洪、谢慧明：《公共物品问题及其解决思路——公共物品理论文献综述》，《浙江大学学报》（人文社会科学版）2009年第6期。

杨安华：《逆向合同外包：国外民营化发展的新取向》，《行政论坛》2010年第6期。

郑苏晋：《政府购买公共服务：以公益性非营利组织为重要合作伙伴》，《中国行政管理》2009年第6期。

王枫云、林志聪：《我国城市基层政府的公共服务购买探讨》，《思想战线》2012年第2期。

常敏、朱明芬：《政府购买公共服务的机制比较及其优化研究——以长三角城市居家养老服务为例》，《上海行政学院学报》2013年第6期。

何平：《政府购买公共服务法律规制研究》，合肥工业大学出版社2014年版。

魏中龙：《政府购买服务的理论与实践研究》，中国人民大学出版社2014年版。

陈国富：《委托—代理与机制设计——激励理论前沿专题》，南开大学出版社2003年版。

冯中越：《特许经营权拍卖中的激励性合约研究》，中国财政经济出版社2009年版。

竺乾威等：《综合配套改革中的公共服务创新》，中国社会科学出版社2016年版。

赵怡虹：《我国基本公共服务地区均等化研究》，经济科学出版社2016年版。

卓越：《公共服务标准化的创新机制》，社会科学文献出版社2016年版。

郑育家：《不完全合同理论和应用》，上海交通大学出版社2016年版。

王丛虎：《政府购买公共服务理论研究：一个合同式治理的逻辑》，

经济科学出版社 2015 年版。

陈振明：《公共服务导论》，北京大学出版社 2011 年版。

王大平等：《中国医改的政策选择——基于激励机制设计理论的视角》，清华大学出版社 2015 年版。

秦艺芳：《机制设计理论及其应用研究》，武汉大学出版社 2015 年版。

上海金融学院城市财政与公共管理研究所：《政府购买公共服务：理论、实务与评估》，中国财政经济出版社 2015 年版。

过仕明：《信息经济学》，清华大学出版社 2014 年版。

王浦劬、[美] 莱斯特·M. 萨拉蒙：《政府向社会组织购买公共服务研究》，北京大学出版社 2010 年版。

[美] B. 盖伊·彼得斯：《政府未来的治理模式》，吴爱民等译，中国人民大学出版社 2013 年版。

[美] 唐纳德·凯特尔：《权力共享——公共治理与私人市场》，孙迎春译，北京大学出版社 2009 年版。

[英] 达霖·格里姆赛、[澳] 莫文·K. 刘易斯：《公私合作伙伴关系：基础设施供给和项目融资的全球革命》，济邦咨询公司译，中国人民大学出版社 2008 年版。

[法] 贝尔纳·萨拉尼耶：《合同经济学》，费方域等译，上海财经大学出版社 2008 年版。

[美] 博尔顿、[比] 德瓦特里庞：《合同理论》，费方域等译，格致出版社 2008 年版。

[美] 弗雷德·弗尔德瓦里：《公共物品与私人社区——社会服务的市场供给》，郑秉文译，经济管理出版社 2007 年版。

[美] 埃里克·弗鲁博顿、鲁道夫·芮切特：《新制度经济学》，姜建强、罗长远译，上海三联书店、上海人民出版社 2006 年版。

[美] E. S. 萨瓦斯：《民营化与公私部门的伙伴关系》，周志忍等译，中国人民大学出版社 2003 年版。

[美] 阿维纳什·迪克西特:《经济政策的制定: 交易成本政治学的视角》, 刘元春译, 中国人民大学出版社 2003 年版。

[美] 约翰·克劳奈维根:《交易成本经济学及其超越》, 朱舟等译, 上海财经大学出版社 2002 年版。

[美] 奥利弗·威廉森:《资本主义经济制度》, 段毅才、王伟译, 商务印书馆 2002 年版。

[美] 奥利弗·威廉森:《治理机制》, 王健、方世建等译, 中国社会科学出版社 2001 年版。

[美] 珍妮特·V. 登哈特、罗伯特·B. 登哈特:《新公共服务: 服务而不是掌舵》, 丁煌译, 中国人民大学出版社 2016 年版。

[英] A.C.L. 戴维斯:《社会责任: 合同治理的公法探析》, 杨明译, 中国人民大学出版社 2015 年版。

[英] 休·柯林斯:《规制合同》, 郭小莉译, 中国人民大学出版社 2014 年版。

[美] 朱迪·弗里曼:《合作治理与新行政法》, 毕洪海、陈标冲译, 商务印书馆 2010 年版。

[美] 利奥尼德·赫维茨、斯坦利·瑞特:《经济机制设计》, 田国强等译, 上海人民出版社 2014 年版。

[美] 斯蒂芬·戈德史密斯:《网络化治理: 公共部门的新形态》, 孙迎春译, 北京大学出版社 2008 年版。

[法] 贝尔纳·萨拉尼耶:《合同经济学》, 费方域等译, 上海财经大学出版社 2008 年版。

[美] 莱斯特·萨拉蒙:《公共服务中的伙伴: 现代福利国家中政府与非营利组织的关系》, 田凯译, 商务印书馆 2008 年版。

[美] 菲利普·库珀:《合同制治理——公共管理者面临的挑战和机遇》, 竺乾威等译, 复旦大学出版社 2007 年版。

[美] 戴维·奥斯本、特德·盖布勒:《改革政府: 企业精神如何改革着公营部门》, 周敦仁等译, 上海译文出版社 1996 年版。

［美］文森特·奥斯特罗姆：《美国地方政府》，井敏、陈幽泓译，北京大学出版社2004年版。

［英］简·莱恩：《新公共管理》，赵成根等译，中国青年出版社2004年版。

［美］尼古拉斯·亨利：《公共行政学与公共事务》，张昕译，中国人民大学出版社2002年版。

［美］詹姆斯·N. 罗西瑙：《没有政府的治理》，张胜军等译，江西人民出版社2001年版。

［美］莱斯特·萨拉蒙、赫尔穆特·安海尔：《公民社会部门》，何增科主编《公民社会与第三部门》，社会科学文献出版社2000年版。

［美］迈克尔·麦金尼斯：《多中心体制与地方公共经济》，毛寿龙译，上海三联书店2000年版。

［美］埃莉诺·奥斯特罗姆：《公共事物的治理之道》，余逊达、陈旭东译，上海三联书店2000年版。

［美］埃莉诺·奥斯特罗姆：《制度激励与可持续发展》，陈幽泓等译，上海三联书店2000年版。

［美］亚当·斯密：《国民财富的性质和原因的研究》，王亚南、郭大力译，商务印书馆1983年版。

［美］科斯、哈特、斯蒂格利茨：《契约经济学》，李风圣等译，经济科学出版社1999年版。

［美］约瑟夫·斯蒂格利兹：《公共部门经济学》，郭庆旺等译，中国人民大学出版社2005年版。

［英］克里斯托弗·胡德等：《监管政府：节俭、优质与廉政体制设置》，陈伟译，生活·读书·新知三联书店2009年版。

Abreu, D. and Sen, A. Virtual Implementation in Nash Equilibrium, *Econometrica*, 1999 (59).

A. Dixit. Power of Incentives in Private Versus Public Organization. *European Economic Review*, 1997, 87.

Armitage D., Loë R. D., Plummer R. Environmental Governance and its Implications for Conservation Practice. *Conservation Letters*, 2012, 5（4）.

Baron D. P., Myerson R. B. 1982. Regulating a Monopolist with unknown Costs. *Econometrica*, 50（4）.

B. Holmstrom, P. Milgrom. Multi – Task Principal – Agent Analyses: Incentives Contracts, Asset Ownership and Job Design. *Journal of Law, Economics and Organization*, 1991, 7.

B. D. Bernheim, M. D. Whinston. Common Aency. *Econometrica*, 1986, 54（4）.

B. Holmstrom. Moral Hazard and Observability. *The Bell Journal of Economics and Management Science*, 1979, 10（1）.

Cent J., Grodzińska J. M., Pietrzyk K. Emerging Multilevel Environmental Governance: A Case of Public Participation in Poland. *Journal for Nature Conservation*, 2013, 22（2）.

Coase R. H. The Lighthouse in Economics, *Journal of Law and Economics*, 1974（17）.

D. Sappington. Incentives in Principal – Agent Relationships. *Journal of Economic Perspectives*, 1991（5）.

Dasgupta P., P. Hammond, E. Maskin. The Implementation of Social Choice Rules: Some General Results on Incentive Compatibility. *Review of Economic Studies*, 1979, 46（2）.

Demset H. The Private Production of Public Goods, *Journal of Law and Economics*, 1970（13）.

Forsyth T. Cooperative Environmental Governance and Waste – to – Energy Technologies in Asia. *International Journal of Technology Management & Sustainable Development*, 2006, 5（3）.

Fisher R. J. Contested Common Land: Environmental Governance Past and Present. *Australian Geographer*, 2013, 44 (1).

Goldin K. Equal Access vs Selective Access: A Critique of Public Goods Theory. *Public Choice*, 1979 (20).

Gibbard A. 1973. Manipulation of Voting Schemes: A General Result. *Econometrica*, 41 (4).

Hongguang Wang, Dan Zhao, Fusheng Zeng. Research on the Quality Management Mechanism of Chinese Government Procurement of Public Services. *Canadian Social Science*, 2015, 11 (8).

Holmstrom B., R. Myerson. Efficient and Durable Decision Rules with Incomplete Information. *Econometrica*, 1983, 51 (6).

Harris M., A. Raviv. Allocation Mechanism and the Design of Auctions. *Econometrica*, 1981, 49 (6).

Harris M., R. Townsend. Resource Allocation under Asymmetric Information. *Econometrica*, 1981, 49 (1).

Hurwicz, L. 1973. The Design of Mechanisms for Resource Allocation. *The American Economic Review*, 63 (2).

James L. Mercer. Growing Opportunities in Public Service Contraction. *Harvard Business Review*, 1983 (61).

J. Mirrlees. Note on Welfare Economics, Information and Uncertainty. In M. Balch, D. McFadden and S. Wu, eds, *Essays in Economics Behavior Under Uncertainty*, Amsterdam: North-Holland, 1974.

Lange O. 1937. On the Economic Theory of Socialism: Part Two. *The Review of Economic Studies*, 4 (2).

J. J. Laffont, J. Tirole. The Politics of Government Decision-making: A Theory of Regulatory Capture. *Quarterly Journal of Economics*, 106 (4).

Jens Newig, Oliver Fritsch. Environmental Governance: Participatory,

Multi – level and Effective? *Environmental Policy & Governance*, 2009, 19（3）.

Kevin Lavery. *Smart Contracting for Local Government Services*: *Processes and Experience*. Westport: Praeger Publishers, 1999.

Katarina Eckerberg, Marko Joas. Multi – level Environmental Governance: A Concept Under Stress? *Local Environment*, 2004, 9（5）.

Marshall G. Nesting, Subsidiarity and Community – Based Environmental Governance Beyond the Local Scale. *International Journal of the Commons*, 2008, 1（1）.

Mateeva A., Hart D., Mackay S. Environmental Governance in a Multi – level Institutional Setting. *Energy & Environment*, 2008, 19（6）.

Myerson R. B. 1979. Incentive Compatibility and the Bargaining Problem. *Econometrica*, 47（1）.

Myerson, R. Multistage Games with Communication. *Econometrica*, 1986（54）.

Maskin E., J. Riley. Optimal Auctions with Risk – averse Buyers. *Econometrica*, 1984a, 52（6）.

Myerson, R., M. Satterthwaite. Efficient Mechanisms for Bilateral Trading. *Journal of Economic Theory*, 1983, 29（2）.

Myerson, R. Optimal Coordination Mechanisms in Generalized Principal Agent Problems. *Journal of Mathematical Economics*, 1982（11）.

Myerson, R. Optimal Auction Design. *Mathematics of Operations Research*, 1981, 6（1）.

Maskin E. 1977. Nash Equilibrium and Welfare Optimality. Paper Presented at the Summer Workshop of the Econometric Society in Paris, June 1977. Published 1999 in *the Review of Economic Studies* 66.

Olson M. *The Logic of Collective Action*: *Public Goods and the Theory of Groups*. Harvard: Harvard University Press, 1995.

Prescott E., R. Townsend. Pareto Optima and Competitive Equilibria with Adverse Selection and Moral Hazard. *Econometrica*, 1984, 52 (1).

Parkins J. R. De – centering Environmental Governance: A short History and Analysis of Democratic Processes in the Forest Sector of Alberta, Canada. *Policy Sciences*, 2006, 39 (2).

Riley J., W. Samuelson. Optimal Auctions. *American Economic Review*, 1981, 71 (3).

Sappington D. 1982. Optimal Regulation of Research and Development under Imperfect Information. *Bell Journal of Economics*, 13.

S. Grossman, O. D. Hart. An Analysis of the Principal – Agent Problem. *Econometrica*, 1983, 51 (1).

Samuelson P. The Pure Theory of Public Expenditure. *Review of Economics and Statistics*, 1954, 36 (4).

S. Ross. The Economics Theory of Agent: The Principals' Problem. *American Economic Review*, 1973, 63.

Tsang S., Burnett M., Hills P., et al. Trust, Public Participation and Environmental Governance in Hong Kong. *Environmental Policy & Governance*, 2009, 19 (2).

Trevor L. Brown, Matthew Potoski. Ransaction Costs and Contracting: The Practitioner Perspective. *Public Performance & Management Review*, 2005, 28 (3).

Veiko Lember, Kenneth A. Kriz. Purchase – of – service Contracting in Estonia. *Administrative Culture*, Vol. 2, No. 239, 2010.

Von Hayek F. The Use of Knowledge in Society. *American Economic Review*, 1945, 35 (4).

Wilson R. Incentive Efficiency of Double Auctions. *Econometrica*, 1985, 53 (5).

Elinor Ostrom, Larry Schroeder&Susan Wynne. Institutional Incentives and Sustainable Development Infrastructure Policies in Perspective, Boulder. Co: Westview Press, 1993.

Hurwicz, L. Optimality and Informational Efficiency in Resource Allocation Processes. Stanford University Press, 1960.

Ruth Hoogland DeHoog. Competition, Negotiation or Cooperation: Three Models for Service Contracting. *Administration and Society*, 1990.

J. D. Donahue. *The Privatization Decision: Public Ends, Private Means*, New York: Basic Books, 1989.

J. Boston. *The State under Contract.* Wellington: Bridget Williams, 1995.

Savas E. S. , *Privatization and Public – Private Partnerships.* New York: Chatham House Publishers, 2000.

Laffont, J. J. and Tirole, J. *A Theory of Incentives in Procurement and Regulation.* MIT Press, 1993.

Von Hayek F. , *The Road to Serfdom.* London: Routledge, 1944.

Ward B. , *The Socialist Economy.* New York: Random House, 1967.

Weibust I. , Meadowcroft J. *Multilevel Environmental Governance: Managing Water and Climate Change in Europe and North America.* E – Elgar, 2014.

Hurwicz, L. On Informationally Decentralized Systems. In Radner, and McGuire (Eds.), *Decision and Organization.* Amsterdam: North – Holland Press, 1972.

S. D. Schepper, E. Haezendonck, M. Dooms. , Understanding Pre – contractual Transaction Costs for Public – Private Partnership Infrastructure Projects. *International Journal of Project Management*, 2015, 33 (04).

Meeyoung, Lamothe, Scott, Lamothe. Beyond the Search for Competition in Social Service Contracting. *American Review of Public Administration*, 2009, 39 (02).

Jocelyn M. Jonhston, Barbara S. Romzek. Contracting and Accountability in State Medicaid Reform: Rhetoric, Theories and Reality. *Public Administration Review*, 1999 (159).

Ruth Hoogland Dehoog. Competition, Negotiation or Cooperation: Three Models for Service Contracting. *Administration and Society*, 1990 (122).

Oliver E. Williamson. Transaction – Cost Economics. The Governance of Contractual Relations. *Journal of Law & Economics*, 1979, 22 (02).

Roger B. Myerson. Incentive Compatibility and the Bargaining Problem. *Economertrica*, 1979 (49).

George J. Stigler. The Theory of Economic Regulation. *The Bell Journal of Economics and Management Science*, 1971 (01).

Graeme A. Hodge. Privatization: *An International Review of Performance*. Oxford: Westview Press, 2000.

Jordan J. S. The Competitive Allocation Process is Informationally Efficient Uniquely. *Journal of Economic Theory*, 1982, 28 (1).

Von Siemens F. A. Bargaining under Incomplete Information, Fairness, and the Hold – up Problem. *Journal of Economic Behavior & Organization*, 2009, 71 (2).

Laffont J. J, Tirole J. Adverse Selection and Renegotiation in Procurement. *The Review of Economic Studies*, 1990, 57 (4).

James L. MerCer. Growing Opportunity in Public Service Contracting. *Harvard Business Review*, 1983 (3).

Scott K. E. Bounded Rationality and Social Norms: Concluding Comment. *Journal of Institutional & Theoretical Economics*, 1994,

150 (1).

Word Bank. Reform of Public Sector Management: Lessons and Experience. *Policy and Reseach Series Paper* No. 18. Country Economics Department, Washington, D. C. 1990.

后 记

　　20 世纪 80 年代以来，在"新公共管理"的推动下，市场经济发达国家普遍推行了政府"购买公共服务"（Service Purchasing）制度，并逐渐发展为政府提供公共服务的一种有效方式。与传统政府的"垄断供应"模式相比较，政府购买公共服务能够降低服务成本，改善公共部门的绩效。从既有文献来看，国外学者对政府购买公共服务并没有提出明确的概念，通常把合同（合约）外包作为政府购买公共服务的典型形态。E. S. 萨瓦斯在对四十七国公共服务供给机制研究的基础上提出了政府购买等十种公私合作公共服务的制度安排。进入 21 世纪以来，政府购买公共服务也引起了国内学者的重视，国内相关研究在评析西方国家政府购买公共服务的实践，对英国、美国、澳大利亚和新西兰等在公共服务购买中的运作模式和成功经验进行探讨的同时，对政府购买公共服务的具体领域进行了可行性的分析，讨论和设计了政府购买公共服务的预算范畴、预算原则、机制约束，通过对公法与私法性质的区分研究了公共服务购买中政府、服务机构和服务对象三维关系的法律性质。

　　作为公共服务供给的有效途径之一，从实质上看，不论政府购买公共服务的具体形式如何，政府购买公共服务的本质问题都是一个合同（合约）问题，存在委托代理关系。在委托代理中，如何确立对委托代理双方都有利的合同，是委托代理关系的核心。机制设计理论所讨论的问题就是，在信息不完全的委托代理中要想达到既定目标，在自愿选择、自由交换的决策条件下，能否并且怎样设计一个经济机制使得委托人和代理人的目标一致。机制设计理论引入政府购买公共服务的研究中，既可以从理论上探讨如何完善政府购买公共服务的合同设计和风险规避，建立风险分担和防范机制，也可以从实践上强化政府购买公共服务的合同管理，提升政府治理的能力。

基于此，本书研究的基本思路是，从厘清公共服务的内涵出发，以机制设计理论为基础，通过对政府购买公共服务机制设计的分析框架、合约性质、委托代理、交易成本和实践应用的系统讨论，力图描绘出政府购买公共服务机制设计理论研究的全貌，进而寻求和论证政府购买公共服务成本最小化、收益最大化的合约选择和应用条件，探求政府与公共服务社会供给（企业或社会组织）"激励相容"的关键点。在本书的写作过程中，作者借鉴和参考了众多国内外学者的相关研究，这些研究成果奠定了本书写作的基础。此外，由于政府购买公共服务机制设计的研究尚处于一个起步阶段，在本书的成型过程中，要感谢各位参与者的努力，尤其是蔡夏曦、陈慧慧、陈俊希、陈婉莉、陈伟龙、陈细泉、王玲智、陈淑静、常娟、陈璐璐、窦豆、郭旻霓、付超亚、何曼、赫红艳等研究生，他们参与了各章的讨论并提供了资料收集和整理上的帮助，本书凝聚了他们的努力和贡献。

黄新华

2018 年 12 月 17 日